本书编委会

主　编　李相如　吴万鹏

副主编　冯　宇　张绰庵　殷俊海　冯小龙

编　委（排名不分先后，按姓氏笔画排列）

于翠兰　冯　宇　冯小龙　刘　勇（湖北大学）　许　军

李相如　吴万鹏　张士波　张建会　张绰庵　汪蓉蓉

周丽君　夏敏慧　郭修金　殷俊海　曹　卫　翟　群

作　者（排名不分先后，按章节顺序排列）

李相如　覃　琴　纪昕圻　许　军　张素婷

刘　勇（四川旅游学院）　张莉涓　窦　哄　夏敏慧

郭万万　韩春阳　曹　卫　刘　真　代晓玲　张　婕

张士波　殷俊海　徐立红　吴万鹏　冯　宇　张绰庵

张建会　谢凤玲　蔡　颖　于翠兰　唐芒果　孙艳芳

邬代玉　王龙飞　郭修金　张　慧　刘　勇（湖北大学）

史文文　周丽君　陈　琳　张清华　翟　群　冯小龙

闵　璐　汪蓉蓉　冯　睿

中国休闲体育发展报告

（2017—2018）

ANNUAL REPORT ON DEVELOPMENT
OF LEISURE SPORTS IN CHINA (2017－2018)

李相如
　　　　主编
吴万鹏

人 民 出 版 社

序

2018 年的国务院《政府工作报告》四次提及体育和体育产业的发展目标和任务：全民健身广泛开展，体育健儿勇创佳绩；深入推进教育、文化、体育等改革，充分释放社会领域巨大发展潜力；做大做强新兴产业集群，实施大数据发展行动，加强新一代人工智能研发应用，在体育等多领域推进"互联网＋"；支持社会力量增加医疗、养老、教育、文化、体育等服务供给。显然，体育和体育产业已经纳入国家经济的总体布局，并明确了体育产业与智能产业、"互联网＋"的融合发展方向。

当今城市与乡村的发展总是与绿色、休闲、运动交相辉映，三者在一起恰恰顺应了当今社会发展和人民日益增长的美好生活需要。走得慢一点，灵魂才能跟得上，休闲一点，生命才有价值。亚里士多德说："休闲可以使我们获得更多的幸福感，可以保持内心的安宁"，"我们需要崇高的美德去工作，同样需要崇高的美德去休闲。休闲可以使我们有意义地生活。"

中国越来越成为世界聚焦的中心。与中国制造、中国速度、中国发展、中国强大等高频度的词语一样，北京奥运会、上海 F1 拉力赛、广州亚运会直冲世界眼球，使北上广冲入了世界名城的行列。休闲体育也越来越多地为中国城市的发展插上了腾飞的翅膀！城市是体育的载体，而休闲体育一定是城市灵动的活力源泉。人们在面对大气污染、工作压力、心理疾病、现代文明病等一系列的城市病一筹莫展的时候，从 20 世纪 60 年代开始，以运动休闲为主导、以回归绿色自然为主要特征的休闲体育热浪席卷全球。跑步、徒步、穿越、自行车、露营、登山、攀崖、漂流、探险等多种户外体育活动开始承担起拯救人类的使命，城市健身休闲运动随城市的脉搏而跳动，农村乡镇也凸显出绿水青山的优势而使休闲体育得到最广泛、最绿色开展。

与此同时，国家政策对休闲体育进一步倡导和支持，更有利于休闲体育的发展，越来越多的社会资本涌入休闲体育领域。在这种背景下，我国休闲体育的发展现状如何？不同的休闲体育项目呈现出什么样的特点？各个区域的休闲体育发展分别有什么特色？有哪些成功案例？成为休闲体育领域的官员、学者和从业人员共同关注的话题，也是本报告力度呈现和回答的问题。

《中国休闲体育发展报告（2017—2018）》，我们运用文献资料法、问卷调查法、访谈法、田野工作法、案例研究法等多种研究方法，耗时一年多，对全国各个区域的政府、企业、健身人群进行调研，通过专业视角和学者声音，基于数据和案例，解读我国休闲体育发展大势，重点关注休闲体育发展中当前迫切需要解决的若干问题，撰写成目前这部最前沿的休闲体育深度调查报告。

本发展报告分为"总报告编""专题编""区域编"和"案例借鉴与分析编"4个部分。"总报告编"主要阐述了我国休闲体育的概况、休闲体育的时间分析、休闲体育的空间分析和我国休闲体育发展的特点与趋势；"专题编"分别对我国山地运动、滨海体育、滨海旅游产业融合、冰雪体育、沙漠休闲体育、户外健身器材和体育传媒数据等休闲体育现况与发展趋势进行了专题研究；"区域编"分别对河北、江苏、上海、湖北、浙江及澳门等地的休闲体育状况进行研究，涉及各地域的自然情况、民族风俗、文化特点、休闲方式、人群划分、运动项目、场地设施、运行机制、效果评价等方面；"案例借鉴与分析编"部分主要选取了江苏万德公司发展案例、广东中山国际棒球小镇发展案例、湖北武汉市东湖绿道建设与发展案例。

本报告将为政府制定政策提供参考，为学者开展研究提供素材，为从业人员开展实践活动提供案例借鉴。本报告撰写中，查阅和引用了许多文献和专家、学者的学术观点、研究成果，也得到了人民出版社邵永忠先生的大力支持和悉心编辑，在此，一并表示衷心感谢！本书也得到了南京万德体育产业集团的资助。

目　录

──────── **总报告编** ────────

第一章　我国休闲体育发展现状研究　李相如　覃　琴　纪昕圻 ………… 3

──────── **专题编** ────────

第二章　中国山地运动发展现状与趋势分析　许　军　张素婷　刘　勇
　　　　张莉涓　窦　哄 ……………………………………………… 37

第三章　我国滨海休闲体育发展现状与趋势分析　夏敏慧　郭万万
　　　　韩春阳 ………………………………………………………… 54

第四章　滨海体育与滨海旅游产业融合发展分析报告　曹　卫　刘　真
　　　　代晓玲　张　婕 ……………………………………………… 66

第五章　我国冰雪体育发展现状及趋势分析　张士波 ……………… 82

第六章　我国沙漠休闲体育发展报告　殷俊海　徐立红 …………… 100

第七章　中国室外健身器材发展现状与趋势分析　吴万鹏 ………… 117

第八章　中国体育传媒数据分析报告　冯　宇 ……………………… 134

———————— **区域编** ————————

第九章　河北省休闲体育发展报告　张绰庵　张建会　谢凤玲　蔡　颖 … 161

第十章　江苏省休闲体育发展报告　于翠兰　唐芒果　孙艳芳　邬代玉
　　　　王龙飞 ……………………………………………………………… 191

第十一章　上海市休闲体育发展报告　郭修金　张　慧 ………………… 207

第十二章　湖北省休闲体育发展报告　刘勇　史文文 …………………… 225

第十三章　浙江省休闲体育产业发展报告　周丽君　陈　琳 …………… 239

第十四章　澳门休闲体育发展报告　张清华　翟　群 …………………… 266

———————— **案例借鉴与分析编** ————————

第十五章　南京万德集团发展案例分析　吴万鹏 ………………………… 289

第十六章　中山国际棒球小镇发展案例　冯小龙　闵　璐 ……………… 312

第十七章　武汉市东湖绿道建设与发展案例　汪蓉蓉　冯　睿 ………… 326

Contents

General Report

B. 1   The Development Report Of China's Leisure Sports (2010 – 2015)

Li Xiangru   Qin Qin   Ji Xinqi

Abstract: The current policies and data indicate that the development of China's leisure sports and leisure sports industry has entered a new stage. Against this background, this report selects two representative groups of national staff and residents of Beijing from the perspectives of time and space of China's leisure sports, and conducts research on several major topics, including mountain sports, coastal sports, coastal tourism integration, snow and ice sports, China's outdoor fitness equipment and sports media data from the development status, trends, existing problems and suggested measures, which is of great value and significance for demonstrating and discussing the characteristics and trends of China's overall development of leisure sports.

Keywords: Chinese leisure sports; Leisure sports industry; Leisure time for sports; Leisure sports space

Special Reports

B. 2   Current Situation and Trend of the Mountain Outdoor Sport in China

Xu Jun, Zhang Suting, Liu Yong, Zhang Lijuan and Dou Hong

Abstract: This chapter mainly introduces the developmant of the mountain outdoor sports industry of China. The first part outlines the concept of the mountain outdoor sports industry. And then it focuses on the four aspacts including the analysis of policy environment , the advantage of mountain resources, mountain outdoor sports events and the talent support which are the main factors affecting the development of mountain outdoor sports industry. On the basis, it is proposed that the rational planning of mountain outdoor sports industry development will become the new socioeconomic development impetus specifically in the area of rich mountain resources. Pointing out that recently, the mountain outdoor sports industry is an emerging industry which has a connected effect with tourism, culture, pension, education, health, agriculture, internet and other industries. And also indicating that mountain outdoor sports will be globalized, diversified, universal, and humanized in the future. Under the supply side and the new economic development trend, mountain outdoor sports industry will stimulate a larger sports cunsumption market to meet the diverse sports consumption needs of people.

Keywords：mountain outdoor sports industry；tapolicy；mountain resources；mountain outdoor sports events；talent training

B. 3　Analysis of the Current Situation and Trend of Coastal leisure Sports in China

Xia Minhui, Guo Wanwan and Han Chunyang

Abstract：This chapter focuses on describing the development status and trend of coastal leisure sports in China：First, the concept and general situation of coastal leisure sports are expounded, and the development status of coastal sports in China's important coastal provinces and cities is described, and the per capita disposable income of Chinese residents is sorted out, the data show that Chinese residents leisure and entertainment. Happy people's disposable income has been increasing year by year. Secondly, SWOT analysis is used to analyze the advantages, disadvantages, opportunities and challenges of the development of China's coastal leisure sports. Finally, it is pointed out that the coastal leisure sports will inevitably present the development trend of "full – layer, localization and specialization"；as a new leisure sports, coastal leisure sports has gradually become a new leisure sport in China. The new growth point of leisure sports economy will become the main force to promote the vigorous development of China's leisure sports industry.

Keywords: coastal sports; development status; SWOT analysis; future trend

B. 4 Analysis Report on the Integration and Development of Coastal Sports and Coastal Tourism Industry

Cao Wei, Liu Zhen, Dai Xiaoling and Zhang Jie

Abstract: China's coastline is very long and coastal tourism resources are very rich, and the development of coastal sports and coastal tourism industry has made good progress. Practice has proved that the deep development of coastal tourism needs the support of coastal sports, and the integrated development of coastal sports and coastal tourism industry has become a trend. China's sports industry and tourism industry have been separated for a long time without good integration development, which has become a bottleneck restricting the development of coastal sports tourism. Therefore, this chapter starts with the theory of industrial convergence, the related research on the development trend of coastal sports and coastal tourism industry. The status quo of the integration of coastal sport and coastal tourism industry in guangdong province is analyzed. The problems existing in the integration development of coastal sports and coastal tourism industry are found and analyzed. Finally, the paper puts forward the suggestion of the integration development of coastal sport and coastal tourism industry in guangdong province. The report can not only provide good Suggestions for the integrated development of coastal sports and coastal tourism industry in guangdong province, but also provide reference experience for the development of coastal sports tourism industry in other coastal provinces and cities in China.

Keywords: Coastal sports; Coastal tourism; Industry; Development of fusion

B. 5　Current Situation and Trend of the Ice and Snow Sports in China

Zhang Shibo

Abstract：Under the situation of vigorous development of sports, ice and snow sports with its unique charm highlighted, attracting people's attention. From the perspective of leisure sports, this chapter focuses on the current situation and future development trend of ice and snow sports and related industries in China. Since July 2015, China has successfully obtained the qualification of Beijing Zhangjiakou hosting the Winter Olympics in 2022. Put forward the development goal of 300 million people on ice and snow. It has brought great development opportunities to the development of ice and snow sports. Competitive ice and snow sports we promote other projects with the development of advantage projects. Public ice and snow sports, we drive the masses to participate in it. In the context of this era, Actively promoting the construction of ice and snow sites, Development of ice and snow sports and its related industries, To prepare for the Winter Olympic Games and to accumulate multiple forces for the sustainable development of the post Winter Olympic era.

Keywords：Winter Olympics; Ice and snow sports; Ice and snow industry

B. 6　Report on the Desert Leisure in China

Yin Junhai, Xu Lihong

Abstract：Under the background of leisure time, desert leisure sports developed rapidly. In order to explore the development of desert leisure sports in China, this report is divided into the following five parts: the first part introduces the basic situation of desert leisure sports; the second part is the development characteristics, through analysis summarizes China's desert leisure sports four development characteristics; the third part is activity classification. In order to clearly present the development status of China's desert leisure sports, this report classifies and sorts out the desert leisure sports activities developed in the provinces and regions with abundant desert resources in recent years, and classifies them into four categories of desert leisure sports activities; the fourth part points out the development trend of desert leisure sports in China; the fifth part is the situation analysis of the Alxa heroes' meeting.

Keywords: desert leisure; development characteristics; activity classification; development trend.

B. 7   Current Situation and Trend of Outdoor Fitness Equipment in China
Wu Wanpeng

Abstract: This report mainly analyzes the development status and trend of outdoor fitness equipment (fitness path) in China under the background of national fitness project. Firstly, it introduces the development of the national fitness path project. Secondly, this research comprehensively sorts out the general situation and standards of outdoor fitness equipment in China, the four benefits of the development of outdoor fitness equipment and routes project and existing problems. Finally, it points out that the future of outdoor fitness equipment in China is bound to present the development trend of intelligent equipment, adaption to local conditions, humanization and brand globalization.

Keywords: national fitness route; outdoor fitness equipment; status in quo; existing problems; development trend

B. 8   Analysis Report on the Data of Sports Media in China
Feng Yu

Abstract: This paper studied and analyzed the broadcast and TV rating data of the CCTV5 events in 2015, 2016 and 2017 from the perspectives of project proportion, audience classification and audience characteristics, and conducted detailed data analysis on the necessity of new media to disseminate sports events and the influence of new media, including factors such as event content, operation and user interaction. Television viewers and the Internet audience have a viewing preference for the traditional sports advantage program, the popularity of the program, and the participation of the country's contestants. Sports audience watching sports and understand the way of the sports information rich variety, in addition to the traditional TV media, new media and the Internet as well as a variety of means such as social media. The factors that affect the viewing behavior of TV viewers and new media users in the Internet are also multifaceted, and therefore, in organizing sports events, carefully analyzing and researching the habits of the competition and the user's viewing audience can be used in the transmission of competitions.

Keywords: Dissemination of sports events; New media; Media communication of the event

Regional Reports

B. 9　Report on the Leisure Sports in Hebei Province

Zhang Chuoan, Zhang Jianhui, Xie Fengling and Cai Ying

Abstract: This chapter investigates and analyzes the participation of urban residents in physical fitness and leisure activities in Hebei Province. The main findings are as follows: Firstly, the majority of urban residents in Hebei Province participate in physical fitness activities, and the higher the education level, the higher the proportion of people participating in physical fitness activities. Second, the older age, the higher participating in fitness and leisure activities, fully demonstrates that the elderly are the highest frequency of fitness and leisure activities of urban residents in Hebei Province. Thirdly, academic qualifications are not positively correlated with the frequency of fitness and leisure activities. The higher the academic qualifications are, the frequency of leisure activities is not high. Fourth, the frequency of urban residents participating in sports fitness and leisure activities in different months of Hebei province is also different. Fifth, vigorous walking, running, badminton, basketball, volleyball square dance, table tennis are the main sports for urban residents in Hebei Province.

Keywords: Hebei Province; urban residents; physical fitness; leisure

B. 10   Report on the Leisure Sports in Jiangsu Province

Yu Cuilan, Tang Mangguo, Sun Yanfang, Wu Daiyu and Wang Longfei

Abstract: As a big cultural, economic and sports province, the leisure sports development of Jiangsu province has strong representative in our country. Taking Jiangsu leisure sports as the research object, using literature, investigation, observation methods, this chapter studies its development, characteristics and trends and puts forward that its development is rapid, the activities are rich and the industrial development trend is obvious. In the future, the development of leisure sports in Jiangsu province should strengthen the content design of leisure sports activities and the supply of leisure sports venues, improve the talents cultivating system, and vigorously develop the leisure sports industry.

Keywords: Jiangsu province; leisure sports; development

B. 11   Report on the Leisure Sports in Shanghai

Guo Xiujin, Zhang Hui

Abstract: Shanghai is located in the eastern part of the Yangtze River Delta. As an all – embracing international metropolis, it aims financial, trade and technological innovation. Deeply influenced by the local culture, the leisure sports style of Shanghai residules not only focuses on the diversity and inclusiveness of leisure style, but also attaches importance to the internationalization and fashion of leisure life. Since 2000, Shanghai has successively issued more than 20 policies and regulations related to leisure sports, and has guided and guaranteed the development of leisure sports from the aspects of sports industry, national fitness, venue facilities and management. In recent years, the Shanghai Municipal Government has innovated public service delivery methods, including the Citizens' Sports Association, the Citizen Sports Grand League, and the City Amateur League. The number of participating sports has increased year by year. The construction of fitness and leisure facilities has also been gradually improved, and a large number of sports facilities and venues such as fitness parks, fitness trails, public stadiums and sports parks have been built. Four towns in Chongming, Fengxian and Jinshan have been selected into the first batch of sports and leisure towns in China, which are characterized by sports tourism, marathon, ecological leisure and sailing, respectively, and will be built in the next three years. Shanghai will further promote the development of the fitness and leisure industry, and accelerate the growth of leisure sports in terms of enriching sports products, improving venue facilities, and agglomerating market entities.

Keywords: leisure sports; Shanghai City Amateur League; sports and leisure town

B. 12   Report on the Leisure Sports in Hubei Province

Liu Yong, Shi Wenwen

Abstract: With the rapid development of economy and people's constant pursuit of healthy entertainment in our country, leisure has become an expression of people's pursuit of high quality of life. Leisure sports industry developed rapidly in China with the strong support of policies, which brings the opportunity for the high speed increasing of leisure sports industry. By using the method of Literature Review, questionnaire and Interview, this paper makes qualitative and quantitive analysis on condition of residents and sports department managers. This report analyzes the development situation, existing problem and the development strategies of Hubei leisure sports industry in 2017.

Keywords: Leisure Sports; Leisure Sports Industry; Sports and Leisure Characteristic Town; Integration

B. 13   Report on the Leisure Sports in Zhejiang Province

Zhou Lijun, Chen Lin

Abstract: With the steady growth of national income and the increase of people's leisure time, more and more attentions are paid to the quality of life under the background of healthy China strategy. Sports leisure has become an important part

of people's needs for a better life. The development of sportsleisure industry in Zhe-
jiang Province has been in the forefront of the whole country. This chapter defines the
sports leisure industry which identifies its components. And on this basis, the chap-
ter elaborates the development status of sports leisure industry in Zhejiang Province
in 2017, the development of sports industry in every prefecture level city of Zhejiang
and the analysis of the development of sports leisure industry in Zhejiang Prov-
ince. Among them, the status quo focuses on the foundation and industrial structure
of sports leisure industry in Zhejiang, and introduces the sports industry in each mu-
nicipality. The analysis part mainly discusses the advantages and prospects of the
sports leisure industry development in Zhejiang Province.

Keywords: Sports leisure industry; Industrial organization; Industrial founda-
tion; Development prospect

B. 14 Report on the Leisure Sports in Macao
Zhang Qinghua, Zhai Qun

Abstract: This chapter analyzed the development of Macao's leisure sports from
the unique cultural background and economic development of Macao, sorting out
Macao's sports policy, sports facilities, and residents' participation in sports. It also
reviewed the positive effects of social production in large – scale sports event held in
Macao. In addition, the chapter introduced the "two – track" system and its charac-
teristics of both Macao government and non – government sports' management struc-
tures. With the analysis of the advantages and disadvantages of the development of
leisure sports in Macao, the future development direction and its prospects are put
forward, especially the e – sports are likely to become a new field of leisure and en-
tertainment in Macau. Furthermore, it would be a new growing point for the diversifi-
cation of Macao's economy.

Keywords: Macao; leisure sports; development status

Typical Cases

B. 15 The Case Study of Nanjing Wande Group Development
Wu Wanpeng

Abstract：This paper focuses on analyzing the development process of Nanjing Wande Group, expatiating the development of Wenzhou Wande stage, Shenzhen Wande stage, Nanjing Wande stage and Nanjing Wande Group stage, and exploring the reasons why Wande gradually grew into a group company and the benefits brought by its transformation, so as to provide some useful reference for the development of its peers.

Keywords：Nanjing Wande Group; development case; transformation and creation

B. 16 The Case on the Development of Zhongshan International Baseball Town
Feng Xiaolong, Min Lu

Case Study：The development of Zhongshan International Baseball town

In August 2017, the State General Administration of Sports announced the first batch of pilot projects of small towns with sport and leisure special focus, among them Zhongshan International Baseball Town ranked as one of the five selected projects in Guangdong, and one of the 96 selected towns and the only three towns with deep cultural connotations. It is the only specially focused town in the country with baseball as its theme. "Zhongshan International Baseball town" has its unique characteristics of heavenly excelled with good time, place, people advantages. The town shoulders the mission of inheriting the "Chinese baseball dream" of Liang Fuchu, the "Father of baseball in China" and the responsibility of inheriting the "Panda Spirit". It was initiated by the people and finally rose to the development strategy of the local government after unremitting efforts. This paper analyzes the case of Zhongshan International Baseball Town from the historical origin of town baseball, the typical promotion mode of combining sports with education, the innovation of mechanism and system, the building of industry chain and their prospect of future development.

Key words: Baseball industry "the father of Chinese Baseball" "panda spirit" and the combination of sports and education

B. 17   The Case on the Development of Wuhan Youth Physical Fitness Club
Wang Rongrong   Feng rui

Abstract: On the basis of analyzing the development and changes of urban sports and leisure and urban construction, this chapter focuses on the development status of greenway at home and abroad: firstly, it outlines the significance, connotation and classification of greenway construction; secondly, through the development stage of foreign greenway. Combining with the status , it proposes the enlightenment of China's greenway development from the aspects of nature, cultural protection and urban and tourism planning. Finally, based on the analysis of the development stage and current situation of China's greenway, the Wuhan East Lake Greenway is taken as an example. The focus is on the construction process and operational experience of the East Lake Greenway, focusing on functional optimization, theme creation, event planning, environmental protection and optimal protection.

Keywords: City, Greenway; Wuhan East – lake; Construction & operation

总报告编

第一章　我国休闲体育发展现状研究

李相如　覃　琴　纪昕圻

摘要：当前各项政策和数据均表明我国休闲体育和休闲体育产业的发展进入到新的阶段，在此背景下，本报告从我国休闲体育的概况、休闲体育的时间分析、休闲体育的空间分析和我国休闲体育发展的特点与趋势展开研究，同时结合山地运动、滨海体育、滨海旅游融合、冰雪体育、我国户外健身器材和体育传媒数据等几大专题从发展现状、趋势、现有问题和建议措施几方面进行研究，对于论证并探讨我国休闲体育总体发展的特点与趋势具有重要价值和意义。

关键词：中国休闲体育；休闲体育产业；休闲体育时间；休闲体育空间

作者简介：李相如，首都体育学院教授，博士研究生导师。研究方向：休闲体育，全民健身。

覃　琴，第七届世界军人运动会执委会竞赛部，硕士。研究方向：休闲体育。

纪昕圻，河北民族师范学院教师，硕士。研究方向：休闲体育。

2016 年国务院办公厅发布《关于加快发展健身休闲产业的指导意见》（国办发〔2016〕77 号），标志着健身休闲和休闲体育进入了国家经济和社会发展的快车道。健身休闲产业系以体育运动为载体、以参与体验为主要形式、以促进身心健康为目的，向大众提供相关产品和服务的一系列经济活动，涵盖健身服务、设施建设、器材装备制造等业态。两年多来，我国休闲体育的发展态势如日中天，遍及大江南北、城镇乡村。

一、概　　况

据央视网 2018 年 1 月 14 日消息：国家体育总局、国家统计局在 2018 年全国体育产业发展大会上发布公告，2016 年我国体育产业总规模为 1.9 万亿元，总产出比 2015 年增长了 11.1%。初步统计，2017 年我国体育产业总规模超 2 万亿元，增加值为 7125 亿元。从消费结构来看，服务消费升级势头明显。据中央电视台 2018 年 8 月初《新闻联播》报道：2018 年上半年，体育、健康、旅游等服务消费势头强劲，全国居民人均体育健身活动支出增长 39.3%，医疗服务支出增长 24.6%，旅馆住宿支出增长 37.8%，我国国民追求休闲舒适生活的享受型服务消费需求旺盛，也标志着休闲体育已经成为我国国民的当然选择。

中商产业研究院整理的数据也显示，2012 年以来，我国的体育产业的规模及增加值直线攀升，到 2017 年已经达到 21577.482 亿元。2018—2022 年将持续保持较高的发展速度。休闲体育产业在体育产业中的重要性也有逐步加大的趋势。据相关数据表明，体育产业的每 1 美元中，休闲体育产业可以占到 0.68 美元，其比重占到近 70%。休闲体育产业包括基础产业、延伸产业、支撑产业，世界发达国家的体育发展在延伸产业、支撑产业方面进展格外令人瞩目。因为休闲体育的延伸产业使得产业链更长，支撑产业的品牌价值和产品附加值更大，我国休闲体育的发展印证了这种发展趋势。

图 1-1 2012—2017 年中国体育产业规模及增加值数据统计

图 1-2 2018—2022 年中国体育产业规模预测

数据来源：中商产业研究院整理。

从 2014 年国务院出台《关于加快发展体育产业促进体育消费的若干意见》至今，一系列的国家政策和行业法规，为休闲体育和休闲体育产业的发展铺平了道路，指明了方向。国家政策正以前所未有的力度驱动休闲体育和休闲体育产业发展，国家发展改革委明确把体育产业定义为经济发展的"新风口"。2016 年国务院办公厅发布《关于加快发展健身休闲产业的指导意见》以来，休闲体育与休闲体育产业逐步纳入国家和各级政府的经济社会发展的视野之中，尤其是健身休闲步入快速发展的崭新阶段。国家体育总局经济司司长刘扶民在 2018 中美体育论坛上说："全球体育产业占全球 GDP 比重约为1.8%，其中美国的比重约为 2.85%，在我国过去 10 年体育产业增加值增速一直高于 GDP 增速。2014 年到 2016 年体育产业增加值每年增速达 26.6%，

5

接近同期 GDP 增速 4 倍。2016 年全国体育产业总规模达到 1.9 万亿，占 GDP 比重为 0.9%，按照发达国家一般水平来比，未来我国体育产业有很大发展空间，而且体育产业链比较长，辐射广、关联度高，对制造业、服务业都有较强的带动作用，在我国经济的新常态下体育产业将真正成为我国经济转型升级的新动能。"据预计"2018 年年底体育产业增加值占 GDP 比重将超过 1%，体育消费将近 1 万亿，体育产业机构数量增长超过 20%，吸纳就业人数超过 440 万。"

但从目前我国休闲体育产业的发展情况分析，与国外休闲体育强国相比，我国休闲体育产业发展与我国总体经济发展不够同步，缺少政府、企业以及研究机构等产业各个环节的协同合作。要想使我国休闲体育产业能够快速、健康地发展，需要各方的相互配合与促进，在提高群众休闲体育消费意识的同时，还要不断完善休闲体育产业的市场机制，对本土的休闲体育企业、项目品牌与体育人物进行立体的包装，并对休闲体育产业的发展进行长远的整体规划。

二、我国休闲体育的时间与空间分析

（一）我国休闲体育的时间分析——以国家机关工作人员为例

休闲时间是一种"以时间形态存在的社会资源"，是全面建设小康社会必须引起高度重视的"时空"特征。在此背景下，我国党政机关职工群体的身心健康、工作生活状态、休闲时间的利用不仅具有引导性，也具有一定的代表意义。以休闲时间为切入点，结合国家机关工作人员这一具有较高学历、相对稳定的收入和受保障的闲暇时间等人群的需求进行研究和剖析是有现实意义的。

1. 研究对象特点

本研究对象的特点如下：国家机关工作人员的年龄层次分布呈现两边少中间多的特点，即 20—30 岁以下及 50 岁以上的人群较少，而 31—50 岁中青年群体人数最多，他们正处在人的生理机能、身体状态由高走低的一个阶段，休闲时间多少与休闲生活质量对于其工作、生活状态和身体健康情况有着特殊意义；学历层次普遍较高，主要从事行政和资源管理类工作，这部分群体多为室内长时间少活动量、高强度的管理岗位办公类型，且是居民家庭和社会的中坚力量，引导这一人群利用好稳定的节假日、双休日、年薪假等休闲时间，形成健康的生活方式尤为重要；人均家庭收入较高且稳定，可以看出国家机关工作人员整体收入水平较高，在休闲方式上的选择空间更大。

2. 主要特点及重要数据

（1）国家机关工作人员的工作时间状况

性别上，男性国家机关工作人员的工作时间高于女性国家机关工作人员，这可能和两性间自身生理、体力上的现实差异和男性所承担的社会、家庭责任较重有关。学历上，国家机关工作人员的整体学历偏高，三个学历层次（学士、硕士、博士）的工作人员之间的每日工作时间整体偏高，且差异不显著，但仍呈现学历越高，工作日每日工作时间越长的趋势。

表1-1　不同学历国家机关工作人员一周累计加班时间状况

	小于1h	1.01—3h	3.01—5h	5.01—7h	大于7h	合计	P值
学士	31	48	26	23	55	183	
硕士	25	43	42	67	91	268	
博士	5	2	3	11	9	30	
合计	61	93	71	101	155	481	0.003

本次调查显示，不同学历的国家机关工作人员的一周累计加班时长（$r=0.341$，$P=0.003$）具有显著差异，博士、硕士学历工作人员一周累计加班时长多于学士学历工作人员，学历越高，累计加班工作时间越长（见表1-1）。社会竞争越来越激烈，高学历人才在接受高等教育的同时也使其竞争意识和强烈进取心常态化，他们往往更希望在工作上获得更大的成功，并从中得到成就感，这一特点也使他们追求创造更多的个人价值为自己带来更多利益。

（2）国家机关工作人员的生活必需时间状况

个人生活必需时间包括了日常生活中的睡眠、吃饭等用以维持生存、满足生理需要的时间。有报告指出，2016年北京市居民每日个人生活必需时间为 11 小时 59 分钟，其中，睡眠时间相比较 1996 年增加 43 分钟。本次调查中，国家机关工作人员的生活必需时间分布集中在 7 小时以上，达 75%（360人）；仍有一定比例的工作人员生活必需时间低于上述报告的人均水平。国家机关工作人员处于节奏较快的高压工作环境，加之自身高学历背景与社会地位，使其在延伸工作时间之余，具有不断缩短自身生活必需时间的趋势。

（3）国家机关工作人员休闲时间分布状况

我国居民的休闲时间与相关休假制度、条例关联度极高，基本分为：工作日休闲时间，双休、节假日休闲时间和退休后休闲时间。根据实际情况和本书研究需要，退休后休闲时间状况不在本研究范畴。调查发现被调查人群的休闲时间段主要分布在周末，占比 70.1%，达 337 人；40.7%（196 人）的被调查对象选择了黄金周；选择小长假、寒暑假、随时随地的人员比例依次为 28.3%、5.4%、2.9%。显然，国家机关工作人员工作日以外的休闲时间主要集中在周末，三天以上的节假日休闲时间则主要集中在黄金周和小长假，这与我国经济发展、人民日益增长的美好生活需要息息相关，加上国家近年陆续出台的促进旅游、休闲、文化等产业发展以带动国民经济增长的相关政策，居民休闲时间使用自由度也在逐步提升，这些都在一定程度上促进了国家机关工作人员集中选择在休闲、旅游旺季类似黄金周、小长假等时段享受休闲生活。

在工作日，国家机关工作人员的休闲时间总量较少，集中在 1—3 小时和小于 1 小时，占 47.4% 和 38.5%；在双休日，有 55.1% 的被调查者拥有 7 小时以上的休闲时间，达 265 人，其次是 121 人选择 5—7 小时的休闲时间，占被调查总人数的 25.2%，其余较少休闲时间的比例相应下降。本次调查发现，国家机关工作人员的日平均休闲时间为 2.5 小时，低于央视公布《中国经济生活大调查》的数据中国人每日平均休闲时间 2.55 小时。《2016—2017 年中国休闲发展年度报告》指出我国城乡居民休闲时间短缺的状况在短期还将延续，休闲时间增加面临较大压力，并成为制约我国居民整体休闲水平提升的最大瓶颈因素。2017 年，四成以上的受访城镇居民周末休闲时间不足，其中休闲时间短缺和休闲时间匮乏的分别占 22% 和 19.7%。本次调查中有 85.5%的被调查者认为自己的休闲时间不足，其中有 41.5% 的国家机关工作人员认为自己休闲时间十分匮乏。由此可见，对于国家机关工作人员这一人群，休闲时间的短缺问题显得更为突出。

（4）国家机关工作人员休闲动机

休闲时间的利用是在休闲观、人生观、价值观等综合作用下的实践，人们会有指向性和目的性地去分配利用自己的时间来达到预设目标。对481位被调查对象进行统计分析后发现，休闲目标可以分为两个类型：一个是追求自身身心机能和谐统一的原始动机，86.5%的人希望从休闲时间中达到舒缓压力、愉悦身心的作用，70.9%的人希望达到锻炼身体的功效；另一个是衍生动机，即49.7%的人认为休闲类活动在增进亲友情感上有积极作用，27%和17.7%的被调查对象认为可以建立良好工作生活关系、和谐人际关系，还有24.7%的人追求自我提升。可见，国家机关工作人员对休闲时间内强身健体、舒缓压力以及协调人际的主要功能方面的认知、追求是趋同的；同时，不同性别、文化程度、年龄、职业的人在程度和层次上有相应的拓宽和加深并表现出一定差异性。

（5）国家机关工作人员的休闲活动

休闲活动的选择反映了人们在休闲时间利用上的特点——不同年龄、文化程度、性别等特征的国家机关工作人员在从事休闲活动上具有差别。本次调查中可以看出虽然上网类休闲活动占比最高，但是体育锻炼类活动的占比也达到了76.5%，说明国家机关工作人员的健身意识较强，关注自身身体健康，见图1-3。在调查中得知，国家机关工作人员80%以上选择健步走作为主要运动，其中50岁以上人群过半，其次是羽毛球最受欢迎，但由于运动基础和运动习惯所限，时常有运动损伤发生。总体上国家机关工作人员的休闲时

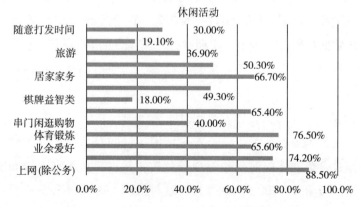

图1-3 国家机关工作人员休闲活动选择状况

间内进行的活动呈现以下特点：日常休闲活动项目的选择上具有明显的不平衡性，休闲活动内涵选择倾向上文化性大于娱乐性，场所上以室内居家类为主，运动量和活动范围总体偏小。

（6）国家机关工作人员休闲活动组织方式特点

国家机关工作人员的休闲活动组织形式以个人参与型为主，也不乏与朋友、同事一起参与等形式，总体而言比较多元；反映了国家机关工作人员随着社会地位、年龄资质提升，开始注重人际关系的交往以及家庭和谐稳定，希望通过与亲人、朋友、同事一起锻炼、休闲，培养个人的兴趣和激发内在潜力，同时女性群体具有一定的从众行为，对促进她们参与休闲活动、丰富活动类型是非常有益的。

通过进一步分析，发现国家机关工作人员的休闲伙伴选择上呈现珍视亲情重视友情的特点；在工作日，被调查者多与家人（54.9%），同事、朋友（40.5%）参与休闲活动，也有少部分被调查者选择独自参与休闲活动（10.2%）；在双休日和节假日，国家机关工作人员回归到家庭生活中，大多选择和家人一起参与休闲活动，分别为93.1%和89.6%；在双休日和节假日休息时间相对充足的情况下，被调查者多与家人相伴，以报团（8.1%）或自助游的方式，暂时离开自己的居住生活环境去旅游，对于将工作时间和休闲时间彻底分离且缓解日常繁重工作任务、紧张工作节奏具有促进作用。

同时在休闲活动组织方式中，呈现出自发性组织方式为主、规律性集体活动缺乏的特点：调查显示，8.3%的国家机关工作人员表示自己所在部门每月有组织活动，每季度有组织活动的占12.5%，每年举办休闲活动的占18.1%，不定期举办休闲活动的占28.3%，最后没有组织休闲活动的占为32.8%。从数据我们可以看出，定期举办休闲体育活动的部门或单位并不多，这类活动有利于增进大家的相互了解和默契，促使他们从工作岗位暂时抽离形成休闲习惯。

（7）国家机关工作人员休闲活动时间选择

调查发现，国家机关工作人员安排休闲活动的自由度随休闲时间变化而扩大。工作日之余的休闲时间相对琐碎和短暂，主要集中在下班和晚饭后的17：00—21：00和21：00以后的时间段，占比为31%和53%；而在双休日活动的被调查者中有11%的人在17：01—21：30之间，12%的人在21：00

以后，50%的被调查者活动时间不确定。同样，在选择节假日活动的被调查者中，少数人选择上午8：00—11：30和17：01—21：30时段，其中77%的人选择活动时间不确定。究其原因，双休日和节假日相对于工作日来说休闲时间较多，个人作息时间安排不再像工作日那么受限，且由于活动场地限制等，选择活动的时间具有灵活且分散的特点。

根据分析发现，在休闲活动的选择性参与中，类似活动的活动时长较接近，大致可以分为5类：居家消遣型活动（上网、午休、居家家务、打发时间、棋牌益智类），居家发展型活动（看书学习类），外出体育娱乐型（体育锻炼、聚会、串门购物、观看演出），出游活动（旅游），外出发展型（爱好、社会公益）。根据图1-4分析得出，耗时1.01—2小时的休闲活动是被调查者的主要选择，依次为居家发展型（53%）、居家消遣型（47%）、外出体育娱乐型（39%）、外出发展型（28%）；随着休闲时间的增长，选择出游活动和外出发展型活动的被调查人数激增，外出发展型活动在2.01—3小时阶段占37%，出游活动在3小时以上的时长阶段占69%。可以看出，被调查人群的休闲活动时长与休闲活动项目特征、交通条件、休闲时间拥有数量相关。

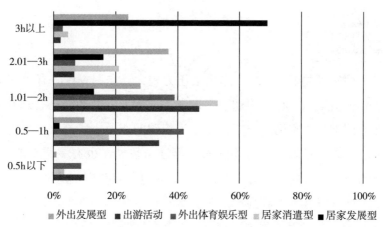

图1-4 国家机关工作人员休闲活动时长状况

（8）国家机关工作人员的休闲活动范围

国家机关工作人员休闲活动范围在不同休闲时段有不同特点，整体上呈现出休闲空间随休闲时间的增加、休闲自由度的提升而出现扩大的规律性：工作日时段，被调查人群主要在家中、市内、社区范围活动；双休日时段，被调查人群主要在市内、家中、社区、城郊活动；节假日时段，选择城郊、外地的人数分别上升为51.6%、43.5%，而市内、家中、社区的选项比例下降。由此可以看出，居住地是国家机关工作人员工作日休闲活动的主要场地，但随着休闲时段的变化、休闲时间的增长，消费观念和政策环境的改变，越来越多的国家机关工作人员在工作之余，希望能从繁重工作环境中暂时抽离，在时间相对充裕的节假日和亲友前往城郊、外地进行休闲活动，详情见图1-5。

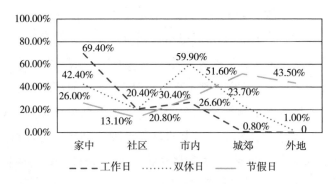

图1-5　国家机关工作人员在不同时段的休闲活动范围

3. 问题与建议

（1）主要问题

第一，国家机关工作人员工作生活压力较大。在调查中，有80.7%的国家机关工作人员表示工作节奏快、强度高、压力大是制约自己合理利用休闲时间的主要因素。国家机关公职人员作为特殊的职业人既有来自普通人的认知、思维、情感、意志、行为等方面的烦恼与忧愁，也有来自家庭、子女、社会交往与发展等方面的压力，更有来自机关这一特殊职场的压力与焦虑。

第二，体育锻炼意识较强与科学健身知识匮乏的不匹配。国家机关工作人员的体育锻炼类休闲人群占比较高，尤其是随着年岁增长，这一人群越来越认同并重视体育锻炼带来的身心愉悦、精神饱满等效果。但在参与到文体类休闲活动中时，往往是跟随兴趣满怀热情而来，伴随伤痛败兴而归，究其原因是在项目选择上没有针对自身的身体素质、运动能力进行准确评估，在从众心理和个人爱好的推动下投入到运动中，科学健身知识的提升是应该随休闲运动热情而增长的。

第三，个人消费习惯限制。本次调查数据显示，39.1%的国家机关工作人员每月花费在休闲活动上的休闲消费为500元以下，38.7%的被采访者每月花费500—1000元，花费1000元以上的仅占22.2%。国家机关工作人员有较为稳定的收入和较高的消费水平，但从消费结构中可以看出，休闲类花费较低，这可能与个体价值观以及休闲需求差异有关，还包括对于休闲类产品的服务、设施等要素满意度较低从而抑制了其消费欲望。

第四，国家政策的落实效率不高。在本次调查中，仍有占本次调查人数57%的国家机关工作人员不能正常享有带薪休假，说明带薪年假休假落实不到位仍然是休闲时间的一大影响因素。

第五，工作时间挤占休闲时间。此次调查中85.5%的被调查者认为自己休闲时间不足，并且在实际生活中，他们的休闲活动选择和参与程度上都受到限制，休闲生活内容单调，多为居家类休闲活动。本研究采用非参检验Spearman秩相关分析评价国家机关工作人员休闲时间与工作时间的关系，两者存在中度负相关关系，P（0.001，r = − 0.365，见表1 − 2）。国家机关工作人员中一周累计加班时长5小时以上的达到53.2%，日常工作时间8小时以上的达83.4%，工作日休闲时间3小时以上的仅14%，较长的工作时间挤占了休闲时间是国家机关工作人员休闲生活面临的一大困境。

表1 − 2　国家机关工作人员休闲时间与工作时间的相关性

			休闲时间	工作时间
Spearman 的 rho	休闲时间	相关系数	1.000	− .365 * *
		Sig.（双侧）	.000	.000
		N	481	481
	工作时间	相关系数	− .365 * *	1.000
		Sig.（双侧）	.000	.000
		N	481	481

＊＊. 在置信度（双测）为0.01时，相关性是显著的。

第六，追求休闲产品服务质量等客观因素。休闲时间较少的前提下，交通便利是国家机关工作人员选择场地设施的首要考虑因素，占比达到被采访者的52.6%；其次是场地设施的环境质量，国家机关工作人员中63.7%的人认为休闲活动的服务质量是自己休闲时间利用的关键因素，这一人群更看重背后的显性服务，例如锻炼后体质增强等；还有隐性服务即精神层面的收获，例如观展后心情的愉悦等。构思新颖、设计精巧的休闲活动产品能够使参与者受益匪浅，而这种绝妙的体验又会吸引消费者重复体验，利于休闲生活方式的形成。

（2）建议

第一，政府部门、事业单位应带头落实保障公民休息和闲暇的政策执行。建议国家层面尽快出台相关实施细则从而通过政策法规强化监督和执行力度及范围，引导各级部门、单位逐步推进休假制度的实施，促使国家各级领导、部门负责人带头落实休假政策，鼓励国家机关工作人员合法维护和行使自己的休闲权，逐渐使合法休假成为休闲新常态。

第二，从个人、家庭、社会多方面促进健康休闲方式的形成。建议国家机关工作人员通过工作之余的时间积极参加社团、单位组织的有意义的集体类休闲体育活动，丰富自己的休闲活动方式以不断提升生活品质。家庭层面上，建议多组织家庭类游憩、体育锻炼等活动，久而久之成为家庭文化、家风，利于国家机关工作人员的身心健康、家庭和睦。社会舆论层面，相关媒体应大力宣传和倡导正确利用休闲时间、全民构建健康生活方式。

第三，工作单位及部门应有规律地倡导开展集体类体育休闲活动。部门或单位的各级领导对职工适当参与有益休闲活动尤其是体育锻炼应给予大力理解和支持，可以发挥表率作用带头投入运动中或拨出适宜资金用于开展上述活动；有条件的可以定期开设内容丰富、形式多样的休闲讲座、健康课堂、心理测评，配备专门的干部负责相应工作。

第四，促进文化内涵与体验服务并重的休闲产品的开发与升级。休闲活动产品在体验化的设计过程中，可根据目标人群的特点通过多种途径和各种项目的精心设计来提高消费者的社会参与性以及项目高峰体验。应加大开发多元类型、形式的高知型、学习型、文化型休闲产品，可以以政府购买服务的形式普及和推广学习型休闲活动产品，切实满足包括国家机关工作人员在内的广大居民追求文化内涵型休闲生活的需求。

（二） 我国休闲体育的空间分析——以北京市居民休闲体育空间发展为例

城市休闲体育空间作为居民休闲体育活动的载体，不仅具备休闲娱乐的功能，还具有一定的社会象征性功能。休闲体育作为当今社会休闲活动中的重要组成部分，是城市居民保持身心健康、放松减压、回归本我的一种重要活动方式，如今人们愈加认识到参与休闲体育活动所带来的功效。城市作为一种社会空间的存在，是一个连接多系统的结构空间模式，把城市空间看作一个"连续体"，合理距离内的空间整合，能够重组自然空间与人文空间的关系。城市休闲体育空间作为城市空间规划和布局的一部分，是城市居民参与休闲体育活动的场地和载体，是被赋予一定的休闲意义和休闲价值的人文空间。因此，城市休闲体育空间的合理规划和利用价值将直接影响到城市休闲体育活动开展的效果。

1. 现状分析

北京市居民休闲体育空间可分为四大圈层：分别是住宅区休闲体育活动圈（第一圈层，1000 米以内）、社区休闲体育活动圈（第二圈层，1001—2000 米）、城区休闲体育活动圈（第三圈层，2001—10000 米）和郊区休闲体育活动圈（第四圈层，10 公里以上）；北京市休闲体育场所人口密度排名前三名分别是石景山区、丰台区和海淀区，后三名分别是顺义区、延庆区和怀柔区。说明北京市居民休闲体育活动场所在空间规划和布局上存在一定程度上的不均衡和不合理现象；21—50 岁的中、青年人为北京市休闲体育活动的主要参与者；健步走、健身操和广场舞是北京市居民参与的热门休闲体育项目；居民参与休闲体育活动的出行距离受到了性别、年龄、月收入和受教育程度的影响，且这些影响因素与居民的出行距离呈显著相关性；不同性别、年龄、月收入和受教育程度的北京市居民在其休闲体育场所的选择上存在差异性；制约北京市居民休闲体育空间发展的因素主要是城区功能的定位、城区人口的数量、居民的休闲时间、居民的休闲体育意识和居民多样化的休闲体育需求。

2. 主要特点及重要数据

（1）北京市居民休闲体育活动空间密度与布局

近年来，北京市通过社区文化中心的建设、体育彩票公益金配套建设等途径，建设了许多供居民进行体育运动的场地及设施。根据北京市第六次全国体育场地普查数据公报显示，北京市共有体育场地20075个（含北京市亦庄经济技术开发区、燕山办事处），总用地面积7059.28万平方米。各类体育场地总建筑面积约为653万平方米，各类体育场地总面积约为4800万平方米。其中，室内各类体育场地3585个，场地面积238万平方米；室外各类体育场地16490个，场地总面积4530.83万平方米。

从图1-6中可得知，北京市体育场地中，各区（县）场地数量排名前5位的分别是朝阳区、海淀区、顺义区、昌平区、房山区，场地数量总计10909个，占总体的54.34%。就整体而言，城市功能拓展区（如朝阳、海淀）和城市发展新区（如昌平）的体育场地无论在数量上还是在面积上，所占各自比例都非常之大，首都功能核心区（东城区和西城区）的体育场地数量和面积所占各自比例都略小。出现这样的情况与各城区的区域规划有直接关系。朝阳区、海淀区作为生态宜居和谐文明示范区，同时也是非常有影响力的科技创新中心核心区及国际一流的商务中心区。随着全民健身活动的广泛开展，朝阳区、海淀区、丰台区等城区的居民参与休闲健身活动的热情空前高涨。越来越多的居民将自己的闲暇时间投入到休闲体育活动当中。

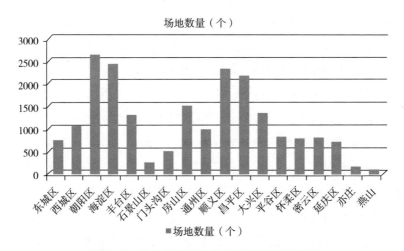

图1-6 北京市城区的体育场地数量柱状图

数据来源：北京市第六次全国体育场地普查数据公报。

表 1-3　北京市体育场所人口密度一览表

区县	体育场所数量（个）	人口（万人）	体育场所人口密度（人/个）
东城区	698	91.9	1317
西城区	1058	124.	1175
朝阳区	2600	354.5	1363
海淀区	2399	328.1	1368
丰台区	1275	211.2	1656
石景山区	213	61.6	2892
门头沟区	464	29	625
房山区	1482	94.5	637
通州区	950	118.4	1246
顺义区	2285	87.7	384
昌平区	2143	166.1	775
大兴区	1314	136.5	1039
平谷区	794	41.6	524
怀柔区	757	37.3	493
密云区	770	46.8	608
延庆区	675	31.7	469

数据来源：北京市第六次全国体育场地普查数据公报。

（2）北京市居民休闲体育场所空间布局

通过实地考察，在 Arcgis10.2 软件中利用 GIS 空间分析法进行可视化处理，得出北京市各区县休闲体育场所的空间布局现状，如图 1-7 所示。

北京市居民休闲体育场所的空间布局仍然存在不足且分配不均之处。整体来看，北京市居民休闲体育空间场所布局较为集中的是首都功能核心区和城市功能拓展区，休闲体育活动场所较多，布局比较集中，并向四周扩散。城市发展新区和生态涵养发展区休闲体育空间相对比较分散，休闲体育场所相对较少。休闲体育场所的数量和规模尚有欠缺，造成北京市休闲体育空间规划整体分配不均衡、不公平的现象。

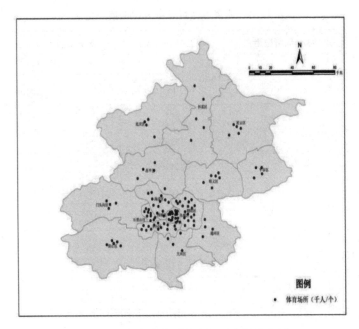

图1-7　北京市主要体育场所布局分布图

首都功能核心区休闲体育空间布局特点。北京市居民休闲体育活动场所以主要的数个中心城区最为集中。居民休闲体育场所的人口密度较大，布局相对集中。主要集中于首都功能核心区（东、西城区）的繁华地段。根据调查问卷得知，首都功能核心区的中老年人对休闲体育活动有较高的认可度。通过参与休闲体育活动，居民既能达到健身的目的，还能认识到新朋友，在休闲体育活动中感受快乐，在快乐中得到健康。

城市功能拓展区休闲体育空间布局特点。城市功能拓展区包括朝阳区、海淀区、丰台区、石景山区，是北京市高端人才的聚集地，也是我国著名的旅游、文化、体育活动区。该区分布着许多大型体育场馆及体育设施，以营利为目的的商业性质体育场所遍布，是北京市居民主要的休闲体育活动区域。消费群体以一些有消费能力的年轻人为主，并且对体育场地的设施、环境、氛围等有一定的要求。对于刚刚步入职场的年轻人来说，通过参与休闲体育活动，既能够开拓他们的社交圈，增强人脉关系，结交许多事业上的伙伴和朋友，又可以达到保持健康的目的。

城市发展新区休闲体育空间布局特点。城市发展新区（北京）包括通州区、顺义区、大兴区、昌平区、房山区5个区和亦庄开发区，是未来北京城市发展的重心所在。城市发展新区的休闲体育场所主要分布在北京市郊区的周边区域，距市中心的距离较远。主要以户外运动和体育旅游业为主。例如昌平区的十三陵水库，自2008年举办北京奥运会的铁人三项比赛之后，该地区就成为高端铁人三项赛事的标志性的场地。十三陵水库利用其得天独厚的自然优势，让休闲体育活动的参与者体验到运动快感的同时感受到大自然美的享受。

生态涵养发展区休闲体育空间结构特点。北京市生态涵养发展区包括门头沟区、平谷区、怀柔区、密云区、延庆区，被誉为首都的"后花园"，也是北京市居民享受休闲游憩的理想空间。与城市发展新区类似，生态涵养发展区同样以体育旅游业和户外运动产业为主。例如，平谷区利用其丰富多样的自然资源，建设了20多家以体育旅游为核心的景区。基本能够满足各类居民运动休闲的需求。

（3）北京市居民休闲体育空间圈层特点

我们以空间圈层理论为基础，对北京市居民休闲体育活动的出行距离与场所选择等因素进行分析。北京市居民休闲体育空间的范围大致可分为住宅区休闲体育活动圈、社区休闲体育活动圈、城区休闲体育活动圈和郊区休闲体育活动圈。

住宅区休闲体育活动圈的特点。居民在此范围内的出行距离主要集中在1000米以内。属于图1-8所示的第一圈层范围。参与的人群以中、老年人为主，是北京市中老年居民参与休闲体育的主要活动圈。

社区休闲体育活动圈的特点。居民在此范围内的出行距离主要集中在1001—2000米。属于图1-8所示的第二圈层范围，以社区为核心形成社区休闲体育活动圈。这种公园—小区环绕型的活动圈较多出现在朝阳、海淀、丰台、石景山4个区。

城区休闲体育活动圈的特点。居民在此活动圈内的出行距离主要集中在2001—10000米。属于图1-8所示的第三圈层范围。此休闲体育活动圈多为分散地带，以城区为单位，各城区区域内的中、大型体育场馆为集中点形成了城区休闲体育活动圈。是北京市居民参与休闲体育活动的核心圈层，也是北京市休闲体育空间布局的重心所在。

郊区休闲体育活动圈的特点。居民在此活动圈范围内的出行距离最长，绝大部分的距离都在 10 公里以上。属于图 1 - 8 所示的第四圈层范围。由于大部分郊区休闲体育场所均位于五环到六环之间，因此造成休闲体育场所整体比较分散，分布不均衡，未能形成多点环绕的聚集区域。

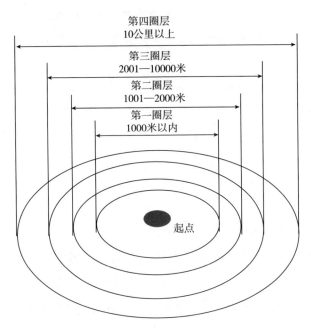

图 1 - 8　北京市居民休闲体育空间圈层结构图

（4）北京市居民参与休闲体育活动

居民参与休闲体育活动目标的分析。通过对 654 位居民的问卷调查和访谈的总体情况得知，北京市居民参与休闲体育活动的目的大多集中于增强体质、防病治病和减肥健美。调查过程中发现，不同年龄段的居民参与的目的却有些许差别。如图 1 - 9 所示。年龄段偏中（36—50 岁、51—60 岁）和偏高的居民（60 岁以上）大多会出于防病治病、消遣娱乐、消磨时间和增强体质等目的来参加休闲体育活动。主要原因是因为这两个年龄段的大多数居民的家庭和事业都处于稳定状态，思想观念日趋成熟，同时拥有比青年人更多的休闲时间与可支配收入。随着年龄的增长，自身的身体素质、生理机能会在不知不觉中下降，人体各器官系统功能开始慢慢衰减，患病率也持续高于青年人。休闲体育活动对于人体预防疾病、增强人体免疫力、增强人体器官功能等作用是非常明显的。

在研究过程中发现，20 岁及以下和 21—35 岁的居民参与休闲体育活动的目的除了预防疾病和增强体质等共同因素外，调节情绪、交朋友、减肥健美和学习运动技能等因素的占比也很高。通过访谈交流得知，绝大多数 20 岁及以下的居民都是高中生，每周的休闲体育活动几乎都集中在学校的体育课。学校体育课的内容也较为单一。如热身跑 800 米、做第八套广播体操和自由活动等。尤其在高中的这个重要阶段，学习压力很大，学校各门课程安排得很紧凑。因此，20 岁及以下的居民在参加休闲体育活动的目的上大多趋向于增强体质和调节情绪。21—35 岁的居民大多刚刚参加工作，虽然有了一定的收入和休闲时间，但社会交际圈和人脉圈还不够广泛。通过参与休闲体育活动，可以在锻炼之余交到朋友、改善人际关系，提升形象气质等，同时又能缓解身心紧张和工作上的疲劳。由此可以看出，居民对休闲体育活动的认识不再只局限于健康和防病，而是更广泛地认识到休闲体育对身心健康和人际交往方面的作用和意义。

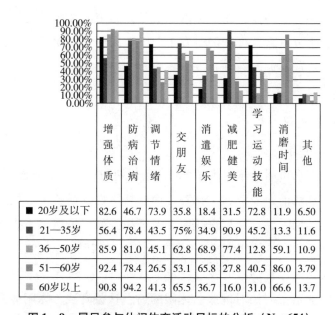

	增强体质	防病治病	调节情绪	交朋友	消遣娱乐	减肥健美	学习运动技能	消磨时间	其他
■ 20岁及以下	82.6	46.7	73.9	35.8	18.4	31.5	72.8	11.9	6.50
■ 21—35岁	56.4	78.4	43.5	75%	34.9	90.9	45.2	13.3	11.6
■ 36—50岁	85.9	81.0	45.1	62.8	68.9	77.4	12.8	59.1	10.9
■ 51—60岁	92.4	78.4	26.5	53.1	65.8	27.8	40.5	86.0	3.79
■ 60岁以上	90.8	94.2	41.3	65.5	36.7	16.0	31.0	66.6	13.7

图 1 – 9　居民参与休闲体育活动目标的分析 （N = 654）

注：此题为多选题，故百分比之和大于 100%。

居民反映的问题分析。在"全民健身"上升为国家战略的大背景下，体育健身场地不充足、结构不合理、不符合居民健身意愿等问题日益显现出来。其中包括很多因素，通过调查问卷与访谈结果显示：体育设施匮乏（60.24%）、参与人数过多（60.37%）、交通不便利（43.88%）、缺乏相关指导（40.98%）是最为突出的几个问题，居民日常的休闲体育活动经常会遇到各种各样的阻碍，例如近年来，广场舞在居民的日常休闲体育活动中开展得如火如荼，中老年人为其主要参与者。广场舞活动的开展使居民在休闲时间里得到了锻炼，在社会中的影响力日益增大，成为中国特有的休闲体育活动形式。随着广场舞的普及和发展，其引发的一些社会矛盾事件也显现出来。如音乐扰民、场地不足以及管理服务不尽职等相关问题，在个别地方甚至发生了健身群众争抢活动场地等矛盾冲突问题；同时在访谈过程中有居民表示，部分休闲健身活动场地的设施结构不合理。如在平衡木、太极推手器、云手转、单双杠、转腰器等常用于中老年人的体育设施旁边，安置了一个篮球架。众所周知，篮球是一项身体对抗性很强的运动项目，深受青年人欢迎，但稍有不慎就有可能发生冲撞。在一个以中老年人为主的休闲健身活动场地安置一个篮球架，事故风险就可能随时发生。以上现象都说明了北京市居民休闲体育活动空间场地普遍存在项目安置不合理、空间不足、设施不齐全等较为突出的问题。

3. 问题与建议

（1）主要问题

问题一：北京市居民休闲体育空间发展规划和布局不够完善

由于北京在政治、经济和文化等方面的特殊性，在各领域发展的规划上都会受到一定的局限性。北京市政府、各级相关部门虽然很重视居民休闲体育空间的发展，但在具体规划上还需进一步完善。2008年北京奥运会的成功举办，为居民休闲体育场所的发展奠定了基础条件。随着"全民健身"上升为国家战略，北京市居民对健康、休闲的追求日益高涨，休闲体育空间的规划和布局不能再千篇一律。如许多老年人既喜欢打太极拳，又爱好跳广场舞，但这两个项目的场地是不能兼容的。太极拳讲求以静制动，修身养性，而广场舞的表演方式多以集体性质出现，少则几十人多则上百人，场面非常热闹。

这就要求休闲体育活动场所在规划中要根据居民的特点来进行合理规划。在倡导"和谐社会""以人为本"的新时代背景下，如何通过对休闲体育场所的建设，激发居民参与休闲体育活动的热情，满足居民日益增长的休闲需求，需要相关部门根据居民的不同性别、年龄、收入、休闲时间等许多因素进行深入调查，从而建立一套稳定合理、等级分明、交通便捷、适合不同类型居民的休闲体育空间发展规划。

问题二：北京市居民休闲体育活动场所的数量和规模尚有不足

经调查发现，近年来北京市体育场所在数量上有了显著的增长，但北京市人口基数大，休闲体育活动参与者多，因此造成人均体育场地面积较小，体育场所人口密度较大、休闲体育场所数量短缺的现象。在许多住宅区附近几乎没有可供居民参与休闲体育活动的场所。同时，大部分经营性休闲体育场所的收费较高，与居民的消费水平不相契合，一些休闲体育项目难以得到普及和发展。公共休闲体育场所无论是在器材设备上还是容纳程度方面都难以满足居民日益增长的休闲体育活动需求。甚至偶尔还会出现体育场地被非体育活动占用的现象。交通压力较大，堵车、停车位不够等现象更是普遍存在，甚至会影响居民的正常出行。《全民健身计划（2016—2020 年）》中明确提出，要推动公共体育设施建设，构建全民健身设施网络和城市社区 15 分钟健身圈，人均体育场地面积达到 1.8 平方米。目前北京市暂时还没有达到以上要求。

问题三：北京市公共休闲体育活动场所设施器材不够健全

公共休闲体育活动场所主要以公园、广场和公共社区活动中心为主，居民到这些场所的出行距离多在 1500 米以内。实地调查后发现，北京市许多公共休闲体育活动场所的设施器材较为单一，在一些旧的住宅区周边甚至没有可供居民进行休闲体育活动的设施器材。居民的休闲体育需求呈现多样化趋势，大部分公共休闲体育活动场所无法满足居民的休闲体育需求。某些公共休闲体育场所的设施因时间过长，没有及时维修，存在很大的安全隐患，对居民参与休闲体育活动造成很大影响。许多公共休闲体育活动场所的设施器材都是千篇一律，群众可从事的体育项目较少，同时器材也缺乏管理和维护。体育活动都带有一定的风险性，稍不注意就容易产生伤病，因此休闲体育活动场所必须要有良好的设施和安全保障，从而保证休闲体育活动者安全、舒适地参与到休闲运动中来，就目前调查的结果来看，北京市绝大多数公共休闲体育场所都没有设专门的安全保障点。居民在参与休闲体育活动时一旦出现伤病现象，如得不到及时有效的处理，就可能会引发更严重的后果。因此相关部门应引起重视，加强安全保障，降低体育项目的危险性，保证居民愉快、安全、舒适地参与到休闲体育活动中来。

（2）对策与建议

第一，逐步完善休闲体育空间规划和布局，建立相关指标的评估体系。北京市居民休闲体育空间作为北京市建设和发展的重要组成部分，在规划和布局时一定要与城市规划建设相统一。充分发挥各区资源优势，突出特色，满足不同性别、不同年龄、不同收入、不同受教育程度居民的多样化休闲体育需求。相关部门要总结经验，建立一套以环境、交通、器材等指标为核心的休闲体育空间评估体系。

第二，加强休闲体育场所建设，推进社区休闲体育场所的发展。充分利用北京市现有的体育场地和体育配套设施，提高其利用率，建设多层次、多样化、多功能的休闲体育场所。推进社区休闲体育活动场所的发展，提高休闲体育场所的服务标准，举办适当的休闲体育文化活动或比赛，吸引更多的北京市居民参与到休闲体育活动中来。

第三，规范居民休闲体育活动管理，加强对居民休闲体育活动的质量监控。休闲体育活动的开展是贯彻落实"健康中国"和"全民健身"战略的重要途径。北京市政府应加强休闲体育活动管理队伍和管理者的整体素质，遵守相关的法律规定。对休闲体育活动实施过程中可能出现的各种意外有全方位的应急措施。

提高居民休闲体育活动的质量，加强休闲体育相关人才的培养。

第四，积极发扬和宣传休闲体育活动，激发居民参与休闲体育活动的热情。由于休闲体育在我国开展比较晚，普及程度还不高，居民对于参与休闲体育活动的意识还存在一定的局限性。因此，北京市政府应充分利用其资源与优势，加大休闲体育的宣传力度，搭建休闲体育网络服务平台，普及休闲健身相关知识，提高居民参与休闲体育活动意识，激发群众参与休闲体育活动的热情。

三、我国休闲体育总体发展的特点与趋势

（一）专题研究报告主要结果与分析

根据本册蓝皮书的规划要求与我国现阶段休闲体育发展状况，经过分析和取舍，本研究报告主要对我国山地运动、滨海体育、滨海旅游、冰雪体育、沙漠休闲、户外健身器材和休闲体育传媒数据进行专题研究。

1. 山地运动发展特点与趋势

政策利好、市场需求增长、资本推动，为我国山地户外运动赛事的发展奠定了良好态势。主要特点是我国山地户外运动赛事发展中心将从沿海地区向西部地区转移；赛事市场化程度不断提高，价值越发凸显，社会资本的不断涌入，赛事版权抬升，使政府的角色逐渐转变为支持与监督赛事的运作和进行；赛事层次体系日趋形成和完善，群众性赛事价值得到彰显；"赛事＋"的发展模式正在形成，推动产业融合发展，越来越多的城市以赛为媒，全面推动城市文体旅融合发展。

发展趋势是更加重视山地户外运动产业规划的引领示范作用，合理利用山地户外运动资源，积极打造体育旅游的核心产品，打造特色鲜明、市场竞争力较强的"国家体育产业示范基地""国家级体育旅游示范区""国家体育产业示范项目"及运动休闲特色小镇等复合型山地户外运动项目将成为山地户外运动产业未来发展的必然趋势。同时，以山地户外运动为主题的运动休闲主题游不断涌现，山地旅游度假、山地户外运动赛事、体育节庆活动、民族民间民俗体育、运动康养等旅游产品供给将不断丰富，进而逐渐形成一批具有国际影响力的国家级体育旅游目的地，国家级体育旅游示范项目和国家级体育旅游精品线路，从而推动山地户外运动产业与相关产业融合发展。

2. 滨海体育发展现状及趋势

通过滨海休闲体育发展现状的 SWOT 分析，我国滨海休闲体育发展有如下优势：海洋性气候湿润，空气质量好；滨海资源丰富，可开发多样的休闲

体育产品，绵长的海岸线、碧绿的海水、蔚蓝的天空等都是滨海地区所特有的天然资源。良好的经济环境可以引领滨海体育的发展，一方面，对滨海体育可以投入大量的资金进行规划整理；另一方面，经济的发展也给交通建设带来了巨大的便利，也为我国具有特色的滨海体育的发展开辟了新的道路。滨海体育发展具有一定的基础，不仅沿海城市自身体育产业发展比较迅猛，政策支持和经济支撑也在不断助力体育产业的发展。我国滨海休闲体育发展的劣势主要有：普及性不高，使滨海体育项目开发受限，政府对滨海体育发展尚无规划、产业链尚未形成；滨海体育产品开发与配置不够合理、体育设施落后；缺乏专业人才和专业组织机构；滨海体育宣传力度不够，缺乏理论研究和市场营销策略。

发展趋势是滨海体育将成为经济发展的新态势，是拉动休闲体育消费、增强就业功能的潜在引擎；我国滨海休闲体育发展前景广阔、空间巨大，大型滨海体育赛事的不断开展，为城市的发展塑造良好的品牌同时也推动了当地经济的发展；政策的扶持将进一步推动滨海休闲体育产品和项目发展；滨海休闲体育将朝着"全层化、本土化、专业化"趋势发展。

3. 滨海旅游产业融合发展的困境与对策

我国滨海旅游产业近些年尽管发展很快，但也面临不少困境。主要包括：缺失统一政策规划和健全的管理体制，导致滨海体育旅游业发展各地区各自为政，各部门对滨海体育旅游产业的规制基本上是以保护自身特殊利益为目的，造成行政权力地方化、部门化，阻碍了滨海体育与滨海旅游产业融合的进程；缺失环境保护和可持续发展机制。滨海体育旅游资源环境在开发和使用中受到不同程度的破坏，经营企业为了获得经济利益，不关心环境，不保护资源，还有许多不合理现象导致沿海旅游资源的过度消耗，加速了生态系统和景观的退化；缺失产业融合的品牌效应，我国还没有出现与"澳大利亚大堡礁""西班牙""美国夏威夷"齐名的世界级品牌产品；缺少产业融合发展的高素质管理人才。

政策建议：一是积极创新滨海体育与滨海旅游产业深度融合的新模式，例如：体育场、馆与滨海旅游产业融合发展模式，体育竞赛表演与滨海旅游产业融合发展模式，体育健身休闲与旅游产业融合发展模式等；二是加强政府宏观调控能力，促进部门之间的协作；三是推进产业政策落实，加强基础设施建设；四是提升旅游产品品牌价值，开拓市场空间；五是重视人才培养，鼓励创新，可以根据产业需求与学校培养相结合的方式进行培养，通过定向培养等方式增强人才培育与社会需求的匹配性。

4. 冰雪体育发展现状及趋势

我国大众冰雪体育运动项目是在全民参与的时代背景下快速发展的。我国冰雪产业的发展经历了4个节点，以滑雪产业为例，从1995年大众化滑雪产业开始萌芽，黑龙江亚布力、吉林北大湖、崇礼塞北等雪场修建完成。到1999年大众滑雪进入北京，引进人工造雪技术，再到2011年北京和崇礼区域的滑雪运动开始蓬勃发展，经历了"北京—崇礼"的黄金十年，最重要的节点是2015年北京申办冬季奥运会成功，标志着中国滑雪产业进入了一个新的阶段，冰雪场地在逐年增加，冰雪消费在逐年增长。我国冰雪产业呈现出独有的特点，规模和产值均处于上升期，市场空间大。但由于冰雪装备业种类繁多，统计口径不一，随着冰雪体育产业快速发展，为了获得既得利益和缺少统筹规划，也伴随着区域发展不平衡，亟待统筹规划。

发展趋势是大众冰雪体育行业将迎来一次全面洗牌，滑雪场的大规模兴建会暂告一个段落，淘汰、兼并、收购、输出管理会成为新的态势。相对于滑雪场来说，滑冰场多数修建在室内，修建在商业场所的室内冰场发展会迎来新的空间，修建在大型活动中心的冰场将进行转型和多元化发展。经过多年运营的成熟冰雪品牌也将形成。后冬奥时代伴随竞技冰雪体育发展，利用冰雪竞技的有力影响和榜样作用带动我国大众冰雪体育的向前发展，宣传冰雪理念，传播冰雪文化，是冰雪体育深入人心，夯实群众基础的有效途径。

5. 沙漠休闲体育发展特点与趋势

我国沙漠休闲体育发展特点是依托沙漠旅游景区开展沙漠休闲体育赛事活动，体旅融合更加紧密和自然。以新疆为例，截至2017年12月，全区已拥有国家沙漠公园26个，是全国沙漠公园数量最多的省份，其中鄯善国家沙漠公园是新疆最受欢迎的沙漠公园之一，通过承办中国·新疆国际沙漠体育健身大会，提升了新疆鄯善沙漠休闲体育的影响力，燃起了社会各界参与沙漠体育活动的热情；伴随着沙漠资源开发的深入，越来越多的休闲体育项目扎根沙漠，消费者日益增多，沙漠地区的环境保护备受关注，消费者的环境保护意识亟须增强；项目内涵日益丰富，中国·新疆鄯善第八届国际沙漠体育健身大会设置了沙漠越野、五人制沙漠足球、沙山夺红旗、沙漠寻宝、沙漠气排球、沙漠毽球、沙漠拔河、围棋、国际象棋、中国象棋、沙漠摔跤、空竹等众多项目，这一集竞技、健身、休闲于一体的群众性国际体育赛事，正在为沙漠休闲体育持续发展发挥积极作用；参与人群逐渐扩大，近两年，沙漠休闲体育发展迅速，项目种类不断增加，项目内容日益丰富，参与人群也随之扩大。

我国沙漠休闲体育发展趋势是沙漠休闲体育与旅游产业的融合、沙漠休闲体育与文化产业的融合、沙漠休闲体育与民族传统体育的融合、沙漠休闲体育与装备制造业的融合、沙漠休闲体育与教育培训的融合、沙漠休闲体育与沙产业的结合。

6. 户外健身器材发展现状与趋势分析

全民健身路径工程和户外健身器材产业的发展对于推动体育产业发展、改善群众生活质量、提升景观环境等方面均有明显作用。我国户外器材及路径发展存在如下问题：一是由于我国的健身习惯是采用徒手和轻器械健身，利用器械进行健身的意识不强，但21世纪的运动健身利用器械来进行的效果是较好的，尤其是一些无氧健身方法，需要利用器械效果事半功倍。二是我国群众健身器材利用率不高、行业门槛低。三是尚无规范标准、健身路径的选址和器材布局不合理。四是健身路径缺乏系统的维修和管理。五是健身路径社会指导员数量匮乏等。

我国室外健身器材发展趋势是器材智能化、器材适宜化、器材人性化、品牌全球化。器材智能化就是以"体育＋科技"为核心理念，采用大数据、云计算、物联网、人工智能等前沿技术，为消费者提供更加智能、安全、高效的智慧二代健身器材。器材适宜化就是在配置运动区器材时，应遵循因地制宜、定制化原则，减少"破绿"，保留生态之美，将健身设备完美融入公园、社区、校园、旅游景区、城市园林等各场地中，为运动人群营造出一个良好的社交场所。器材人性化就是根据不同人群对使用方式的要求不同进行设计和创新，以增加人文性，拉近器材与人之间的关系。品牌全球化就是中国室外健身器材企业将实施品牌全球化战略，逐步成长为在国际市场上具备影响力和话语权的企业或品牌。

7. 休闲体育传媒数据分析报告

2018 年世界杯赛事观众收视率达 62%，通过本届世界杯的媒体传播情况可以看出，大多数观众仍是选择电视屏观看重要比赛赛事，年轻、高学历观众占比明显提升，65% 的网民通过新媒体平台收看了本次世界杯，其中男性占比更多，女性稍少，新媒体已经成为互联网用户获取资讯或观看赛事的必然选择。通过项目比重、观众分类和观众特征等角度对 2015 年、2016 年、2017 年三年 CCTV5 的赛事播出和电视收视数据的研究分析发现：电视观众和互联网观众均对传统体育优势项目、普及程度高、有本国参赛选手参与的比赛项目具有收视偏好。新媒体进行体育赛事传播的必要性主要体现在对赛事内容的传播、弥补传统方式的缺陷和符合体育赛事实时性、精准性等特点，包括内容、经营和用户互动上的自身优越性等。

体育赛事观众观看体育比赛、了解体育比赛信息的途径丰富多样，除了传统的电视媒体，还有互联网新媒体以及社交媒体等多种手段。随着互联网技术的进步，移动化、社交化的趋势越来越明显，4G、5G 网络的成熟，网速越来越快，体育赛事直播的产业链正在走向完善，互联网体育赛事直播有望覆盖更广的人群，保持持续增长。影响电视观众和互联网新媒体用户收视行为的因素也是多方面的，在举办体育赛事时，认真分析和研究赛事与用户收视的习惯，对于做好赛事的传播具有相当重要的参考作用。

（二）区域研究报告主要结果与分析

根据本蓝皮书的规划要求与我国现阶段休闲体育发展状况，经过分析和取舍，本研究报告主要选取了河北省、江苏省、上海市、湖北省、浙江省和澳门特别行政区进行了研究。

1. 河北省休闲体育现状与趋势

近 5 年，河北省累计投入场地设施建设资金超过 260 亿元，建成各类体育场地 7.8 万余个，总占地面积 26289 万平方米，总建筑面积 1351 万平方米，场地面积 9867 万平方米。本着就近、就便、小型、实用的建设原则，河北初步建立起了市县乡村四级公共体育健身场地设施网络，全省将近60%的行政村和70%以上的社区均已安装体育健身设施。全省人民群众健身观念的普遍增强、城乡健身条件的明显改善以及互联网的全民普及等诸多利好因素，促使自发组织的民间草根网络健身社团、联盟、俱乐部、网络健身QQ群等如雨后春笋般在全省各地发展起来，太极热、乒羽热、骑行热、暴走热、户外热、广场舞热等风靡城乡，全省各地广大群众依托公园、广场、城乡空地等自行开辟设立的晨晚练点已达20000多个，并保持较快增长态势，极大提升了全省城乡基层健身组织的覆盖率。

河北省休闲体育产业的发展走向是加强河北省城市休闲体育基本公共服务体系建设，大力培育休闲体育健身活动指导志愿者，注重体质监测后对城市居民开设运动健身处方的过程管理和监测，引导城市居民体育消费，推动基本生活服务类需求转为休闲体育健身和赛事等中高端的消费，加强对体育健身休闲项目文化的传播力度，开发体育健身休闲活动赛事体系和品牌塑造活动，深度挖掘张家口特色滑雪小镇的发展优势，做好做强具有燕赵文化特色的国际滑雪度假休闲区。

2. 江苏省休闲体育现状与趋势

江苏省的休闲体育活动分为健身娱乐、竞赛表演、户外极限运动、体育欣赏等类型。在健身、娱乐项目的选择上，作为文化大省的江苏省可谓中西合璧。休闲活动人群老年和小孩所占的比例高，在年龄分布上呈现两边高、中间低的态势。2016年江苏省体育产业规模已经达到3154.09亿元。其中，体育场馆服务、体育赛事、体育用品制造业、体育彩票等体育主体产业已颇具规模。体育赛事活动日益繁荣，2017年南京市举办了全项目轮滑世锦赛，2017年江苏省举办A类认证马拉松赛达31场，15条赛道被评为"魅力江苏最美体育"跑步线路。轮滑项目在南京发展较好，南京市有70多家轮滑俱乐部，每年参加轮滑活动的人次近50万。休闲体育活动的场所以公园景点与社区活动点为最高，分别占到了48.3%与40.6%。2017年共销售体育彩票2013007.88万元。

江苏省休闲体育产业的发展趋势是加强休闲体育活动的内容设计，以参与者为中心，在分析其需求的前提下，设计出适合其个性化的体验产品。继续加大休闲体育场地的供给，调动社会力量参与休闲体育运动场地的建设。进一步完善休闲体育人才培养体系，例如江苏省高校以南京体育学院、南京晓庄学院为首，开设了休闲体育专业，完善了江苏省高校专业建设的体系。大力发展休闲体育产业，推行体育产业专项资金、体育健康特色小镇、体育服务综合体、体育健身俱乐部、体育消费券等组合政策，推动体育与相关行业的融合，拉动相关业态发展。

3. 上海市休闲体育现状与趋势

上海市政府全新创办上海城市业余联赛，项目联赛、项目系列赛和品牌特色赛事活动三大板块。2016 年，上海市围绕建设健康城市和全球著名体育城市目标，进一步改善市民休闲健身环境，在公园、绿地及大型居住区等处新建市民健身步道 65 条，新（改）建市民球场 56 片。全市共有社区健身苑点 10040 个、市民球场 446 处、942 片各类球场、农民体育健身工程 1064 个、市民健身房 143 家、市民健身步道 382 条、市民游泳池 35 座，社区体育健身俱乐部创建街镇覆盖率达 80%。2017 年，上海市健身休闲设施更加完善，黄浦江滨江两岸贯通并建成一大批体育设施，全市共新建、改建市民益智健身苑点 210 个、市民健身步道 75 条、市民球场 65 个。2016 年上海体育产业总规模 1045.87 亿元，同比增长 14.9%，占当年全市 GDP 比重达 1.5%。

上海市休闲体育产业发展趋势是休闲体育产品种类进一步丰富，将重点发展能体现城市特色、具有广泛群众基础，普及性广、关注度高、市场空间大的项目，新兴健身休闲项目，户外休闲项目，开展代表中国传统体育文化、具有国际影响力的民族传统体育项目，推广具有黄浦江及苏州河区域特色或趣味性强的民间体育项目等。加快中小型、社区型健身场馆建设，充分合理利用公园绿地、城市空置场所、建筑物屋顶、地下室等区域，重点建设一批便民利民的社区健身休闲设施。休闲体育市场主体加快集聚，通过政府购买服务等多种方式，积极支持群众健身休闲消费，引导经营主体提供公益性健身休闲服务。

4. 湖北省休闲体育现状与趋势

2017 年，湖北省成功举办了马拉松、登山、徒步、漂流、钓鱼等休闲体育赛事，提升了举办城市知名度，带动全民健身运动的快速发展。特点如下：

马拉松赛事成城市亮点，打造"一城一品"赛事，赛事与城市景观融合。2017 年，湖北省体育局共举办国家级全民健身赛事活动 48 次，省级全民健身赛事活动约 200 场，参与者达 300 多万人。群众参与休闲体育的目的调查，有 69% 的人是"增进健康"；29.7% 的被调查者参与休闲体育有"消遣娱乐"的目的；19.8% 和 18.9% 的被调查者参与休闲体育目的是"减轻压力"和"减肥瘦身"；"增进社交"和"提高运动技能"的目的分别占有 10.2% 和 8.3%。湖北休闲体育产业发展存在的问题主要有：休闲体育产业总体规模仍待提高，区域休闲体育发展不平衡，休闲体育赛事的品牌效应亟待提升。

湖北省休闲体育产业的发展趋势是体育旅游产业与文化创意产业深度融合，大力促进道教文化、巴蜀文化、荆楚文化、红色文化等文化资源与体育旅游产业融合发展；借助资源优势，开发特色休闲体育项目，湖北省山地水系发达，峡谷溪流、瀑潭、高山湖泊、河流等水资源星罗棋布，适合开展溯溪、漂流、龙舟、游泳、垂钓等多种水上休闲项目；大力发展民族传统体育项目的开发；培育休闲体育品牌赛事，通过赛事引导市民体育消费，推动休闲体育产业的发展；加快休闲体育设施建设，深入开发休闲体育市场。

5. 浙江省休闲体育现状与趋势

浙江省城乡体育设施日臻完善，社区、行政村实现体育设施全覆盖，人均体育场地面积达到 1.97 平方米。各级体育社会组织日趋健全，全省拥有体育社会组织 3240 个（省级 98 个、市级 621 个、县级 2521 个），体育总会实现省市县三级全覆盖，专业体育社会组织工作站和老年体协实现街道（乡镇）全覆盖。群众性健身活动蓬勃开展，经常参加体育锻炼人数占总人口的 38.1%。据 2017 年浙江省统计局第一季度全省社会消费品零售总额的报告，体育、娱乐用品类在 2017 年第一季度零售额就达到 5.6 亿元，同比增长 20.0%；服装、鞋帽、针纺织品类零售额 221.3 亿元，同比增长 10.4%。2017 年 1—4 月体育用品制造产业增长 12 亿元，同比增长 12.0%。2017 年前三季度文化休闲娱乐服务业和体育用品分别增长 13.4% 和 11.15%，均拉动规模以上文化及相关特色产业企业增长 0.2 个百分点。

浙江省休闲体育产业的发展趋势是完善休闲体育产业人才培养机制，一是积极引导校企合作，搭建休闲体育产业人才产学研合作平台。二是促成政企合作，解决退役运动员与学生运动员的转业就业问题，发挥体育专业运动员在休闲体育产业建设中的专业价值。创建休闲体育产品的品牌价值。2016年，浙江省承办国际性赛事 14 项，全国性赛事 111 项。浙江省作为休闲体育产业的引领者，正在着手建立休闲体育产业相关指标标准，为全国休闲体育产业的发展提供统计标准。

6. 澳门特别行政区休闲体育现状与趋势

2016 年政府部门重组后，澳门主要的体育设施统一由体育局管理，运行的有 45 个公共体育场所，当中澳门半岛有 23 个、氹仔有 11 个、路环 11 个。澳门每 10 万人拥有场地 61.9 个，人均体育场地面积为 1.40 平方米，已经大大超过 2000 年人均体育场地面积 0.63 平方米的统计数据，接近内地的人均水平。2016 年共有 406179 人次居民参与 22 项由体育局举办的活动。体育局还举办了 2843 个大众体育健身兴趣班，名额共 69625 个。为市民提供体质测试服务有 1702 人次，体育健康咨询站的体质测试有 11199 人次。此外，还有700 人次参与运动医学中心所举办的培训及讲座。澳门大众休闲体育学术活动蓬勃发展，近两年举办了"第 14 届亚太群众体育协会研讨会"、第 42 届 AS-FAA 理事会会议、世界休闲体育协会主办的世界休闲体育经济（澳门）高峰论坛。借助世界休闲体育经济（澳门）高峰论坛的举行，澳门本地亦正式注册成立澳门休闲体育协会。

目前澳门休闲体育发展的主要困境是：缺乏明确的政策和发展蓝图、政府职能部门角色定位不明确，部门之间缺乏合作、缺乏大众体育专业人才的培养、土地资源紧缺，人口稠密。发展趋势是积极开展跨界合作，突破发展空间的瓶颈限制；借助传统行业的基础和优势，创新打造新的体育休闲产品；积极探索和创新开拓新兴的体育项目和潜在市场，将以电子竞技为新项目的突破口。

++++++++++++++++++++++++ 参考文献 ++++++++++++++++++++++++

[1] 魏翔. 闲暇时间与产出效率——来自中、美、日的对比研究 [J]. 中国软科学，2014（8）：49—60.

[2] 中国旅游研究院.《2016—2017 年中国休闲发展报告》[M]. 北京：旅游教育

出版社，2017：50、59—61.

［3］《中国经济生活大调查》相关报道．［EB/OL］．http：//fj. people. com. cn/n/ 2015/0311/c337011－24122340－2. html，2015－3.

［4］蒋艳．城市居民休闲时间投入意愿及其影响因素研究——以杭州市为例［J］．生态经济（中文版），2012（3）：78—82.

［5］李相如．凌平．卢峰．休闲体育概论（第二版）［M］．北京：高等教育出版社，2016. 11.

［6］皮普尔．休闲：文化的基础［M］．北京：新星出版社，2005.

［7］钟业喜．基于可达性的江苏省城市空间格局演变定量研究［D］．南京：南京师范大学，2011：35.

专 题 编

第二章　中国山地运动发展现状与趋势分析

许　军　张素婷　刘　勇　张莉涓　窦　哄

摘要： 本章重点介绍中国山地户外运动产业的发展现状。首先，概述山地户外运动产业的概念与内涵。然后，围绕促进中国山地户外运动产业发展的政策环境、山地资源优势、赛事引爆点以及人才支撑4个方面进行重点阐述与分析。在此基础上，提出合理规划山地户外运动产业发展将成山地资源富集区域经济增长的新动力，也是部分区域完成脱贫攻坚任务的新思路新引擎；指出山地户外运动产业作为新兴产业形态，其发展与旅游、文化、养老、教育、健康、农业、互联网等产业存在极强的产业发展联动效应；未来山地户外运动项目也势必呈现形式业态多元化的发展趋势。最后，山地户外运动产业在供给侧、新经济发展趋势下，势必激发出更大的体育消费市场以满足人民多样化的体育消费需求。

关键词： 山地户外运动产业；政策；山地资源；山地户外运动赛事；人才培养

作者简介： 许军，四川旅游学院教授，硕士研究生导师。主要研究方向：山地旅游与休闲运动产业开发，体育旅游规划与赛事策划。

张素婷，四川旅游学院讲师。主要研究方向：山地旅游与休闲运动产业开发，运动心理学。

刘勇，博士，四川旅游学院副教授。主要研究方向：文化遗产与旅游开发，喜马拉雅探险文化，休闲运动与山地探险。

张莉涓，四川旅游学院助教。主要研究方向：休闲体育和体育旅游。

窦哄，四川旅游学院助教。主要研究方向：休闲体育和体育旅游。

一、山地户外运动产业概述

山地户外运动产业是健身休闲产业的重要组成部分，是以自然山地环境为载体、以参与体验为主要形式、以促进身心健康为目的，向大众提供具有典型山地属性的体育运动项目和运动型休闲娱乐活动等相关产品和服务的一系列经济活动。

中国的山地资源极为丰富，现代科技的进步以及山地运动项目不断创新性地发展，促使山地运动资源属性价值得以显现。山地户外运动魅力独特，其活动开展依托的山川、森林、冰雪、草地等优美的大自然环境都让人心旷神怡、流连忘返；无论是丛林穿越、登山探险、悬崖攀爬，还是溯溪漂流、高山滑雪、高空滑翔，都能带给参与者无比愉悦的心理感受。因此，山地户外运动产业作为一项新兴产业备受各级政府的关注与重视，山地户外运动也成为旅游休闲与户外度假的新动力，它与当地多姿多彩的地域文化融合，给山地资源富集地区带来巨大的市场价值，具有无限广阔的发展前景。

二、山地户外运动产业发展的政策环境

（一）国家相关政策

2014 年 10 月，国务院发布的《关于加快发展体育产业促进体育消费的若干意见》（国发〔2014〕46 号，以下简称国务院 46 号文件）针对我国体育产业的发展进行了顶层设计，首次将全民健身上升为国家战略，确定了体育产业作为国民经济发展的战略性地位，进而引发政府、企业、资本等纷纷进入体育产业，营造了国家重视体育、全民参与体育的良好氛围。2016 年 10 月，国务院发布的《"健康中国 2030"规划纲要》将"全民健康"上升为国家战略，提出健身休闲产业是建设"健康中国"的重要组成部分。在积极推动全民健身、全民健康的国家战略背景下，2016 年 10 月，国务院办公厅接连发布的《关于加快发展健身休闲产业的指导意见》（国办发〔2016〕77 号，以下简称国办发 77 号文件）及《关于进一步扩大旅游文化体育健康养老教育培训等领域消费的意见》（国办发〔2016〕85 号）均明确提出要加快制定实施包括山地户外运动在内的专项运动产业发展规划，这两个文件的发布对进一步落实推动健身休闲产业向纵深发展起到了积极作用。

山地户外运动产业是健身休闲产业的重要组成部分。2016 年 11 月，国家体育总局等八部委联合发布的《山地户外运动产业发展规划》，提出到 2020 年，山地户外运动产业总规模达到 4000 亿元，并且对山地户外运动产业设施建设、赛事活动供给、市场主体培育、产业结构升级、大众消费引导以及安全救援体系等方面提出建议。2016 年 12 月，国家体育总局与国家旅游局联合发布的《关于大力发展体育旅游的指导意见》，也明确提出重点发展包括山地户外旅游在内的众多体育旅游新产品、新业态。

（二）地方相关政策

为进一步推动健身休闲产业发展，促进体育消费，各省市在 2016 年"国办发 77 号文件"发布的基础上出台了本地区的实施意见，由此可见，国家层面大力支持体育产业发展已从国家战略落地为地方战略进行重点推进。截至 2017 年，已有四川、安徽、贵州等 21 个省区市发布了实施意见，对山地户外运动产业发展进行了重点阐述。通过对各省区市所发布的实施意见进行归纳整理，发现其对山地户外运动产业发展相关政策主要聚焦在以下 6 个方面：

第一，各省区市积极贯彻"国办发 77 号文件"，制定了以户外运动为重点的健身休闲重点运动项目目录，对山地户外运动、水上运动、冰雪运动及低空运动等健身休闲项目的发展进行了重点阐述。

第二，各省区市提出依托其丰富的山地户外运动资源，积极打造登山、攀岩、徒步、露营、拓展等山地户外运动项目，并且部分省市依托其资源条件规划山地户外运动布局。

第三，各省区市也提出要积极加快山地户外运动场地基础设施建设，依托地形地貌规划建设登山健身步道、自行车道、绿道等慢型交通网络体系，并且积极建设一批山地户外营地、徒步骑行服务站、自驾车房车营地、运动船艇码头、航空飞行营地等健身休闲设施。

第四，围绕山地户外运动赛事发展方面，宁夏、贵州、陕西、天津、湖北、四川、山西及青海省等 11 个省区市都提出积极培育山地户外精品赛事和活动。其中四川和江西针对本省市山地户外运动赛事提出具体的发展目标，提出到 2025 年，打造 10 项山地户外运动精品赛事。

第五，各省区市也积极推动山地户外运动制造业发展。宁夏、陕西、江苏、四川、山西、海南、广西、辽宁等省区市纷纷鼓励企业提升山地户外、水上运动、冰雪运动等健身休闲器材装备研发能力，进而提升健身休闲器材装备制造水平。

第六，不同省区市也根据本省市特色提出推动山地户外运动产业发展的特色举措，如湖北省积极推动山地户外运动、水上运动等运动项目进校园；贵州省则积极打造集山地体育旅游产品供给、体育社会组织服务购买、体育赛事营销推广为一体的"体育云"大数据平台。

三、山地户外运动资源开发与利用

（一）中国山地资源概述

我国山地资源丰富，是世界第一山地大国。山地资源的合理开发和利用在我国生态文明发展战略的实施过程中具有重要作用。我国地势西高东低，呈三阶梯状分布。世界屋脊"青藏高原"，平均海拔在 4000 米以上，为第一阶梯的主要区域。第二阶梯中盆地与高原的交替分布，形成了高原、亚高原到盆地的山地资源分布，平均海拔在 2000—3000 米。第三阶梯在第二阶梯的基础上地势大部分下降在海拔 500 米以下，主要为平原和丘陵。山地资源的阶梯分布形成了我国特色的山地户外产业资源开发现状。

（二）第一阶梯山地资源开发现状

青藏高原是我国阶梯形山地分布中平均海拔最高的区域（平均海拔 4000 米以上），独特的高海拔环境形成了独有的世界级高海拔户外运动资源。高原上的喜马拉雅山主峰珠穆朗玛峰高达 8844.43 米，是世界第一高峰，从北坡攀登以珠穆朗玛峰为代表的极高海拔山攀登早已世界闻名，同时，西北部的喀喇昆仑山脉也是闻名世界的极高山区，这些具有典型极高海拔特点的户外资源也形成了以西藏和新疆为代表的独具特色的高原山地户外产业。其中最有代表性的是每年春季进行的珠穆朗玛峰、希夏邦马峰、卓奥友峰以及新疆"冰山之父"慕士塔格峰的登山活动，由于高原季节性的特点，也使得这个区域山地户外活动的周期较短，主要集中在每年短暂的春季和夏季，主要是高原徒步、自驾等体验性极强的山地户外活动。

（三）第二阶梯山地资源开发现状

第二阶梯是山地户外资源形态最丰富多样化的地区，该区域既有极高海拔的山地资源，也有中高海拔的高山、雪峰、冰川、森林、湖泊及河流等山地户外资源。因此，这里也是我国山地户外运动开展最早、最广泛、发展最快的区域。这里险峻的山峰、雪山早已成为登山、滑雪、徒步等爱好者的户外天堂。这一区域开展比较广泛的户外运动项目有定向越野、山地自行车、跳伞、登山、攀岩、滑雪登山、徒步旅行、越野自行车和山地赛、溯溪、露营等。

第二阶梯最具典型代表性的山地户外运动发展区域有横断山脉（群）和贵州省。横断山脉（群）是世界上少有的南北向山系群，它既是唯一兼有太平洋和印度洋水系的地区，也是位于青藏高原东南部中国最长、最宽和最典型纵贯山系和水系系统。横断山脉跨度极大，东西向横跨了许多大山和大河，比如邛崃山、大渡河等。整个山川南北纵贯，东西骈列，最后与喜马拉雅山交会于南迦巴瓦峰。横断山脉（群）涵盖的四姑娘山等区域山地户外运动已经开展逾30年，早已成为闻名世界的户外休闲胜地。近年来，当地政府越发重视本区域优势山地资源的开发与利用。例如阿坝藏族羌族自治州四姑娘山风景名胜区早在2008年就成立了"四姑娘山户外活动管理中心"，对山地户外运动进行专项服务和管理，并且成立了全国首支专业的高山救援队，以保证户外安全。在2017年也编制完成了《四姑娘山风景名胜区户外运动专项规划》，属全国风景名胜区首例。阿坝藏族羌族自治州在2018年也编制完成了《阿坝州体育产业规划》，并写入政府工作计划，把山地户外运动当作政府重要工作来抓，并明确提出山地户外运动产业应作为阿坝藏族羌族自治州未来社会经济发展的引擎，也创新性提出打造"横断山"世界山地旅游目的地引领发展区，力求通过在横断山区域举办一系列自主 IP 的山地体育活动，如"横断山山地户外国际论坛""横断山高海拔山地户外挑战赛""横断山山地电影节"等，进一步扩大影响力。

贵州省依托其得天独厚的山地资源和政策保障，积极推动山地户外运动产业的发展，不仅是我国开展山地户外运动较早的地区，也是举办山地户外运动赛事较早的省份之一，现已初见成效。例如六盘水全国汽车拉力锦标赛、瓮安国际山地户外运动挑战赛以及遵义娄山关·海龙屯国际山地户外运动挑战赛都已经成为中国山地户外运动的重要赛事。2015 年，贵州省还举办了首届国际山地旅游暨户外运动大会，该大会是经国务院批准的中国目前唯一一个以山地旅游为主题的国家级、国际性峰会。2018 年，国际山地旅游暨户外运动大会已连续举办了四届。该大会不仅成为展示贵州乃至国内外山地旅游资源、户外运动发展水平以及旅游扶贫经验及成果的重要窗口，也是打造山地旅游和户外运动国际交流合作的高端平台[1]。

（四）第三阶梯山地资源开发现状

第三阶梯自北向南分布着东北平原、华北平原、长江中下游平原，平原的边缘分布着低山和丘陵。东北和华北地区独有的山地资源和冰雪气候条件使之成为冰雪运动开展的重点区域，特别是中国成功申办冬季奥运会后，华北和东北的冰雪运动产业加速发展，形成以张家口和东北长白山为中心的滑雪基地群。与此同时，大众户外运动也快速普及发展，近郊徒步、远足登山、攀岩、拓展、定向运动、露营、自行车等山地户外运动项目也日渐兴起。华中地区地形以平原、丘陵、盆地为主，河网密布、水系发达，拥有大量的河流和湖泊，水资源相对较丰富，拥有得天独厚打造户外水域运动的基础。东南沿海地区是我国最早对外开放的区域，对外交流较多，经济发展较好，户外运动开展也较广泛。其中绳索类运动、山地自行车、攀岩、滑翔伞、热气球等山地探险项目都非常发达；野营、徒步、漂流等户外运动也具有深厚的群众体育底蕴。这里也是我国滨海运动的重要开展地域，其中，航海、冲浪、帆板和风筝冲浪等运动的发展使东南沿海地区形成了独具特色的滨海运动产业体系，与其他区域形成了户外运动格局互补。

根据《2017 中国体育消费发展报告》显示，2017 年我国泛户外人口（每年至少参加一次以上户外运动）已达 1.3 亿—1.7 亿，经常参加山地户外运动的人口达到 6000 万—7000 万。我国山地户外运动从无到有，到目前参与人群已覆盖包括初级型、中级型、高级型、极限型等不同难度级别的、从简单的群众性登山到高海拔登山与探险的诸多山地户外运动项目类型。[2] 如此之丰富多样的山地户外运动项目，势必带动更大的山地户外运动产业消费规模。

四、山地户外运动赛事

自 1997 年我国首次举办山地户外运动赛事以来，在政府、社会与市场的共同推动下，赛事举办数量逐年增多，赛事管理与市场运作经验不断完善成熟，各类赛事的影响力和规模也不断扩大。大力推广山地户外运动赛事，既有利于满足人民群众多样化的体育需求，同时又因其特有的产业耦合功能，能有效地拉动区域体育产业、休闲、文化、旅游等产业的发展。在国家政策的大力支持下，山地户外运动在我国快速发展起来，众多城市和地区相继申办各类级别的山地户外运动赛事。本书主要针对我国 2017 年举办的山地户外运动赛事进行全面分析，主要内容包括赛事规模、赛事类型及项目设置、赛事区域分布和赛事运营模式等。

（一）我国山地户外运动赛事发展现状

1. 赛事规模

据统计，我国境内举办的山地户外运动赛事数量从 2011 年的 24 场到 2017 年的 445 场，6 年间增长了 18 倍。随着山地户外运动赛事的快速发展，我国许多省市都开始打造属于自己的山地户外运动赛事 IP。我国山地户外运动赛事的发展不仅体现在数量的增加上，还体现在赛事本身质的飞跃上。主要体现在国内部分赛事的国际影响力、国外运动员参赛数量、赛事服务水平、保障能力与市场化程度方面均有较大程度的提高。就山地越野跑赛事而言，2017 年共计 156 场，302 个组别成绩，涌现出北京 TNF100、杭州 100 越野赛、中国三峡（宜昌）超级越野赛、大连 100 越野赛、八百流沙极限赛、崇礼 100 越野赛等众多有国际影响力的赛事，并开始逐渐加入国外 UTMB、UTWT 项目积分站中，不断提升了我国山地户外运动赛事的国际知名度与影响力。

2. 赛事类型及项目设置

我国山地户外运动赛事类型主要分为单项型和综合型。单项型主要以一种竞赛项目为主，例如四川省环四姑娘山超级越野赛，就以越野跑为主，通过越野路线垂直爬坡度、高山海拔指数等不同距离、高度来设计不同赛事组别。综合型赛事则包含了山地自行车、骑跑交替、定向越野跑、峡谷穿越、暗河穿越、溯溪、速降、四人橡皮艇、皮划艇、射击等多种竞赛项目，利用山地资源的地理特征及当地民族文化特色，配置与之相符合的山地户外运动项目，考验参赛选手的户外技能综合水平。例如，2017 年中国瓮安国际山地户外运动挑战赛的竞赛项目除原有的山地越野跑、山地自行车、皮划艇、导航越野、逃生墙、桥降、溜索之外，还将当地"背背篓""抬滑竿"等具有地方性的民俗活动作为赛事举办地特色纳入竞技项目之中，增加了地方赛事的民族民俗特色。

根据 2017 年举办的 445 场山地户外运动赛事数据显示，单项型赛事场数高达 395 场，比例高达 89%，综合型赛事为 50 场次，仅占 11%。由此可见，当前国内山地户外运动赛事以单项型赛事为主，综合型赛事为辅。综合型赛事设计难度系数大、山地资源要求高，对参赛选手户外技能水平要求更加全面综合。

3. 赛事区域分布

我国山地户外运动赛事分布范围较广，华东地区、华北地区、华南地区以 24%、17%、14% 领先其他地区（见图 2-1）。其中，广东省举办 54 场，占全年赛事的 12%；浙江省举办 47 场，占全年赛事的 11%；北京市举办 33 场，占全年赛事的 7%，领先于其他省份（见图 2-2）。真正做到了年年有赛事、月月有赛事，并且山地户外运动赛事已经成为当地推动经济发展的重要力量。

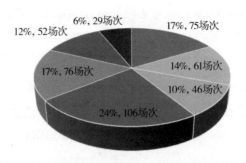

图 2-1 2017 年国内山地户外运动赛事区域分布图

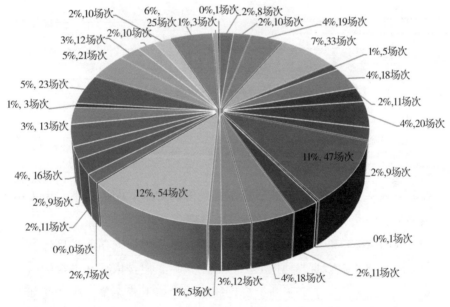

图 2-2 2017 年各省区市山地户外运动赛事区域分布图

4. 赛事运营模式

现阶段，我国山地户外运动赛事主要由政府行政部门主导、市场运营。根据初步统计，2017 年由政府主导、市场运营的山地户外运动赛事高达 268

场次，占总赛事数量的60%，完全由政府运作和市场运作的赛事分别占12%和28%（见图2－3）。虽然现在举办中小型赛事不再需要政府单位进行审批，但由于赛事涉及面积广，赛事运营公司的资源整合能力不足以协调好医保、交通、安保等方面的赛事保障工作，还需政府统一调配资源，运用行政权力来保证赛事的顺利进行。在"全民健身"上升为国家战略的背景下，由政府主导、市场运营，仍将成为山地户外运动赛事主要运营模式。

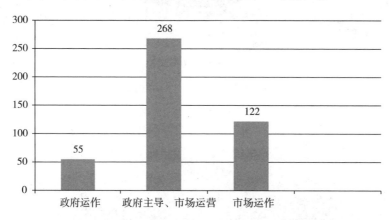

图2－3　2017年国内山地户外运动赛事运营模式

（二）山地户外运动赛事的发展趋势

在政策扶持、市场需求增长、资本推动等利好因素的推动下，未来山地户外运动赛事的发展将呈现如下良好发展态势：

一是我国山地户外运动赛事发展中心将从沿海地区向西部地区转移。虽然西部地区（含西南、西北地区）目前相对落后，但是依托其丰富的山地户外资源，随着地区经济水平不断上升，软硬件设施不断完善，在"西部大开发"战略和"一带一路"倡议相关政策的支持下，西部地区山地户外运动赛事将逐渐发展起来。

二是赛事市场化程度将不断提高，价值将越发凸显。目前，我国山地户外运动赛事的运营模式主要以政府主导、市场运作为主，部分赛事是完全市场化组织与运作。在政策支持和市场发展的持续推动下，未来山地户外运动赛事的发展将需要专业的运营团队，采用更充分的市场化运营模式，而政府则主要扮演支持与监督的角色。同时，随着赛事市场化程度的提高，赛事的价值会越发凸显，而社会资本的不断涌入将会使赛事版权费用被不断抬升。

三是将形成完善的赛事层次体系，群众性赛事价值得到彰显。随着各类山地户外运动赛事的成功举办，以休闲、娱乐、健身为目的的群众性山地户外运动赛事开始形成巨大的市场需求，其价值将得到不断彰显。因此，登山、露营、徒步、山地车、攀岩、高山探险、户外拓展、峡谷漂流等适合不同人群、不同地域特点的山地户外运动项目将不断形成完善其赛事层次体系。

四是将形成"赛事＋"的发展模式，推动产业融合发展。随着山地户外运动赛事的不断发展，越来越多的城市以赛为媒，全面推动城市文体旅融合发展。部分地区也将打造特色山地户外运动品牌赛事与体育扶贫结合模式，拉动贫困地区转型发展的新引擎，以体育赛事搭台，扶贫攻坚唱戏，变"输血"为"造血"，推动产业融合发展。

五、山地户外运动产业的人才支撑

自《国务院关于加快发展体育产业促进体育消费的若干意见》（国务院46号文件）发布以来，我国体育产业发展进入黄金时代，整个产业业态发展出现井喷式的增速，同时，也产生了类别丰富、层次多样的体育产业用人需求。山地户外运动产业作为新兴体育业态，其人才需求在呈现爆发式增长的态势下，也面临着诸多挑战。如单向山地户外运动纵向发展呈现出专业化、个性化、定制化的参与性特点，以及横向表现出与其他产业融合化发展等问题，都对从事山地户外运动人才的专业知识和实践应用能力提出了更新更高的要求。在人才保障方面，我国高等院校和相关行业协会为山地户外运动产业科学化、规范化与可持续化的发展提供着有力的人才支撑和知识贡献[3,4]。

（一）高校人才培养现状

目前，在我国高校开设的本科专业中，山地户外运动相关方向与课程主要依托于体育类的休闲体育专业、社会体育指导与管理专业和运动训练专业以及旅游管理学类的酒店管理专业和旅游管理专业的人才培养体系中，并且以休闲体育专业为主。根据《中国大学及学科专业评价报告（2018）》，同时参考设置休闲体育专业的55所高校官网信息进行信息筛选汇总。现将其中33所高校的休闲体育专业涉及山地户外运动人才培养的专业方向设置、人才培养目标以及主要课程内容进行分类统计，详见表2-1。

表2-1 中国高校休闲体育专业山地户外人才培养体系汇总

学校名称	北京体育大学、上海体育学院、武汉体育学院、成都体育学院、四川旅游学院、首都体育学院、沈阳体育学院、常州大学、阜阳师范学院、武汉商学院、哈尔滨体育学院、成都文理学院、贵州医科大学、海南热带海洋学院、池州学院、南京体育学院、河北体育学院、山东体育学院、西安体育学院、杭州师范大学、淮南师范学院、黄山学院、成都理工大学、四川师范大学、河南大学、三亚学院、河北传媒学院、安庆师范学院、广州大学松田学院、太原工业学院、福建师范大学协和学院、湖北大学、淮海工学院、贵州大学、安徽师范大学、北京师范大学珠海分校、广东海洋大学
开设方向	户外休闲、山地户外运动、户外拓展、体育旅游、赛事策划、体育娱乐、体育探险、户外运动
培养目标	山地户外运动组织运作与训练指导、体育体验旅游产品和智力运动项目的设计与开发、户外领队、拓展培训师、体育探险、体育娱乐、体育旅游与开发、体育旅游推广与经营、户外运动指导与管理
主要课程	休闲体育产品设计与开发、户外运动、拓展训练、野外生存、攀岩、定向运动、户外赛事运作、营地教育与管理、体育旅游、急救与救援救护、潜水、登山、徒步与露营、户外游憩教育、皮划艇、户外运动理论与实践、山地车运动、定向越野

数据来源：杭州电子科技大学中国科教评价研究院（CASEE）、武汉大学中国科学评价研究中心（RCCSE）、中国教育质量评价中心和《中国科教评价网》联合发布的《中国大学及学科专业评价报告（2018）》以及各高校官网公布人才培养信息。

（二）行业协会人才培训现状

行业协会对于山地户外运动从业者的培养对山地户外运动项目与活动的推广起着极其重要的作用，同时，也是促进山地户外运动产业发展不可替代的社会力量。随着山地户外运动的大众普及化与休闲娱乐化，山地户外运动从业人员有巨大的人才市场需求。近年来，开展山地户外培训的行业协会为顺应社会需求，不断完善自身培训体系，以市场需求为导向，开展多元化的培训类别，为山地户外运动发展持续输送匹配社会现实需求的从业人员[5]。现阶段，国内山地户外运动相关的行业培训机构众多，本书主要以国家级行业协会中国定向运动协会和中国登山协会以及省级行业协会深圳市登山户外运动协会和四川省登山户外运动协会为代表，对开展较成熟的培训体系进行汇总，详见表2－2。

表2－2　部分行业协会（2015—2018年）山地户外人才培训体系汇总

培训机构	类别	发证名称	证书单位
中国定向运动协会	裁判员	定向运动裁判员	国家体育总局 中国定向运动协会
	制图员	定向制图员	国家体育总局 中国定向运动协会
	赛事	赛事顾问	国家体育总局 中国定向运动协会
	教练员	全国定向教练员	国家体育总局 中国定向运动协会
	管理	定向运动管理干部	国家体育总局 中国定向运动协会
	辅导员	科技体育辅导员（无线电测向、定向）	国家体育总局 中国定向运动协会
中国登山协会	户外	户外社会体育指导员	国家体育总局 中国登山协会
	户外	山地救援技术培训	中国登山协会
	户外	户外营地管理人员	中国登山协会
	户外	全国高校教师户外课程师资培训班	中国登山协会
	户外	山地户外裁判员	中国登山协会
	户外	全国扁带裁判员培训	中国登山协会
	户外	全国扁带教练员培训	中国登山协会
	户外运动指导员	户外运动指导员（培训教师）	国家体育总局 中国登山协会
	攀岩	攀岩指导员（考评员）	人力资源和社会保障部、国家体育总局
	攀岩	青少年攀岩教练员	中国登山协会
	攀岩	中小学攀岩教师培训班	中国登山协会

续表

培训机构	类别	发证名称	证书单位
中国登山协会	攀岩	社会体育指导员	人力资源和社会保障部 国家体育总局
	攀岩	攀岩指导员（培训教师）	国家体育总局 中国登山协会
	攀岩	攀岩定线员	中国登山协会
	营地	营地指导员	中国登山协会
	高山探险	高山向导	中国登山协会
深圳市登山户外运动协会	山鹰户外爱好者培训	培训证书	深圳市登山户外运动协会
	山鹰户外教练培训班	户外教练注册证书	深圳市登山户外运动协会
四川省登山户外运动协会	救援教练员	山地救援教练员	四川省登山户外运动协会培训部
	攀岩、拓展	攀岩、拓展保护员	四川省登山户外运动协会培训部
	攀树	教练员	四川省登山户外运动协会培训部
	协作员	登山协作员	四川省登山户外运动协会高山部
	高山向导	四川省高山向导从业证书	四川省登山户外运动协会高山部
	户外培训教师资格证	四川省户外培训教师资格证	四川省登山户外运动协会

资料来源：中国定向运动协会官方网站、中国登山协会官方网站、深圳市登山户外运动协会官方网站、四川省登山户外运动协会官方网站。

六、中国山地户外运动产业发展趋势与前景展望

（一）重视山地户外运动产业规划的引领示范作用

产业要发展，规划要先行。因此，有条件的各地方省市县、旅游景区及国有林场积极推动山地户外运动产业发展的前提，应该以相关产业规划为引领，明确未来发展目标，并进行科学布局，应避免同质化发展，创意性策划一批多元化的山地户外运动项目。如贵州省依托自然资源优势与政策保障，为实现其山地旅游资源大省向山地旅游经济强省的转变，由贵州省旅游发展委员牵头在国内率先制定了《贵州省全域山地旅游发展规划》（2017—2025

年），为贵州省全方位打造山地公园省品牌形象、创建国家全域旅游示范省、建设世界一流山地休闲度假旅游目的地、形成全域化山地旅游发展新格局奠定了坚实基础，也为拥有丰富山地户外运动优势资源的区域起到了引领示范作用[6]。

（二）合理利用山地户外运动资源，积极打造体育旅游的核心产品

我国拥有极其丰富和优质的山地户外运动资源，具备开发体育旅游特色产品和精品路线的天然优势。体育旅游作为体育和旅游深度融合的新兴业态，已将"传统观光式旅游"升级为"体验式体育旅游"，这种旅游方式也已成为全球经济发达地区人们备受推崇的休闲娱乐方式，所带动的体育旅游产业也已成为拉动区域经济发展的主要驱动力[7]。山地户外运动产业作为激发体育旅游产业发展活力的重要内容，不仅是满足人民多样化体育消费需求的重要途径，也是山地户外运动资源富聚地打造经济增长的新动力。特别是目前群众基础好、市场需求大的山地户外运动赛事，不仅成为打造城市体育新名片的重要手段与途径，也是促进区域体育旅游发展的引爆点，对体育旅游丰富业态的发展起着重要的联动效应。随着中国中产阶级人数的日益增长，国内体育旅游产业进入黄金发展时期，山地户外运动的开发与推广必将成为国内大众参与休闲运动和主题旅游度假的重要内容和核心产品[8]。

（三）山地户外运动项目形式业态多元化

在推进体育产业供给侧结构性改革的发展趋势下，打造特色鲜明、市场竞争力较强的"国家体育产业示范基地""国家级体育旅游示范区""国家体育产业示范项目"及运动休闲特色小镇等复合型山地户外运动项目将成为山地户外运动产业未来发展的必然趋势。如依托山地户外运动资源，打造具有山地特色的运动休闲特色小镇为山地户外运动产业发展的有效供给注入新的活力与动力。建设运动休闲特色小镇既是全民健身国家战略实施的重要举措，更是促进脱贫攻坚和区域经济发展的有力保障[9,10]。有条件的地方不仅能依托其丰富的山地户外运动资源，设置多元化的山地户外运动项目，打造特色鲜明的以山地户外运动为主题的复合型特色小镇，也能依托其丰富的民族文化风情，因地制宜，建设具有消费引领性强、覆盖面广的体育旅游服务综合

体。比如四川省的阿坝藏族羌族自治州是我国最具代表性的少数民族聚居地之一，不仅拥有世界级的山地户外运动资源、民族传统体育文化符号，也是中国红军长征文化的教育基地，依托其良好的生态环境与深厚的人文历史，遵循休闲运动特色小镇建设思路，打造以山地户外运动为主题的运动休闲特色小镇，不仅能改善区域基础建设、促进区域经济的发展、提升区域人民的生活质量，也能为区域完成脱贫攻坚任务提供新引擎[11,12]。

（四）山地户外运动产业与相关产业融合发展

体育作为大健康、大休闲的重要组成部分，具有较强的产业融合性。山地户外运动产业作为体育产业发展的重要组成部分，与文化、养老、教育、健康、农业、互联网等产业的融合态势也不断加强。以山地户外运动为主题的运动休闲主题游将不断涌现，山地旅游度假、山地户外运动赛事、体育节庆活动、民族民间民俗体育、运动康养等旅游产品供给将不断丰富，进而逐渐形成一批具有国际影响力的国家级体育旅游目的地、国家级体育旅游示范项目和国家级体育旅游精品线路。在体育强国梦的战略指引下，不断促进人民对于美好生活的追求。

参考文献

[1] 邬孟君，刘进. 构建贵州体育旅游品牌链：以民族地域特色的山地运动为依托[J]. 西南师范大学学报（自然科学版），2014（8）：124—128.

[2] 李相如，钟秉枢主编.《中国休闲体育发展报告》（2015—2016）. 第一版［M］. 北京：社会科学文献出版社，2016：55.

[3] 黄汉升，陈作松，王家宏，等. 我国体育学类本科专业人才培养研究——《高等学校体育学类本科专业教学质量国家标准》研制与解读［J］. 体育科学，2016（8）：3—33.

[4] 刘洋，王家宏. 休闲体育专业人才培养的问题与改革探索［J］. 北京体育大学学报，2016（11）：104—111.

[5] 郭娜，史曙生. 体育行业协会改革研究［J］. 体育文化导刊，2016（10）：5—9.

[6] 殷治国，王锋，张筱晟. 贵州山地户外运动与少数民族传统体育融合发展研究

［J］．体育文化导刊，2017（6）：75—78.

　　［7］冯欣欣，林勇虎．基于体验经济的体育产业与旅游产业融合模式及其实现机制
［J］．体育文化导刊，2017（9）：108—112.

　　［8］卢长宝，郭晓芳，王传声．价值共创视角下的体育旅游创新研究［J］．体育科
学，2015（6）：25—33.

　　［9］王志文，沈克印．产业融合视角下运动休闲特色小镇建设研究［J］．体育文化
导刊，2018（1）：77—81.

　　［10］张雷．运动休闲特色小镇：概念、类型与发展路径［J］．体育科学，2018
（1）：18—26.

　　［11］刘治．四川民族传统体育文化产业与区域经济发展研究［J］．体育科技，2018
（1）：82—83.

　　［12］罗锐，许军．西南贫困地区山地户外运动资源开发研究［J］．体育文化导刊，
2018（1）：92—96.

第三章　我国滨海休闲体育发展现状与趋势分析

夏敏慧　郭万万　韩春阳

摘要：本章重点描述中国滨海休闲体育的发展现状与趋势：首先，阐述滨海休闲体育的概念和概况，对我国重要滨海省区市的滨海体育发展现状进行描述，通过数据分析，揭示我国居民休闲娱乐人均可支配收入呈逐年上升趋势。其次，运用 SWOT 分析法对中国滨海休闲体育的发展优势、劣势、机遇和挑战进行分析。最后，提出滨海休闲体育项目未来势必呈现"全层化、本土化、专业化"的发展趋势。滨海休闲体育作为一项新兴的休闲运动开始逐渐成为我国休闲体育经济新的增长点，并将成为推动我国休闲体育产业蓬勃发展的主力军。

关键词：滨海体育；发展现状；SWOT 分析；前景趋势

作者简介：夏敏慧，海南师范大学教授，博士，研究生导师。研究方向：休闲体育。

郭万万，海南师范大学研究生。研究方向：休闲体育。

韩春阳，海南师范大学研究生。研究方向：休闲体育。

一、滨海休闲体育概述

滨海休闲体育是指人们在对海洋本身认识的基础上，巧妙运用海水、沙滩、岛屿和海底等创造出的一项融竞技、冒险、娱乐、休闲和健康为一体的体育文化。随着科技和社会经济的发展，人们的经济条件和生活水平有所提高，休闲娱乐度假的自由时间开始出现逐渐增多的趋势，对于娱乐和健身的需求在不断提升。

（一）我国滨海休闲体育正蓬勃发展

体育活动、休闲健身项目已悄然兴起，成为人们在休闲时间中用以娱悦身心、锻炼身体、放松身心的一种生活方式。近年来，我国滨海体育旅游景点呈井喷式发展，其中滨海旅游景点 2000 处、滨海沙滩 100 多处，如度假天堂三亚现有潜水基地 6 个，每天接待大量游客。

我国海岸线总长度为 3.2 万公里（包括南海），其中大陆海岸线 1.8 万公里，岛屿海岸线 1.4 万公里。随着滨海休闲体育的快速发展，沿海城市都在积极开展休闲体育赛事以及节庆活动，丰富人们的社会体育文化生活。在滨海休闲体育发展过程中，我国沿海地区占据较大的地理位置及资源优势，因此发展速度较快。概括地讲，我国休闲体育的发展现状是：海南滨海体育发展迅速、潜力巨大，广东珠海滨海体育发展稳步上升，青岛、日照、威海等滨海体育发展趋于平稳，厦门滨海体育发展稳中向好。

（二）我国居民休闲娱乐人均可支配收入逐渐提高

2017 年前三季度居民人均可支配收入平均数与中位数情况如图 3 – 1 所示。

从图 3 – 1 可看出 2017 年前三季度人均支配收入同 2016 年前三季度同期相比有所增长，其中平均数增长率为 0.7%。

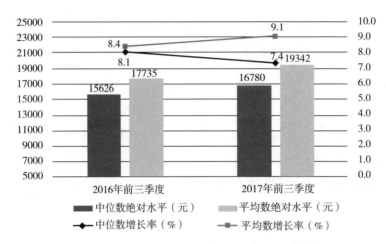

图 3-1 2017 年前三季度居民人均可支配收入平均数与中位数

2017 年前三季度居民人均消费支出及构成情况见图 3-2：

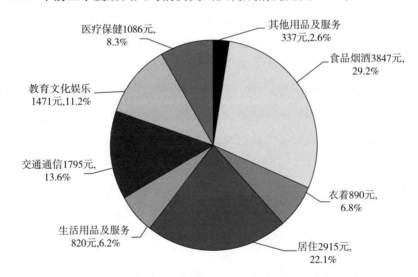

图 3-2 2017 年前三季度居民人均消费支出及构成

从图 3-2 可看出 2017 年前三季度大众教育文化娱乐人均消费达到 1471 元，所占比重已达 11.2%，说明休闲体育消费也存在上升趋势。

二、滨海休闲体育发展现状

（一）海南滨海体育发展迅速、潜力巨大

2018 年中央出台了大力支持在海南建设国家级体育训练中心、水上运动和打造海南国际体育旅游示范区，提出发展体育产业和健康中国 2030 等多项政策的大背景下，海南滨海体育发展势头迅猛。滨海体育产业集群化发展战略目标和品牌建设也将会给海南滨海体育带来更广阔的市场空间和发展前景。海南滨海体育产业的建设和发展是在国际自由港的宣布后，在海南岛建设全面上升到国家战略高度大好时机下进行的，2020 年三亚沙滩运动会的申办成功就是很好例证。

2017 年海南旅游人数和旅游收入分别为 6745.01 万人次和 811.99 亿元（见表 3 - 1）。

表 3 - 1 2017 年海南旅游总人数和收入情况

	旅游人数	旅游收入
总人数	6745.01 万	811.99 亿元
入境人数	111.94 万	6.81 亿美元

从表 3 - 1 可看出海南旅游人数和收入分别同比增长 12% 和 20.8%。入境游客111.94 万人次，同比增长 49.5%，旅游外汇收入 6.81 亿美元，同比增长 94.6%。

海南岛海岸线长达 1823 公里，海面坡度平缓。环海南岛有 100 余个岛屿，主要分布在东部和南部沿海。由于海南岛的海洋海岛优势，近年来滨海体育项目发展迅速，现有滨海体育项目如表 3 - 2 所示。

表 3 - 2 海南省滨海休闲体育类别项目表

类别	特点	项目
第一类	海上娱乐休闲活动	冲浪、水上降落伞、摩托艇、快艇、帆船、香蕉船、玻璃船、渔猎、平台海钓等
第二类	水下休闲体验活动	浮潜、半潜、全潜、海底漫步、海底探险
第三类	滨海浴场	沙滩浴、阳光浴、沙排、沙足等

从表 3 - 2 可看出目前海南滨海体育项目开发有限，还可以利用天然资源优势开发更多大众化、趣味性强的休闲体育项目。

（二）广东珠海滨海体育发展稳步上升

广东有经济发展作为支柱，再加上得天独厚的滨海自然资源，近年来许多大型滨海体育赛事都在此举办，如 F1 摩托艇世界锦标赛、世界帆船帆板公开赛、海上国际龙舟邀请赛等大型滨海体育赛事。这些海上体育赛事的成功举办不仅为广东滨海体育的发展提供借鉴，同时也在刺激着当地经济的发展，可谓一种良性循环。

数据显示，2017 年广东省全年接待国内过夜游客 4.07 亿人次，增长 12.5%；国内旅游收入 10667.02 亿元，增长 15.9%（见图 3 - 3）。

图 3 - 3　2012—2017 年广东省国内旅游统计情况

数据来源：广东统计局、中商产业研究院整理。

从图 3 - 3 可以看出 2012—2017 年来广东国内旅游人数不断增长，在国内旅游收入方面也基本保持增长态势，2016 年略有下滑，但 2017 年又重新上升到万亿级别。

（三）青岛、日照、威海等地滨海体育发展趋于平稳

山东的青岛、日照、威海、烟台等城市地理位置优越，滨海休闲体育资源丰富，并具有良好的交通条件。青岛市和烟台市是山东滨海地区体育发展相对成熟的地市，二者也是山东滨海地区体育旅游产业强市。青岛、烟台两

市赛事密集，辖区内自然景观丰富，赛事追逐游和休闲观光游开展较好。威海市主推滨海休闲度假、高尔夫、温泉、体育培训游学等高端体育旅游产品，水上帆船运动开展得也相对不错。日照市近几年主打"水上运动之都"的体育品牌，海上体育赛事发展较好。

山东作为比较悠久的滨海旅游省市，其旅游消费氛围一直趋于平稳，比较注重滨海休闲、娱乐和亲子等户外活动。（见图3－4）。

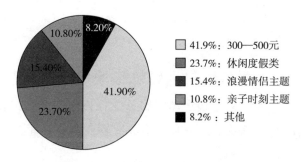

图3－4　山东休闲度假住宿消费情况

据数据预测显示，山东人在线上预订酒店的平均价格约为390元，选择300—500元酒店的游客占比最高，约为41.9%；23.7%的山东人选择了品质更高的休闲度假类酒店；浪漫情侣主题和亲子时刻主题的酒店，占比分别为15.4%和10.8%。可见当地居民对滨海休闲娱乐活动注重程度较高。

（四）厦门滨海体育发展稳中向好

厦门作为滨海体育赛事城市，正在推进特色鲜明的"乐活"国际体育生态岛的建设，按照"一网四区一中心"战略布局，打造滨海运动休闲旅游目的地。建立以所辖六区的体育中心为节点，覆盖所有街道乡镇的体育生活网；提高了广大居民生活品质，带动了现代服务业的发展，依据独特的人文优势和区位优势，打造四个特色体育产业集聚区；打造特色的体育赛事城市，例如厦门国际马拉松赛、海峡杯帆船赛和厦（门）金（门）海峡横渡等品牌赛事；申办国际级运动休闲体育赛事，构建以沙滩太极、瑜伽和大众健身操等为主要内容的滨海休闲体育服务业。

厦门文化行业所占比重见图3－5。

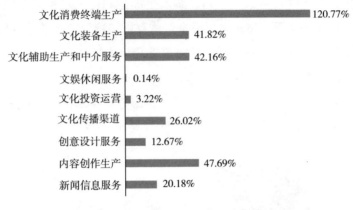

图3-5 厦门文化行业营业收入情况

从图3-5可以看出文化娱乐休闲服务业仅占厦门文化行业营业收入的0.14%，潜力较大，尤其是滨海休闲体育具有较大上升空间。

三、滨海休闲体育发展现状的 SWOT 分析

（一）优势分析

1. 海洋性气候湿润、空气质量好

我国海域面积占472.7平方公里，海岸线总长32000公里，拥有6500多个岛屿。沿海地带受海洋性季风气候的影响，一般都是生态环境优美、空气湿润、适合居住、有利于发展休闲体育的天然休闲胜地。

沿海城市由于靠海，海水会吸附空气中的杂质，一定程度上具有空气净化的作用，加之沿海城市重工业相对也较少，自然环境保护相对较好，空气质量也相对较高。这些都是发展滨海体育所具有的得天独厚的优势。根据生态环境部报告显示，空气质量最好的10个城市都位于南方、西南和东部滨海城市，尤其海南近几年来都位居全国榜首。

2. 滨海资源丰富，可开发多样的休闲体育产品

渤海、黄海、东海、南海是中国周边的边缘海，面积分别为7.7万、38

万、77 万、350 万平方千米。绵长的海岸线、碧绿的海水、蔚蓝的天空都是滨海地区所特有的天然资源，再加上各沿海城市都有其独特的人文风情和乡土文化，这也为当地滨海体育的发展增添了亮丽的色彩。

3. 良好的经济环境，引领滨海体育的发展

沿海城市发展滨海体育离不开经济的支持。目前，随着沿海城市不断发展，经济得到了迅猛增长。一方面，对滨海体育可以投入大量的资金进行规划整理；另一方面，经济的发展也给交通建设带来了巨大的便利，为我国具有特色的滨海体育的发展开辟了新的道路。

4. 滨海体育发展具有一定的基础

时代发展迅速，生活节奏加快，利用本地自身优势发展体育休闲更加必要。滨海体育发展呈现良好的发展态势：一方面，沿海城市自身体育产业发展比较迅猛；另一方面，政策支持和经济支撑都助力体育产业的发展，说明滨海体育发展在全国也具有一定的影响力。

（二）劣势分析

1. 普及性不高，使滨海体育项目开发受限

目前滨海体育项目的开展相对还是比较单一，像富有挑战性的冲浪和帆板运动，一般国外友人参与比较多，只有很小众的市场，缺乏一些综合性、趣味性和创新性的大众体育项目，滨海体育项目的开发还是要满足大众的市场需求，而目前挑战性滨海体育项目还未在大众中得到充分普及和发展，大众需求的沙滩、滨海等综合体育项目也未得到很好的开发和利用。

2. 政府对滨海体育发展尚无规划、产业链尚未形成

滨海体育产业链条不完善。滨海体育本应以海洋为主线，以空气、阳光、沙滩、雨林为支撑，以康养、康复和旅业、度假为主题的健康产业，但目前多数地方仅仅打着体育产业项目的旗号，以开发为终极目标，所以，重新进行规划，统一部署，也是摆在政府和我们面前的重任。

3. 滨海体育产品开发与配置不够合理、体育设施落后

滨海休闲体育是形势新下的一项综合性体育项目，政府给予的针对性的

调控管理制度不到位，绝大多数特色项目都是个体行为且产品价位过高，所以产品开发和配置不够合理，再加上普及度不高、参与人群受限、海洋气候等诸多因素影响，导致滨海休闲体育基础设施发展滞后。

4. 缺乏专业人才和专业组织机构

人才是滨海体育发展的重要保障。由于滨海体育项目属于高端产品，具有一定的科技含量，且大都是国际化项目，而大多地区滨海体育管理都处于初级阶段，缺乏对设施设备的常态维护和保养，尤其是缺乏大量专业人才，也缺乏对人的培训以促进服务意识的提升。另外，现有的滨海体育方面的组织机构也严重匮乏。

5. 滨海体育宣传力度不够，缺乏理论研究和市场营销策略

滨海体育宣传仅仅是依靠自身仅有的温度、空气特点来吸引客户是需要时间的，宣传力度小，见效缓慢。缺乏理论支撑和市场营销策略，滨海体育不可能得到健康可持续的发展。

（三）机遇

1. 滨海体育产业已经成为拉动内需新的增长点

近年来，体育产业与其他产业融合发展已经成为经济热点之一，"体育+"的产业模式也已成为拉动内需的新增长极和未来区域经济增长的支撑产业，沿海地区经济不断发展和滨海体育氛围的逐步升温，为当地的滨海体育的发展提供了良好的机遇，尤其是习近平总书记对于健康中国和海洋强国建设的期许，更加为滨海体育建设和推动注入了一剂强心针。

2. 举办滨海国际体育赛事运作起到一定催化作用

举办滨海国际体育活动与体育赛事，对促进滨海体育发展将会产生较大的推动力。世界帆船环球、各种水上赛事运动会等大型赛事在沿海地区的举办，更好地将滨海体育的招牌传播到世界各地，吸引了国内外更多的游客来当地进行滨海体育观光、体验与投资，此举对滨海体育的全面发展起到了良好的催化作用。

3. 相关政策出台为滨海体育发展保驾护航

国家《"十三五"旅游业发展规划》《国务院办公厅关于促进全域旅游

发展的指导意见》《关于大力发展体育旅游的指导意见》等文件中提出大力发展滨海旅游、推动体育与旅游融合发展、大力发展水上运动等，这些政策将大力推动滨海与体育的融合发展，将为滨海体育的发展提供强有力的保障。

（四）挑战

1. 国内外同行业竞争对手的大量崛起

随着科学技术、网络交通的迅猛发展，国内一些滨海城市（海南、青岛、大连、厦门等）都越来越重视滨海体育，也在着力打造自己的滨海体育项目和品牌，他们在努力开拓和挖掘自己所在地区的文化、地理、历史深度，创造出了很多别出心裁的特色主题，赋予了滨海类体育项目以生命力，从而吸引了很多的爱好者前来体验，所以同行之间的竞争也会更加激烈。

2. 气候干扰和环境的破坏

滨海体育项目在一定程度上是"靠天吃饭"的，由于海洋性季风气候的影响，大多沿海城市都会受到季节性台风的影响，所以雷雨大风天气较多，导致滨海体育项目开展受限。在发展的初期，很多原生态遭到了不同程度的破坏性过度开采，导致地质变松、水土流失、山体泥石流、公路坍塌等事故频频出现。目前潜水、沙滩、冲浪等滨海体育项目的开展，人们在体验时所产生的废气、废水、废渣，在一定程度上造成了生态环境的毁坏和海洋生态的失衡。

3. 安全意识淡漠，救援措施不完善

新生事物的发展中难免会出现管理上的漏洞，滨海体育发展过程中，诚信经营不够，如一些无证经营、欺骗顾客等行为不仅给市场造成了一定的混乱，还存在很大的安全隐患。尤其国人安全意识过于匮乏，不出事则好，一旦出现人员伤亡就会牵扯到责任追究等问题，所以国民安全意识有待提高。

四、我国滨海休闲体育发展趋势

（一）滨海体育将成为经济发展的新增长点

体育产业与其他产业融合发展已经成为经济热点之一，"体育＋"的产业模式也已成为拉动内需的新增长极和未来区域经济增长的支撑产业。沿海地区经济不断发展和滨海体育氛围的逐步升温，为当地滨海体育的发展提供了良好的机遇。

（二）滨海体育发展前景广阔、空间巨大

大型滨海体育赛事的不断开展，不仅为城市的发展塑造了良好的品牌，同时也推动了当地经济的发展，经济发展才是第一生产力，为刺激经济发展，各沿海城市都将会在滨海领域大做文章。所以滨海体育的发展前景不可估量。

（三）政策的扶持将推动滨海体育产品和项目发展

国家《"十三五"旅游业发展规划》《国务院办公厅关于促进全域旅游发展的指导意见》《关于大力发展体育旅游的指导意见》等提出大力发展滨海旅游、推动体育与旅游融合发展、大力发展水上运动等，这些政策将大力推动滨海与体育的融合发展，滨海体育项目和产品体系也将会随之逐步完善。

（四）滨海体育将朝着"全层化、本土化、专业化"趋势发展

在全面健身理念的推动下，未来滨海体育的发展必将会朝着全层化方向发展，需要以人为本，根据不同年龄及需求设置不同类型的滨海体育项目；根据本土文化挖掘具有地域特色的滨海体育项目，打造具有当地品牌的体育项目，滨海体育项目的发展需要专业管理人员来操作、运营和实施保护，需要有关部门联合高校体育及旅游专业学生培养专业化滨海体育人才。所以未来滨海体育将朝着这"三化"趋势发展。

综上所述，我们有信心在新时代下打造出新的品牌——中国的滨海休闲

体育！我们将饱含深情，热切地期待我国滨海休闲体育创造腾飞之辉煌。

+·+·+·+·+·+·+·+·+·+·+·+·+·+·+·+ 参考文献 +·+·+·+·+·+·+·+·+·+·+·+·+·+·+·+·+

[1] 夏敏慧．热带体育旅游开发研究——以海南为例［M］．北京：北京体育大学出版社，2012，12.

[2] 罗曦光．滨海体育旅游的建设及其发展研究——以广东为例［J］．武汉体育学院学报，2015，49（11）.

[3] 王献升．广西北部湾经济区滨海体育旅游开发研究［D］．广西师范大学硕士学位论文，2010，4.

[4] 杨强．中国体育旅游研究20年：述评与展望［J］．中国体育科技，2011（5）：90－115.

[5] 方礼钦．广西北部湾滨海体育旅游资源开发研究［J］．科技信息，2011，10.

[6] 王瑞静，沙磊，牛婷，等．山东半岛蓝色经济区发展海滨体育旅游的SWOT分析［J］．山东体育学院学报，2012，12（12）：18－21.

[7] 曲进，洪家云．论滨海体育休闲［J］．体育文化导刊，2010，7：15－18.

[8] 李崇生，曹卫，朱石燕，等．对"海洋体育文化"及"滨海体育休闲产业"的探讨［J］．广州体育学院学报，2007，27（1）：63－65.

[9] 罗曦光，曹卫，李新华，等．广东省滨海体育旅游发展的SWOT分析［J］．军事体育进修学院学报，2013，1.

[10] 陈泽勇．广东省滨海体育休闲发展的影响因素分析［J］．体育科技，2010，31（1）：20－22.

[11] 李春芳．广东省滨海体育旅游产业核心竞争力研究［J］．成都体育学院学报，2010，36（1）：41－42.

[12] 曹春宇．广东省滨海体育经营管理现状调查及发展建议［J］．体育学刊，2010，17（9）：50－53.

[13] 刘海清．我国滨海体育的现状和发展模式［J］．体育学刊，2011，3.

第四章　滨海体育与滨海旅游产业融合发展分析报告

曹　卫　刘　真　代晓玲　张　婕

摘要：我国的海岸线漫长，滨海旅游资源十分丰富，发展滨海体育与滨海旅游产业有很好的前景。实践证明，滨海旅游的深度开发需要滨海体育支持，滨海体育与滨海旅游产业融合发展已成为趋势。长期以来，我国体育产业与旅游产业长期分离，没有很好地融合发展，这已成为制约滨海体育旅游发展的瓶颈。因此，本章从产业融合理论、滨海体育与滨海旅游产业融合发展趋势的相关研究入手，分析了广东省滨海体育与滨海旅游产业融合发展的现状；找出并分析了滨海体育与滨海旅游产业融合发展中存在的问题；最后提出了广东省滨海体育与滨海旅游产业融合发展的建议。本章不仅能够为广东省滨海体育与滨海旅游产业融合发展提供良好建议，同时也可以为我国其他沿海省市滨海体育旅游产业发展提供借鉴经验。

关键词：滨海体育；滨海旅游；产业；融合发展

作者简介：曹　卫，广东海洋大学教授，研究生导师。研究方向：滨海休闲体育。

刘　真，广东海洋大学管理学院，行政管理研究生。研究方向：滨海休闲。

代晓玲，广东海洋大学管理学院，行政管理研究生。研究方向：滨海旅游。

张　婕，广东海洋大学管理学院，行政管理研究生。研究方向：滨海休闲体育。

一、国内外研究现状

改革开放 40 年来，中国的经济迅速发展，随着人们消费水平的提高，休闲旅游已成为大众的重要消费方式，而滨海体育旅游备受人们的青睐。根据国家统计局的统计数据显示，近 5 年，我国旅游业接纳旅游人员每年都以超过 10% 的速度在增加，2017 年体育产业的增速也超过了 20%。在"十二五"期间，国家先后颁布、实施了《国务院关于促进旅游业改革发展的若干意见》（国发〔2014〕31 号）、《国务院关于加快发展体育产业促进体育消费的若干意见》（国发〔2014〕46 号）等文件，这表明我国已将发展体育产业和旅游产业列入国家战略。体育与旅游的融合发展已成为一种必然。本报告以"滨海体育与滨海旅游产业融合发展"为主题，查阅学术论文 400 余篇、著作 10 余部，并对这些文献资料进行整理分析，主要从产业融合理论及产业融合趋势、滨海体育与滨海旅游产业的概念研究、滨海体育和滨海旅游产业融合的趋势、滨海体育与滨海旅游产业融合发展的方式、促进滨海体育与滨海旅游产业融合的方法这 5 个方面进行了相关研究。

（一）产业融合理论相关研究

自 20 世纪 70 年代提出产业融合理论以来，产业之间进行融合发展已经成为当今世界一个非常重要的趋势。Lind 的研究表示："融合存在于各个行业之中而且融合是各个产业之间进行跨产业合并的正常现象。与此同时他还指出，融合能够很好地消除行业之间存在的壁垒，促进整个行业的发展。澳大利亚学者 Gayle Jennings 撰写的 *Water – Based Tourism, Sport, Leisure and Recreation Experiences* 一书，阐述了滨海环境下的旅游、运动、休闲、娱乐等产业的融合发展，提出了滨海旅游、运动、休闲和娱乐可持续发展的建议，提倡政府应当出台相应的鼓励政策，加强对滨海体育与滨海旅游产业的扶持"[1]；Griffin 研究指出，已经有多个澳大利亚的海滨城市成为重要的滨海体育休闲胜地，吸引了大批旅游观光人群。未来，这些城市将会顺应发展趋势并成为全球性滨海体育旅游景点。闻名遐迩的西班牙旅游产业被称为"出售阳光

（sun）、大海（sea）、沙滩（sand）、运动（sports）的产业"，就是将滨海体育和滨海旅游融为一体，形成了滨海体育与滨海旅游产业，经济效益十分可观。研究显示，现代滨海体育与旅游产业融合发展在西方工业发达国家已有了上百年的历史，取得了巨大的经济效益和社会效益，并形成了一些可借鉴的发展模式，在其发展的过程中，形成了许多各具特色的滨海体育与滨海旅游产业游览胜地。L. M. Araujo 和 BillBramwell 讨论了沙质、海水质量、自然条件等环境与滨海旅游之间的关系。Iena Young 指出，沿海体育的发展需要环境和文化、社会和经济因素的全面发展，并制定相对严格的环境管理标准和评价指标。这几位学者分别从不同角度对限制滨海旅游和滨海体育发展的原因进行了解释。

产业融合顺应了产业发展的新趋势，是经济发展到一定程度的必然要求，产业融合发展能够突破单一产业的发展瓶颈及发展限制，提升不同产业的整体竞争力，促进区域内经济的高速发展。在产业大融合的新时代，滨海体育产业与滨海旅游产业的融合发展是两者可持续发展的必然要求。

（二）滨海体育与滨海旅游产业融合发展趋势的相关研究

滨海旅游在我国海洋产业占有重要的比重，2017 年，我国海洋产业保持稳步增长。主要海洋产业增加值 31735 亿元，比上年增长 8.5%。其中，滨海旅游发展规模持续扩大，包含滨海体育在内的滨海旅游业全年实现增加值 14636 亿元，比上年增长 16.5%，滨海体育以"健康阳光积极的形象"融合于滨海旅游之中。

滨海体育和滨海旅游存在很多共性，都可理解为人们的休闲方式和运动健身方式等。滨海旅游需要滨海体育项目支持，两者的融合适应了经济社会发展和人们旅游健身需求的发展。2009 年广东海洋大学曹卫承担国家社科基金项目《我国滨海体育发展模式研究》（09BTY032），系统提出了"滨海体育""滨海体育产业"等基本概念，为滨海体育发展做了开拓性的探索；有作者指出，旅游作为一种健康的生活方式被越来越多的人接受，但是现阶段体育旅游融合模式比较单一，发展程度受到制约并提出在发展过程中必须要建立新的经济增长点。黄海燕指出，体育与旅游产业的融合具有高度的契合性，加强我国体育与旅游业的融合，进一步实现我国产业发展战略的融合，同时体育产业和旅游产业将成为我国经济发展的重要引擎[2]。王柱石提出了福建滨海休闲体育产业集群发展的新思路，他以福建省滨海休闲体育产业为例，介绍了滨海休闲体育产业发展的道路[3]；王瑞静建议山东半岛蓝色经济区滨海体育旅游业应有机地连接起来，实现生态链的整合、互动、构建滨海体育旅游产业带；刘海洋研究了浙江省的滨海旅游体育产业发展的优势与劣势，提出了限制浙江省滨海体育旅游产业的原因，并针对这些问题提出可将浙江省产业发展经验推向其他地方连带发展的建议；庄欣琏指出，从 21 世纪初以来，滨海旅游休闲产业发展的大潮席卷了整个广东省，目前广东省沿海地区的湛江、深圳等多个地方滨海体育旅游发展迅速，今后应当顺应时代发展趋势，继续发展滨海旅游产业；钟菊华阐述了休闲体育与旅游产业有较高的关联性，指出产业融合能达到吸引游客，带动所在区域内产业升级的目的，提高所在区域经济发展水平[4]；曹卫《论我国滨海休闲体育的发展趋向》一文阐述了我国滨海体育发展的基本趋势，提出体育文化作为人们追求休闲娱乐的一种方式是社会文化进步的产物，彰显着海洋文化产业的进步。

（三）滨海体育与滨海旅游产业融合发展方式的相关研究

顾朝林提出"寄生、对称、互惠、共生"等 4 种旅游业与其他产业的合作方式，探究了区域内旅游业协作方式的未来发展。吕斌等开辟了区域内旅游业合作的新模式，呼吁旅游业穿插体育活动进行产业的融合。马杰等根据区域内滨海旅游业与其他产业合作方式的方向不同，将旅游业与其他产业合作的方式分为垂直合作方式、横向合作方式及相互交叉的合作方式三种。国外学者 Tazim B 认为推进区域滨海体育旅游一体化发展是非常漫长的过程，而且需要多方面（政府、群众、企业）的共同参与才能完成，在推动区域体育旅游一体化的过程中，应当满足各方面的利益，达到利益的平衡。Philip 通过实证研究认为，应在区域滨海旅游业与体育业一体化的过程中，建立一种利益补偿机制，这种补偿机制能够很好补偿各方的利益并达到一种平衡。

在产业融合发展的新时代，滨海体育产业与滨海旅游产业的融合是大势所趋。对于如何促进滨海体育与滨海旅游产业的融合发展，张林玲指出，在我国的产业排名中体育产业和旅游业暂时处于相对靠后的位置，两者之间的整合是不均衡的，彼此之间的渗透性也不高，因此必须解决体育产业和旅游业在融合过程中的发展不平衡的问题[5]；杨强揭示了体育产业融合其他产业发展的相关概念，并提出为了发展体育产业我们应当积极地将体育产业与其他产业进行融合，并且可优先选择与旅游产业共同进行创新产品然后在此基础上进行融合[6]；邬凤在其论文中表示，发展我国的滨海体育与滨海旅游产业，应当积极借鉴国外的先进经验，根据我国滨海旅游体育存在的问题，因地制宜地进行解决；周珂等认为，体育旅游既是一种民众日常生活参与的社会消费活动，同时也是一种非常重要的文化活动，体育旅游是一种新型的娱乐形式，是体育旅游的内涵和载体[7]。曲进在《论滨海体育休闲》一文中阐释了滨海体育休闲的几个特征，其中包括陆洋交错的地域性，运动背景的动态性，运动环境的天然性、可开发性和高度参与性等，从多方面论述了滨海体育休闲的特点，并提出可横向发展滨海体育休闲产业，促进产业的融合。

从总体来看，国外对滨海体育和滨海旅游的研究起步较早，已经形成了整套的理论，涉及滨海旅游开发的各个环节，国外滨海体育与旅游的体制建立比较完善，监管设施周密，在管理上比较专业化，开发形式多样化，能够满足参与群体的多样化需求。国内已有一些关于滨海体育、旅游、休闲发展的相关研究报道，但对滨海体育与滨海旅游产业融合发展的相关研究较少。滨海体育与滨海旅游产业融合还存在体制机制不能适应当前产业形势发展、产业融合还存在瓶颈等问题，比如滨海体育与滨海旅游产业开发涉及体育局、旅游局、文化局、海事局、海洋局、国土局、工商税务等多个政府职能部门，由于这些职能部门条块分工，在体制机制、相互合作等方面存在瓶颈；从产业的角度看，旅游产业发展比体育产业发展成熟，而滨海旅游又需要滨海体育项目支撑，急需产业融合发展。再从资源情况看，滨海自然景区基本上掌握在旅游部门手中，滨海体育因为与滨海旅游并不分属于同一部门进行管理，因而无法得到景区的支持，极大地限制了滨海体育的发展。这些问题都需要我们进行深入探讨，并提出相应的解决对策。

二、广东省滨海体育与滨海旅游
产业融合发展现状分析

滨海体育作为滨海旅游的重要支撑已成为滨海旅游深度发展的重要方式，滨海体育与滨海旅游产业融合发展也成为现代滨海旅游发展的基本模式。本部分将从国家及广东省有关滨海体育旅游的现有政策、政府的宏观调控、社会的影响力三个维度对广东省滨海体育与滨海旅游产业融合发展现状进行分析。

（一）现有的政策分析

近几年，国家对滨海体育与滨海旅游产业的发展越来越重视，广东省出台了一系列相关政策来促进产业的融合与发展，随着相关政策的进一步落实，广东省滨海体育与滨海旅游产业也得到了快速的发展。

2012 年 10 月，广东省政府出台《关于加快转变广东省体育发展方式的意见》（粤府〔2012〕58 号文），该文件重点指出要求改变我们目前发展体育产业的传统思路，将体育产业的各个环节整合起来形成一个完整的主体。在体育产业发展的过程中既要注重体育产业整体的健全性，又要突出重点，以部分有特色吸引力的产品开拓市场，进而带动整个产业的集体进步。2012 年年底，广东省政府《关于加快广东省体育产业发展的实施意见》（粤府办〔2012〕133 号文）提出，积极发展体育休闲业，充分利用广东省丰富的沿海岛屿、沙滩、山水生态等资源，创建一批体育休闲旅游示范基地；鼓励各地开发体育休闲度假线路及产品，发展运动体验游、运动休闲度假游，形成体育产业拉动其他产业连带发展的趋势，实现融合发展。分别鼓励广州市和深圳市建设全国体育旅游基地，打造体育休闲旅游品牌和体育休闲特区；加大财政资金支持，采取贷款优惠、政府采购、项目补贴、后期赎买等方式，重点支持体育旅游示范基地。在 2015 年第三季度始，《广东省人民政府关于加快发展体育产业促进体育消费的实施意见》（粤府〔2015〕76 号文），提出完善产业体系和布局，优先发展体育旅游，开发"四沿"的体育旅游项目和线路，开拓体育休闲服务，打造省级体育旅游示范基地，推进运动休闲、户外运动、游艇运动等项目的开展，创新业态。2016年10月，深圳市出台《关于促进体育产业发展的若干措施》（深府办〔2016〕21号文）和《深圳市体育产业发展专项资金管理办法》（深文体旅〔2016〕286号文），提出体育产业发展应坚持创新、协调、绿色、开放、共享，重点发展各类体育服务业，实现体育和旅游的融合。

（二）政府宏观调控分析

作为第三产业的重要组成部分，体育旅游业的发展得到了政府的大力支持，特别是近些年，体育旅游被列为优先发展的产业。2009年12月，国务院发布了《关于加快发展旅游业的意见》（国发〔2009〕41号文），要求"把旅游业培育成为国民经济战略性支柱产业和人民群众更加满意的现代服务业"。从国家战略的高度重视发展旅游业。"建设海洋强国"在党的十八大报告中被重点指出，要以海洋作为发展的新方向，不断将发展领域向海洋进行靠拢。《国民旅游休闲纲要（2013—2020）》（国办发〔2013〕10号文）、《全民健身计划（2016—2020）》（国发〔2016〕37号文）、《中华人民共和国旅游法》等政策与法规的颁布和实施都将体育产业、旅游产业列为社会经济发展的重要支柱。广东省被列为全国范围海洋经济发展重要试点省份，2013年国务院通过了《广东省海洋功能区划（2011—2020）》（粤府〔2013〕9号文）。根据国家及广东省的相关规定，广东省的水域范围划分为农业渔业、港口、航运、工业、城市、矿产、农业和旅游休闲娱乐等8类功能区。其中休闲娱乐区面积超过5万公顷，数量有47个。这其中有15个，总面积超过25000公顷。海洋综合旅游区、新旅游项目建设及其他方面得到了重点的关注，滨海体育与滨海旅游产业等产业得到了大力的支持。

（三）社会影响力分析

我国许多沿海省份或城市，例如山东、辽宁、广西、厦门等都进行了滨海体育与滨海旅游产业融合的探索，在众多参与者中尤以广东省的探索成果最为突出，许多省份也在学习广东省的相关经验，并将这些经验用于所在省份滨海体育与滨海旅游产业融合发展。目前，滨海体育旅游中游艇旅游及温泉体育旅游等高端旅游成为新的旅游热点地区；农村游览、森林特色旅游、文化中医养生理疗游、绿色生态旅游都积极融合体育健身的元素，旅游产品越来越丰富。旅游地产、旅游制造、网上商务旅游等快速发展而来，旅游产业体系不断拓展；旅游要素体系、产品体系、公共服务体系及其他配套体系也得到了进一步改善。珠三角城市游览、广东北部地区生态养生游览、广东西部少数民族特色旅游、广东西部沿海生态旅游四大区域也得到了进一步的发展。这些地方的旅游产业都已经初步具备了一定的发展规模，未来几年可能会经历一个高速的发展阶段。

滨海体育赛事不断发展，广东省湛江市国际海上龙舟邀请赛举办方积累了丰富的经验；深圳主办了 2006 年世界帆船锦标赛和中国（深圳）帆船赛、2007 年 F1 摩托艇世界锦标赛等，这些赛事活动的成功举办，为沿海城市和未来举办大型体育赛事的城市提供了有益的参考和帮助。毋庸置疑，举办高水平的国际比赛可以展示城市形象，扩大城市知名度，促进当地人民体育和旅游融合的发展。

三、广东省滨海体育与滨海旅游产业融合发展存在问题的分析

广东省滨海体育旅游产业正处于发展的最初期，政策缺失和不足带来很多问题，如缺乏产业进入门槛、产业结构不合理、政策制度不完善、法律机制缺失、市场管理不规范、市场规模不大、管理体制不完善、管理机构混乱以及滨海体育旅游发展观念和环境污染等诸多问题。

（一）缺失统一政策规划和健全的管理体制

从调查中发现，广东省滨海体育与滨海旅游产业两个产业融合发展尚不够充分，地区间发展不平衡。任何产业的发展都离不开政策规划。滨海体育旅游产业是属于大服务业中的一种，滨海体育旅游业不仅仅是滨海体育融合滨海旅游，它还要求有其他众多相关产业的支持和配合。广东省滨海体育旅游业的各地区各自为政，各部门对滨海体育旅游产业的规制基本上是以保护

自身特殊利益为目的，各行政部门为保护既得利益，造成行政权力地方化、部门化，阻碍了滨海体育与滨海旅游产业融合的进程。

尽管广东省有着优越的天然滨海资源，体育产业和旅游产业的发展在全国也是名列前茅，但缺少管理滨海体育旅游的专门机构，没有组织协调管理滨海体育旅游的专门机构，包括开发资源、设计路线和组织管理等。我国政府管理体系是纵向的树状权力体系，在上级控制下级方面是成熟完善的，然而在调节同级行政区之间的关系方面是不利的，因此阻碍了体育旅游产业融合的区域化和规模化[8]，这也是广东滨海体育旅游产业发展的瓶颈。

（二）缺乏环境保护和可持续发展机制

目前，政府正试图创建广东省国家循环经济特区，建设于部分海岛之上的钢铁厂等高污染的投资项目，虽然在一定程度上促进了区域的经济发展，但也不可避免地导致了环境和旅游资源的浪费，焦炉煤气、高炉煤气的钢铁工业行业产生的一些工业垃圾，影响了这些海岛的自然环境和地理环境，包括空气和水质在内都会受到严重的影响。杨永德指出，这种污染的产生使得优良的旅游资源无法进行开发，造成旅游资源的浪费。

政府决策部门关心的是沿海旅游产业的发展对区域经济发展的积极影响，许多决策在决定之初没有提前进行详细的环境调查，盲目的发展会对所在区域的环境造成毁灭性的影响。这里的一个典型的例子是某市的滨海温泉，该滨海温泉景点旁边后续发展起来一个商业码头，该码头的存在导致石头和泥土等都发生了变化，最终这一良好的旅游资源遭到毁灭性破坏。

广东省滨海体育旅游资源环境在开发和使用中受到不同程度的破坏，经营企业为了获得经济利益，不关心环境，不保护资源，还有许多不合理现象导致沿海旅游资源的过度消耗，加速了生态系统和景观的退化。如缺乏环境质量标准、景区开发行为监控不善、游客和体验者缺乏保护基础公共设施的意识，利益驱动下日益增多但缺乏评估的滨海体育旅游项目投资主体，频发的破坏性资源开发现象，浪费了滨海体育旅游资源，而且造成不可再生资源的消失[9]。

对滨海体育旅游资源破坏程度最大的就是建设施工破坏和建筑垃圾污染，由于投资回报利益机制杂乱无章，盲目和重复建设问题反复出现，虽然政府重视保护滨海体育旅游资源和景区生态环境，但科学利用与保护措施在政府、旅游企业和游客面前也只是一个概念，受利益驱动的短期开发行为以及政策措施的不到位使得滨海体育旅游发展难以实现良性循环。

（三）缺乏产业融合的品牌效应

品牌效应是指产品在使用之前如何影响购买者或者消费者的选择。品牌不是商品或公司创立之初就具有的附属品，一个品牌的建立通常需要经过很长的时间。品牌是与现代商品经济的快速发展和现代高度发达的物质经济高度相关的，在其发展的条件下，品牌可以迅速为商品生产者带来巨大的企业或个人利润，有品牌效应的旅游景点会拥有更加强劲的竞争力和发展潜力。

滨海体育与滨海旅游产业的融合发展已成为滨海旅游产业的发展模式，滨海旅游离不开滨海体育项目的支持。在我国多个沿海地区滨海体育和滨海旅游都在积极地进行融合发展。广东省发展得较为迅速，但其仍未建立良好的品牌效应。尚无法与世界知名的"澳大利亚大堡礁""西班牙""美国夏威夷"相比。广东省滨海体育与滨海旅游产业融合发展尚缺乏鲜明的特色，无法在广大消费者心理留下深刻的印象，差异化发展不足。广东省滨海体育与滨海旅游产业缺乏品牌效应，无法很好地形成品牌溢价和创新产品的吸引力，产业市场容易受到其他区域的冲击。广东滨海体育旅游产品目前其实只是将滨海体育产品和滨海旅游产品中兼有体育旅游特征的产品定义为滨海体育旅游产品，还是滨海体育产品链和旅游产品链上的延伸产品，未脱离原有体制，真正的供给主体尚未培育出来。例如较为流行的漂流、帆船等体育旅游产品，出售名称都只是旅游产品，使用产品的游客也并不知道这是体育旅游产品。最后，广东省滨海体育旅游项目都只是滨海原有的一些常规项目，例如水上单车、海上摩托艇等，都是个体投资，只要有一定的实际操作经验即可，投资额不大，经营和从业人员基本是当地渔民，没有经过专业技术、管理等培训。

（四）缺少产业融合发展的高素质管理人才

滨海体育与滨海旅游产业融合发展离不开高素质管理人才。我国高等学校长期以来缺乏体育学科和管理学科交叉人才培养，体育专业学生不懂旅游管理，旅游管理专业学生不懂体育，导致滨海体育与滨海旅游产业融合发展中管理人才的缺乏。陈宝珠指出，我国的人才供给还主要是科技、工业、财务、金融方面的人才供给，许多大学都多多少少开设了此种专业，一大批人才源源不断地输入到社会之中。而对"产业融合发展"人才培养缺乏学科和专业建制，导致目前对滨海旅游、滨海体育专业人才的需求还存在着较大的缺口，需要国家去培养一大批专业的行业管理精英。

对于各个行业来说，人才在产业发展中的地位已经毋庸置疑，人才往往在推动产业向前发展的过程中起到了决定性的作用，拥有了大量人才储备的产业，就拥有了产业发展的先发优势。滨海体育与滨海旅游产业的融合仍然需要大量的人才，尤其是对滨海体育与滨海旅游产业两个产业都非常熟悉的综合性人才极为缺乏，极大地限制了滨海体育与滨海旅游产业的融合发展。人才注入的滞后性与发展速度的不匹配，导致我国滨海体育与滨海旅游产业发展质量不高，无法激发滨海体育与滨海旅游产业融合发展的活力。

（五）缺乏投融资机制和产业门槛

政府为扶持初级产业而出台的财政税收优惠政策以及政府投资政策、放宽产业融资条件和门槛等对于微观市场主体发展在各方面具有决定性作用。我国的滨海体育旅游产业，尚没有形成成熟的产业，更没有科学可持续产品开发，没有形成滨海体育休闲和生态旅游观光的多层次产品结构。滨海体育旅游产业的发展不仅要鼓励社会资本进入，形成长效稳定的投融资机制，还要引导、规范社会资本的投资行为，给滨海体育旅游业的发展带来稳定持久的动力。

经过这些年的发展，我国体育旅游产业有了一定的产业规模，但是目前企业素质有待提高，经营管理效率低，产权制度不明晰。缺乏产业门槛，产业组织结构不合理，低水平重复建设问题突出。目前在广东体育旅游产业中，资源、人才、市场开发的程度低，没有特色产品更没有多层次产品结构，以个体经营者居多，没有大规模企业。究其原因就是没有产业门槛，缺乏企业整合能力。

四、广东省滨海体育与滨海旅游
产业融合发展的政策建议

针对广东省滨海体育与滨海旅游产业融合发展现状提出了 5 个方面的政策建议。其一，积极创新滨海体育与滨海旅游产业深度融合的新模式；其二，加强政府宏观调控能力，促进部门之间的协作；其三，推进产业政策落实，加强基础设施建设；其四，提升旅游产品品牌价值，开拓市场空间；其五，重视人才培养，鼓励创新，为政府和企业等提供参考。

（一）积极创新滨海体育与滨海旅游产业深度融合的新模式

滨海体育与滨海旅游产业都是绿色产业、环保产业和服务业，体育与旅游相关产业的融合，不仅能够激发体育产业的活力，也能够为旅游行业的发展找寻新的契机。当前，应当深刻认识旅游与体育的本质属性（体育与旅游的共同点），消除长期以来旅游与体育"分家"的局面。行政管理的分离，旅游不懂体育，体育不懂旅游，这在一定程度上制约了滨海体育与滨海旅游产业的融合。为了促进滨海体育与滨海旅游产业向更深层次的融合，可以采用以下创新模式：

1. 体育场、馆与滨海旅游产业融合发展模式。在大型体育赛事举办完毕之后，留下大批设备完善的体育场馆，这些极其珍贵的体育遗产也将成为城市旅游的重要景点，当地政府或旅游公司应积极开发，使其成为一种独特的观光旅游产品。场馆空间可以转化为阶段性的文化场所，以及高品质体育旅游产品的开发精品。在奥运会结束后，2008 奥运会青岛奥林匹克帆船中心建成了"国家滨海旅游示范区"，创建了滨海体育与滨海旅游产业融合发展的典型范例。

2. 体育竞赛表演与滨海旅游产业融合发展模式。总共有两种类型的发展模式可供参考：一种是竞技型观赏性运动旅游模式，另一种是参与型运动旅游模式。竞技型观赏性运动旅游模式一般是以高水平的竞技运动消费作为主要的旅游景点，如北京奥运会和广州亚运会的举办，吸引了大量的游客到现场旅游。参与型运动旅游模式一般参与人员都不具备高度的专业性，活动的主旨为开发出具有体验性的赛事活动，因此适合有兴趣参与的游客，如马拉松、登山、雪上项目等。

3. 体育健身休闲与旅游产业融合发展模式。我国正从一种传统式的单纯观光旅游向具有休闲、健身属性的综合式旅游方式进行转变，根据旅游业较为发达国家的发展经验，运动休闲与旅游结合式的旅游方式将会逐渐增加综合式旅游方式所占的比重，尤其是沿海地区的体育休闲度假旅游等将会受到广大消费者的追捧。这种综合式的发展模式，通常是通过将消费者运动过程中的日常训练或体育器材的购买与旅游景点、酒店等旅游要素相结合，重建价值链的融合所产生的体育休闲旅游胜地。

（二）加强政府宏观调控能力，促进部门之间的协作

在我国，滨海体育与滨海旅游产业的融合发展离不开政府的支持与扶助，政府的宏观调控对该产业的发展与壮大起着决定性的作用。政府应当加大宏观调控能力，给予滨海体育与滨海旅游产业更多的支持，提供更多的资源。

"体育＋旅游"的休闲方式越来越得到人们的喜爱，两个部门之间应当及时开展合作，以体育运动作为内涵，进一步提高旅游产品的附加值；以旅游业作为一个通道，促进体育产业多种发展模式的实现，并将此作为一个开端，寻求更深层次发展，从顶层进行规划，全方位促进体育产业和旅游产业一体化融合发展。仅仅依靠体育部门或旅游部门，根本无法全面推动滨海体育与滨海旅游产业进行这种良性的融合。在"体育＋旅游"这种大的趋势之下，必须要将体育部门和旅游部门的管理资源结合起来，通过两个部门之间的协作或由体育部门和旅游部门共同设立一个机构来负责滨海体育与滨海旅游产业的事务，避免因职权相互独立造成对滨海体育与滨海旅游产业融合的体制限制。

（三）推进产业政策落实，加强基础设施建设

滨海体育旅游产业作为刚发展起来的新兴产业，在发展初期仅依靠市场的基础作用不能完全给体育旅游提供十足的动力和支撑，还是要依靠政府的

帮助和指导，动员社会的多方力量促进滨海体育旅游业发展起来。广东省发展滨海体育旅游产业，离不开广东省旅游局和体育局等行政部门的监管，相关部门应该切实消除行政壁垒，深化改革，坚持创新，发扬时代精神，建设服务型政府，履行政府职能，简化行政流程，提高行政效率，缩短办事时间，深化行政审批制度改革，发挥市场主体的作用，通过市场机制调节微观经济活动，政府和市场做好各自的工作，规划要合理，完善产业政策、制定科学的行业标准并引导实施管理，改变管理和服务方式，为滨海体育和旅游产业的融合提供良好的制度保证。从国内其他地区发展滨海体育旅游产业的经验来看，如杭州市为发展运动旅游业，设立专门的管理机构，协调指导各部门和旅游部门的工作，对融合发展起到关键性作用，还有的地方将体育部门和旅游部门合并成专属管理部门，打造了特色体育旅游城市。

除此之外，应当完善广东省滨海体育与滨海旅游产业相关的基础设施建设，改变滨海体育与滨海旅游产业基础设施建设的融资方式，积极引入民间资产进入基础设施建设中，例如可以采用 PPP 项目建设模式，通过吸收民间资金来加快滨海体育与滨海旅游产业基础设施建设的速度。

（四）提升旅游产品品牌价值，开拓市场空间

应重视滨海体育与滨海旅游产业产品的品牌价值，应鼓励支持社会上所有有能力的企业投资发展滨海体育旅游，促进更多的主体参与到该产业的开发之中，为滨海体育与滨海旅游产业的发展打下基础。围绕滨海体育旅游发展的目的、发展现状和发展前景，鼓励宣传滨海体育旅游消费，整合资源，激发市场活力，加速产业融合，带动体育产业和旅游产业的转型升级。

积极宣传滨海体育旅游，吸引滨海体育旅游的潜在消费者。做好新兴产业的市场培育，相关政府部门、产业部门和企业要宣传地方特色滨海体育旅游活动，做到既有高端产品又有满足大众的中低端产品。政府要加强规划，企业要创新营销方式。要依据滨海体育旅游产业发展的基础和前景，有分类有重点地建设滨海体育旅游示范项目，发挥滨海体育旅游产业的拉动作用。运用多种方式进行宣传推广，重视制定滨海体育旅游产业规划，各地区、各部门、各企业共同参与滨海体育的旅游宣传，采用多种渠道和方式，全面覆

盖潜在消费人群，提高滨海体育旅游在大众心中的分量。

（五）重视人才培养，鼓励创新

滨海体育旅游产业经营管理水平与服务质量取决于人才的质量，做好专业人才的培养是重要的环节。滨海体育旅游产业管理人才需要具有既懂体育又懂旅游的人才。根据广东滨海体育旅游业发展现状和需求，借鉴国外人才培养和管理经营经验，有针对性地培养这些稀缺人才，科学推动滨海体育旅游产业的发展。可以建立产业需求与学校培养相结合的方式进行培养，通过定向培养等方式增强人才培育与社会需求的匹配性。

此外，在滨海体育旅游各个方面创新变革。纵观20世纪世界经济发展的历程，我们能够清晰地看到，创新已融合到社会、企业的每个环节之中，并成为推动社会、企业发展的动力。创新也是滨海体育与滨海旅游产业融合的动力。滨海体育与滨海旅游产业的融合发展，需要创新驱动。政府及企业应当在推动滨海体育与滨海旅游产业融合发展的过程中，积极地促进管理创新、模式创新、技术创新，通过创新发展推动滨海体育与滨海旅游产业融合发展。

+·+·+·+·+·+·+·+·+·+·+·+·+·+·+·+· **参考文献** +·+·+·+·+·+·+·+·+·+·+·+·+·+·+·+·+·

［1］Jennings G. Water - Based Tourism, Sport, Leisure, and Recreation Experiences ［M］. New York：The Butterworth - Heinemann Press，2007.

［2］林凤蕾，廉涛，黄海燕. 我国体育旅游产业发展政策研究［J］. 体育科研，2015，（3）：88 - 92.

［3］王柱石，许振宇. 福建省滨海休闲体育产业集群发展研究［J］. 长沙铁道学院学报（社会科学版），2014，15（4）：20 - 21.

［4］钟菊华. 四川省休闲体育产业与旅游产业融合模式研究［J］. 西南师范大学学报（自然科学版），2015，40（8）：147 - 151.

［5］张林玲. 体育产业与旅游业融合度测算研究［J］. 吉林体育学院学报，2015，01：23 - 24.

［6］杨强. 体育产业与相关产业融合发展的内在机理与外在动力研究［J］. 北京体育大学学报，2013，36（11）：20 - 23.

［7］周珂．我国海洋体育发展的现状与战略对策研究［J］．浙江体育科学，2014，（04）：12－17.

［8］刘英．浙江省海洋体育旅游发展研究［D］．杭州师范大学，2012.

［9］徐福英．滨海旅游可持续发展的基本框架与典型类型研究［D］．青岛大学，2015.

第五章 我国冰雪体育发展现状及趋势分析

张士波

摘要：在体育运动蓬勃发展的形势下，冰雪体育运动以其特有的运动魅力凸显出来，吸引着人们的眼球。本章就以休闲体育的视角着重对我国冰雪体育运动及其相关产业的现状和未来发展趋势进行阐述。自 2015 年 7 月开始我国成功获得 2022 年北京—张家口承办冬奥会的资格，提出 3 亿人上冰雪的发展目标，给冰雪体育运动的发展带来了巨大的发展契机。竞技冰雪体育层面上，我们应以发展优势项目带动其他项目共同提高；大众冰雪体育层面上，我们应带动广大群众参与其中；在这一时代背景下，积极推动冰雪场地建设，发展冰雪体育及其相关产业，为冬奥会做好准备，为后冬奥时代的持续发展积蓄多方力量。

关键词：冬奥会；冰雪体育；冰雪产业

作者简介：张士波，沈阳体育学院讲师，滑雪培训师，滑雪考评员。研究方向：冰雪运动教学与训练。

一、我国冰雪体育概述

伴随着我国体育行业的迅速发展以及体育产业机构的优化升级，我国冰雪体育行业也同其他行业一样，成为具有发展前景的行业之一；受各界人士的广泛关注，其对相关冰雪产业的带动也非常大，使得冰雪产业迎来了春天；本栏目将围绕着我国冰雪体育的开展现状以及冰雪相关产业的发展方向进行阐述。

（一）冰雪体育运动

冰雪体育是在特有场地上使用专门的运动器材进行活动的体育运动，是指包含滑冰类运动项目和滑雪类运动项目以及滑行类项目的总称，其中包含着众多的小项目，有的项目大众平常，有的项目惊险刺激。例如，大众经常参与其中的速度滑冰、花样滑冰、高山滑雪、单板滑雪、越野滑雪等运动项目，这些项目既是大众冰雪体育运动项目同时也是竞技体育项目；冰雪体育运动还包括一些竞技运动项目，如大众很难参与的自由式滑雪、钢架雪车、跳台滑雪等，这些隶属于冰雪体育运动，但是，非专业运动员很难参与其中。回顾以往，由于我们国家各地气候环境的因素，冰雪体育运动区域发展各不相同。现如今，在2022年我国承办北京—张家口冬奥会的契机，我国发展冰雪体育运动是以区域牵头带动全面提高的思路稳步前行，以北京—张家口为核心，覆盖东北、新疆、内蒙古等省区市，向全国各地推广，一条冰雪体育运动长远的健康产业链条已经初步形成。

表 5-1　冰雪竞技体育项目统计表

项目	内容
冰上项目	1. 速度滑冰 2. 短道速滑 3. 花样滑冰 4. 冰球 5. 冰壶
雪上项目	1. 冬季两项 2. 越野滑雪 3. 跳台滑雪 4. 北欧两项 5. 高山滑雪 6. 自由式滑雪 7. 单板滑雪
滑行项目	1. 雪车 2. 雪橇 3. 钢架雪车

（二）冰雪体育产业

冰雪体育产业即生产冰雪体育用品和提供冰雪体育服务的经营性行业，它对于刺激消费、拉动需求、促进投资以及增加就业等有积极的促进作用。[1]冰雪体育产业包括众多内容，如冰雪体育器材制造产业、冰雪体育文化产业、冰雪体育旅游产业、冰雪体育服装产业、冰雪体育区域餐饮住宿产业等。归结起来冰雪产业由五大板块构成，即冰雪旅游、冰雪赛事、冰雪培训、冰雪营销、冰雪装备。尤为重要的是，中国冰雪产业不断拓展外延；体育行业可持续发展理念延伸，为体育产业的未来发展指明了方向，而冰雪体育产业又是一个涉及交叉行业的系统工程，受影响的外围因素很多，如场地建设、环境保护、安全卫生、道路交通等诸多影响因素，其影响因素不仅纷繁复杂，还具有多样性的特点。

表 5－2　冰雪产业构成统计

板块项目	内容
冰雪旅游	旅行社、旅行团等围绕着冰雪体育项目组织开展的旅游活动
冰雪赛事	冰雪体育运动竞赛组织与筹备、赛事场地建设等
冰雪培训	冰雪体育运动的理论、技能、指导员等培训活动
冰雪营销	围绕着冰雪体育运动进行的产品销售服务等内容
冰雪装备	冰雪体育运动所需要的服装、器材、器械等保障性产品

由于我国冰雪体育产业的发展正处于迅速发展的初级阶段，新时期体育产业的背景下有国家的大力支持与帮助，积极培养冰雪体育产业人才，提升管理队伍的业务水平，优化产业发展结构，扩大冰雪体育产业投资的范围，打造出众多区域冰雪体育产业特色，为产业发展营造了健康稳定的投资环境，使冰雪体育产业在统筹范围内可持续发展。

在国家政策、全民健身计划以及 2022 年冬奥会多重利好激励下，中国冰雪产业经过几年发展现在开始驶入快车道。2018 年 1 月 15 日，《2018 中国冰雪产业白皮书》发布，通过对目前的中国冰雪产业的充分调研与分析，白皮书从宏观市场、冰雪用户画像、细分市场趋势三个维度全面展示了冰雪产业及冰雪人群现状。到 2025 年中国直接参加冰雪运动的人次将达 5000 万，并带动 3 亿人参与冰雪运动。2017 年，中国冰雪产业规模已达 3976 亿元，预计未来 3 年仍将维持增长态势，2020 年冰雪产业总体规模将完成 6000 亿元，最终达成 2025 年 1 万亿元的目标。

自 2015 年北京申办冬奥成功后，中国冰雪旅游市场规模同比增长率保持在 27% 以上，远超中国旅游产业平均增速。冰雪旅游已成为大部分北方城市最重要的旅游资源和核心支柱。同时，为了深入普及和推广冰雪运动，国家发展改革委、国家体育总局等 23 部门联合制定了《群众冬季运动推广普及计划（2016—2020 年）》，通过多种方式鼓励和支持社会资本参与群众冬季运动推广普及。鼓励社会资本通过独资、合资、合作、联营、租赁等途径，采取特许经营、公建民营、民办公助等方式，加大对群众冬季运动的投资力度。鼓励社会力量设立"冰雪运动众创空间"和"冰雪运动产业创意孵化基地"。

作为冰雪产业的核心，冰雪赛事也开展得如火如荼。2017 年国内举办的冰雪赛事中，共有竞技类赛事 76 项，大众娱乐类赛事 120 项以上。除了获得北美职业冰球联赛（NHL）、大陆冰球联赛（KHL）等顶级职业联盟的垂青外，冰雪运动各项世界杯分站赛在中国的吸引力和影响力也日益增长。国内冰雪赛事经济潜力前景喜人，到 2025 年市场规模预计可达到 1600 亿元。打造"冰雪之城"也成了很多中国城市的发展目标之一。据不完全统计，2017 年中国国内已建成 26 个特色冰雪小镇，到 2020 年，冰雪小镇数量将达到 40 个。冰雪小镇生态圈正在加速形成。分析预测，到 2020 年国内冰雪小镇数量将达到 40 座，将迎来冰雪旅游市场的爆发期。目前，冰雪小镇主要分布在黑龙江、吉林和京津冀地区。

但也要看到受经济社会发展基础、自然地理条件等因素制约，我国冰雪运动和冰雪产业起步较晚、基础较弱，存在群众普及不够、服务供给不足、产需对接不畅等问题，尤其是在冰雪场地设施建设方面严重滞后。

冰雪产业拥有庞大的产业链条，随着产业体系的完善，冰雪产业的增长也将带动中国经济的整体发展。

二、我国冰雪体育发展现状

我国冰雪体育运动由来已久，最初是以冰雪竞技体育为主，走发展体育强国路线，冰雪体育健儿代表国家参加国际性赛事，最为代表性的就是参加1980年在美国普莱西德湖举办的第13届冬季奥林匹克运动会，是我国第一次参加冬奥会。如今，冬奥会走进北京时间，我国提出3亿人上冰雪的目标，在发展竞技冰雪体育的同时也在加速发展大众冰雪体育，处于共同发展的新阶段；随之而来的就是由原来的区域发展走向全国发展，充分调动起全国人民的冰雪参与热情。从而带动冰雪体育市场的蓬勃发展，并且相关配套行业应运而生，呈现冰雪产业欣欣向荣的态势。

（一）我国竞技冰雪体育发展现状

我国竞技冰雪体育的目标是大力发展冰雪体育运动，保证冰雪后备人才的储备，加强科学训练，提高竞技能力，争取在国内外的赛事上获得优异成绩，尤其是在冬奥会上取得更多收获。相对于夏季体育运动来说，我国冰雪体育运动的开展呈现出明显的弱势，尤其是冬季奥运会和夏季奥运会相比较，从参与的人数和所得奖牌的排名就可以清晰地看出。目前，根据对我国开展的冰雪体育项目情况分析发现，我国冰雪体育运动的群众基础薄弱，冰雪项目的专业运动员人数很少。2015年7月，我国申办冬奥成功的时候，有关部门对全国11个开展竞技体育的省级单位和国家队进行了统计。当时冰雪体育运动项目注册的运动员大约有5000人，而其中短道速滑、速度滑冰、冰球、冰壶人数将近4000人，占了冰雪体育运动项目总人数的80%左右，而从事雪上项目的运动员以及花样滑冰运动员仅为几十至一二百人。[2]冰雪体育项目运动员主要来自黑龙江、吉林、辽宁、内蒙古、新疆等北部地区，其他省份的甚少，而在夏季运动中，开展较好的基础大项全国注册运动员可以达到上万人，并且全国大部分省市都有开展。在北京2022年冬奥会成功申办之后，我国冰雪体育运动呈现了快速发展的势头[3]，但是由于我国冰雪体育项目发展较慢，群众基础薄弱、冰雪体育文化传播不够、人才短缺状况仍是阻碍冰雪竞技体育向前发展的障碍。

对我国备战 2022 年北京—张家口冬奥会比赛项目中的冰上五个大项、雪上七个大项、滑行三个大项进行分析，发现冰上运动项目与雪上运动项目发展并不均衡，冰雪体育项目中存有较大的差距，呈现出冰上项目强于雪上项目，滑行项目次之的特点。

目前，冰上项目中短道速滑是我国的优势项目，往届冬奥会该项目比赛，中韩两队的争霸是冬奥会短道速滑比赛的主要看点，我国历届冬奥会所获得的奖牌有一多半是来自短道速滑项目，2018 年平昌冬奥会我国获得的唯一的一块金牌项目也是短道速滑[4]。我国短道速滑项目的发展正处于最佳竞技状态，有着得天独厚和地利人和的发展优势；但是由于短道速滑项目存在非常大的偶然性因素，比赛的结果瞬息万变，极不稳定。速度滑冰项目在我国属于传统的冰雪体育运动项目，开展较早，普及程度高，是全民参与性运动项目，有着广泛的群众基础和项目文化底蕴，但是竞技成绩一般，有待进一步提升。花样滑冰项目是我国具有一定优势的冰上运动项目。继申雪、赵宏博、庞清、佟健之后不断涌现一批批高水平运动员，如金博洋、闫涵、李香凝、隋文静、韩聪、于小雨、张昊、彭程、金杨、王诗玥、柳鑫宇等，他们已成为花样滑冰的后备人才。自由式滑雪空中技巧项目是我国另一个雪上优势项目，在冬奥会中具有争金实力，该项目著名运动员韩晓鹏 2006 年在意大利都灵举办的冬奥会上获得金牌，至今还是中国参加冬奥会历史上雪上项目获得的唯一一块金牌。但是，由于该项目的特殊性，后备人才储备数量非常少，急需补充。单板 U 形场地滑雪，我国的男女运动员都具备获得冬奥会奖牌的实力，但是由于受季节性训练的影响，不能保证全年的训练，运动员反映缺少场地训练是影响其后续发展的主要因素。冰壶运动在我国的发展正处于快速发展阶段，现注册运动员 900 人左右，但是由于产地缺少、后备人才不足，项目发展也一定程度受限。

根据我国具有优势冰雪竞技项目的开展情况以及人才储备现状，为了更好地加大优势项目夺金的概率，储备大量的后备人才，国家正在实施跨界选才战略，针对冰雪体育运动项目的属性及其具有独特的运动形式，打破原有运动项目之间的局限性，利用项目之间的技能迁移，良性转换，在全国各个体育运动项目当中择优选择适合发展冬季项目的运动员，以此来增强我国冬季运动项目的"硬实力"。科学进行冰雪项目的跨界选才已有先例，获得雪上项目奥运冠军的韩晓鹏，他原来就是一名技巧运动员，后来跨项转到自由式滑雪空中技巧项目，所以，实施冰雪项目跨界选才具有现实意义。为迎接北京—张家口冬奥会的到来，我国已经做好了多方面的准备，并且还在努力的路上继续前行，期盼2022年我国冰雪体育在冬奥会上有更多的收获。

（二）我国冰雪体育大众参与现状

1. 大众冰雪体育运动项目

在全民参与冰雪运动的时代背景下，国家提出了冰雪体育奋斗目标，根据目标制定出了许多方案，鼓励群众积极参与冰雪体育运动。但是并不是所有的冰雪运动项目都适合大众参与和尝试体验的，也不是所有的冰雪体育项目都是围绕着竞技冰雪体育项目而展开的；大众开展的主要都是围绕着能够让人们休闲娱乐的冰雪体育运动。通常我们所说的大众雪上项目多是指高山滑雪，单板滑雪，越野滑雪和简单的单、双板自由式滑雪以及由这些项目衍生的雪上娱乐项目等；花样滑冰、冰球、速度滑冰等冰上项目在大众体育当中开展比较广泛，主要是室内冰场的数量在增加，多方面的条件便利，以及人们对冰上运动的魅力所吸引的结果。冰壶项目由于场地和器材的特殊性，目前，在我国该项目的大众开展比较少。

滑行运动项目上，由于雪车、雪橇、钢架雪车的专业性过强，在中国很难开展实施，但是，与其相关的滑行类娱乐项目很多，如雪地爬犁、冰车、滑雪圈等项目在大众冰雪体育当中开展比较广泛。

结合以上大众雪上项目、冰上项目和滑行类运动项目来说，这些冰雪体育项目是人们比较喜欢和容易实践的体育活动，在活动过程中人们能够借助专门的器材装备，在特定场地上进行的各种滑行活动。以此来达到运动健身、开心愉悦的目的，从而也将带动整个大众冰雪体育相关产业的发展和众多配套场地设施的健全与完善。

2. 大众冰雪体育及其相关产业的业态构成

2014年10月20日，国务院颁布《关于加快发展体育产业促进体育消费的若干意见》，计划于 2025 年争取体育产业总规模超过 5 万亿元。该文件指出："以冰雪运动等特色项目为突破口，促进健身休闲项目的普及和提高。制定冰雪运动规划，引导社会力量积极参与建设一批冰雪运动场，促进冰雪运动繁荣发展，形成新的体育消费热点。"凭借冬奥会的成功申办以及冰雪体育市场的发展态势，冰雪体育产业必将得到快速发展。

冰雪体育及其相关产业包含众多，形成了以冰雪体育产业为核心的产业链，有以消费人口衡量的冰雪娱乐业、冰雪旅游业、冰雪培训业和冰雪服务业为核心的主产业，以资本投入衡量的冰雪装备业如场馆投入、设备制造等为核心的配套关联产业，以及由于受外部生产力发展水平、冰雪资源条件等外部供需关系的影响且与之有较大产业关联性的周边延伸产业，这一产业链条是一个不同产业和部门之间的动态变化过程。[5]

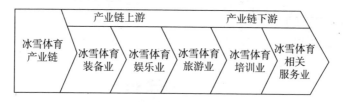

图 5 - 1　冰雪体育产业链线性结构

内容源自：《我国冰雪体育产业非均衡协调发展研究》。

以滑雪产业链条为代表，围绕着滑雪场的经营和管理，派生出为设备、装备的研发、生产、销售服务的上游产业。为滑雪场提供服务，涉及滑雪场地的规划设计和施工建设、餐饮住宿、休闲娱乐、旅游度假等多元配套安排，以及滑雪学校教学、雪场救护与安全、滑雪赛事、媒体、地产、交通旅游等一系列相关产业。为滑雪者提供服务，包括从线上到线下的众多衍生服务与增值服务，如个人装备购买、滑雪教练预约、各类线上社交平台等。

目前冰雪产业呈现出其独有的特点，规模和产值均处于上升期，市场空间大。由于冰雪装备业种类繁多，统计口径不一，冰雪场地在逐年增加，冰雪消费在逐年增长，但是缺少统筹规划。

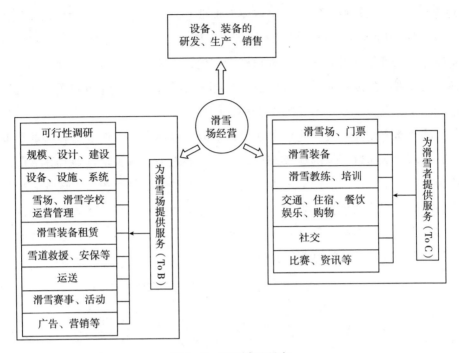

图 5 - 2　滑雪产业链条

内容源自：《冰雪蓝皮书：中国滑雪产业报告 2016》。

3. 大众冰雪体育指导员体系及等级标准建设现状

随着冰雪体育行业的快速发展，行业内部专门负责管理和教学指导等专业型人才出现严重的供不应求，这在花样滑冰和高山滑雪等项目上表现得尤为明显，这和冰雪体育运动项目的专业运动特点有直接关系。在参与冰雪项目方面，参与者需要有技术上的技能习得，才能够在保证安全的前提下进行运动，所以，就需要有专门的教学指导人员予以教学指导和帮助。近年来由于室内滑冰场和滑雪场数量的剧增，参与冰雪运动人员也大幅度增加，专业从事该行业的人员出现短缺。为解决这个问题，冰雪职能部门对于专业人才培养机制建设也在逐渐完善，以满足目前冰雪体育行业的大量需求。

2009 年 8 月 30 日，国务院颁布《全民健身条例》，于 2009 年 10 月 1 日起施行。国家对以健身指导为职业的社会体育指导人员实行职业资格证书制度。以对高危险性体育项目进行健身指导为职业的社会体育指导人员，应当依照国家有关规定取得职业资格证书。滑雪属于高危险行业之一，根据规定，滑雪场所不具备一定数量的有资质的滑雪指导人员是不允许对外营业的。目前河北省多家滑雪场已经要求所有从事滑雪指导人员都具备滑雪指导员五级以上的资质。

2017年由体育总局职业鉴定指导中心、中国滑雪协会主持，对滑雪指导员指定培训教材《滑雪》进行修订，并且印发了滑雪指导员新版"细则"。在2018年3月和4月进行了两轮全国滑雪培训师和考评员的鉴定和再鉴定工作，3月份有来自全国各地首次参加培训的51人通过滑雪培训师的考核，65人通过了滑雪考评员的考核。4月份的再鉴定是对最早具备滑雪培训师和考评员的部分人员进行再培训和再学习，了解和掌握最新的培训和考评细则。这为今后滑雪指导员培训和考评工作储备了大量师资力量，为今后开展滑雪指导员的培训工作打下了坚实基础，也为紧缺滑雪指导的市场培养了更多专业指导和培训人员。据国家体育总局职业技能鉴定指导中心2018年年初统计，我国目前将近1万人获得了滑雪职业资格，并且还会继续在增加的过程中。

在冰雪体育快速发展的背景下，河北省率先建立了大众滑雪等级标准，来规范滑雪市场，对大众参与滑雪运动予以科学的指导和帮助，走在了国内大众滑雪等级标准制定的前列。2018年年初，国家的大众滑雪等级标准也已经定稿，更为系统地将大众滑雪（双板）划分为9级，根据滑雪技术逐级提高，进行全国推广，这也是我国首次将大众滑雪的等级标准进行划分推广。

我国很早就开展了花样滑冰的考级制度，而且等级考试人数在逐年增加，考试的热情非常高。对比花样滑冰和滑雪，以速度滑冰项目为主的大众滑冰，是我国最为普及和开展最早的大众冰上项目，大众参与度非常高。然而至今还没有制定出一套全国使用的大众等级制度。目前已经由专业部门在制订大众滑冰等级细则的方案，不久将进行推广和使用。

4. 大众冰雪体育参与人群

根据国家体育总局规划，我国要尽快形成冰雪运动基础更加坚实，普及程度大幅提升，竞技实力极大提高，产业体系较为完备的冰雪运动发展格局。在此规划中，要实现冰雪运动群众基础更加坚实，冰雪运动普及度大幅提高，群众冰雪活动极大丰富，参与冰雪运动的人数稳步增加，直接参加冰雪运动的人数超过 5000 万，并带动 3 亿人参与冰雪运动。

　　大众体育的发展离不开竞技体育的有力带动，冰雪体育更是如此。随着新媒体时代的到来，电视转播更具时效性，人们很容易看到冰雪项目的赛况转播和录播，欣赏到冰雪运动健儿在赛场上的精彩表现和运动美感。花样滑冰配着悦耳的音乐，在冰场上滑行转动着优美的身姿，展现出技巧与美感；高山滑雪以其竞速滑动力量与速度相结合的刺激，无不给人以听觉和视觉的冲击，给人以身临其境的感觉，这也是尝试参与冰雪运动的主要原因。其次是国家提倡 3 亿人上冰雪的目标，带动了人们参与冰雪运动的热情，尤其是带动了少年儿童的积极参与，这和大众冰雪体育运动的本质属性是分不开的，作为大众冰雪运动参与的主力军，儿童少年更容易被冰雪项目的特点所吸引，感受该类运动中滑行自如平衡驰骋的乐趣，并在参与中体会平衡不摔的进步和提高，来得到自我满足感的产生。

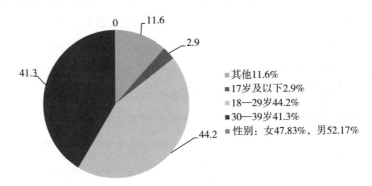

图 5 - 3　滑雪人群年龄及性别结构图

　　对比少年儿童的参与，根据项目进行区分，高山滑雪、单板滑雪、花样滑冰、速度滑冰、冰球等大众冰雪体育项目深受人们的欢迎。高山滑雪也就是我们常说的大众双板滑雪，参与的人群最为普遍，这和它的滑行技术入门相对简单有直接关系，同时各个滑雪场准备的滑雪器材也是双板滑雪的器材较多。单板滑雪这个项目具有彰显个性、追求卓越的特点，备受青年人的喜爱，尤其是女性人群的参与人数在逐年增多，这得益于单板的服装和器材样式繁多、个性十足。花样滑冰的参与人数青少年居多，这和青少年所处的年龄段身体生长发育特征有直接关系，这个年龄阶段比较容易掌握花样滑冰的一些技术动作，这也限定了参与人群的年龄段。而冰球运动的项目特点是身体碰撞性特别强、惊险刺激等，所以大众参与很少，多是以青少年男孩参与为主。

5. 我国冰雪体育进校园现状

2016 年 11 月 2 日作为指导我国冰雪运动发展的纲领性文件《冰雪运动发展规划（2016—2025 年）》和《全国冰雪场地设施建设规划（2016—2022 年）》正式印发，在社会上引起广泛关注。我国各地青少年上冰雪运动节奏加快，学校、政府、社会利用各自的资源、通过各种渠道方法加快推进青少年参与冰雪运动。青年是参与冰雪运动的主力军，学校是开展冰雪运动的主阵地，开展冰雪运动进校园并不是为了培养更多的专业运动员和完成 3 亿人参与冰雪运动的目标，而是为了普及冰雪知识，发展冰雪运动，懂得观赛礼仪、学习冰雪运动技术，体会拼搏向上的体育精神，在冰雪运动中不怕困难、挑战自我、培养团队精神，将这些好的品质通过冰雪的开展带到生活中、学习中，才是开展冰雪运动更大的意义所在。

北京市规划建设 52 所"冰雪特色学校"，校园参与冰雪运动的热情高涨，各地区发布相关的政策来推进冰雪运动的发展，建立冰雪运动试点，冰雪运动进校园成效明显。就冰上运动来看，部分小学校园已经引进移动型滑冰场，中关村第三小学引入了冰球课程，并成立了冰球训练基地。清华大学附属小学引入了仿真冰场，学校向学生普及冬奥会、冰上运动、滑雪方面的相关知识，组织相关的知识竞赛，并积极组织学生参与冰雪嘉年华活动。2016 年 3 月，人民教育出版社与课程教材研究所编写了《中小学校园冰雪运动丛书》，为小学、初中及高中学生提供一整套冰雪运动的综合性、系统性教材。丛书既包括冰雪运动的教学训练、冰雪运动的基础知识、冰雪运动相关技术要点，还包含了冬奥会的相关知识。教材的编写注重学生参与感，采用了大量的运动员现场滑冰案例，并运用了 3D 等技术来说明技术动作的要点，方便学生掌握。全国各地都在积极采用多种方式加大冰雪运动进校园力度，以此来宣传冰雪运动，传承冰雪文化。

6. 区域冰雪场地建设现状

自 2015 年北京—张家口成功申办冬奥会以来，中国的冰雪产业进入快速发展阶段。作为整个产业的流量集中地，滑雪场和室内滑冰场集万千宠爱于一身，不管是资本还是政策，都在该领域投入大量资源。根据《2017 中国滑雪产业白皮书》统计，截至 2017 年年底，我国滑雪场数量已经达到 703 个，同比增加 8.82%。《全球滑雪报告作者》Laurent Vanat 在 1 月的 ISPO 北京上表示："中国是唯一具有如此巨大潜力的滑雪市场。"但白皮书的数据还显示，在全国 703 家雪场中，有架空索道的雪场只有 145 家，垂直落差超过 300 米的雪场更是仅为 22 家，落差和索道数量都是衡量滑雪场规模的重要指标。如果再把衡量标准缩小到目的地度假型滑雪场，这个数量就只剩下 17 家。显而易见，目前我国的滑雪场绝大多数都是小型滑雪场。但从我们对 2017—2018 雪季的观察看，这个局面正发生扭转。过去一年，我国有架空索道的雪场增加了 20 家，增幅为 16%，是雪场整体数量增幅的 2 倍。这意味着更多有规模的滑雪场已经建成，而小型雪场的建设速度开始走下坡路，这无疑是一个积极的转变。作为中国滑雪场集中地，崇礼目前已建滑雪场共有 7 个，在 2020 年之前，这个数量将增至 9 个。

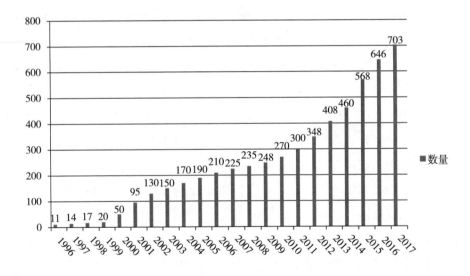

图 5 - 4　全国滑雪场数量统计（2017 年）

《全国冰雪场地设施建设规划（2016—2022 年）》中对滑冰场地的建设目标是到 2022 年，全国滑冰馆数量不少于 650 座，其中新建不少于 500 座；依此来看，因 2022 年冬奥会举办带来的冰雪热潮下冰雪场地建设开始迎来黄金时期。到 2016 年年底，国内的冰场共有 214 家，其中，室内冰场的数量为

188 家，较 2015 年增长 31 家，天然冰场的数量为 26 家。截至 2017 年 6 月底，全国共有室内商业滑冰场馆 259 家，见图 5 - 5。

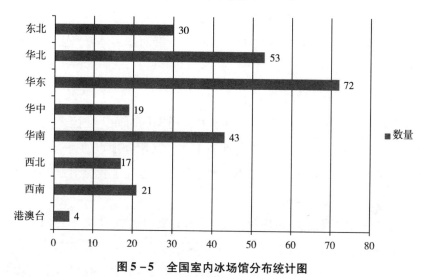

图 5 - 5　全国室内冰场馆分布统计图

内容源自：《中国冰雪产业发展研究报告（2017）》。

目前我国的滑冰场以商业冰场为主，还有部分学校以及体育基地拥有滑冰场。根据冰场性质来看，冰场可以分为独立冰场与商场和冰场合作模式。

可以清晰地看出，我国冰雪体育正借着 2022 年冬奥会的契机，奔着设定的目标在各个方面快速的发展进程中，但是，不得不考虑的是在这样快速发展的背后，是否曾想过 2022 年以后，我国如何做好后冬奥时代的安排和布局，又该如何定位冰雪体育未来的发展方向，我们在期盼冬奥会同时并为之做好准备，也应该为冬奥会之后做好铺垫。

三、我国冰雪体育发展趋势分析

（一）冬奥会背景下我国冰雪体育发展机遇与前景分析

借助筹备 2022 年冬奥会之机，我国冰雪体育正在蓬勃发展，在竞技体育方面，我们要将优势的冰雪体育项目变成夺金的热门项目，将没开展的冰雪项目也要尽快开展，以填补空白。要充分利用未来 4 年的有效时间，加大冰雪项目跨界选才的力度，做好运动员的项目转型。由平昌到北京的 4 年，也是我们为冬奥会做好全面准备的 4 年，相关部门要做好与竞技冰雪体育的协同配合，在发展和提高竞技冰雪水平的同时，带动冰雪体育产业及其相关产业的崛起。

1. 冰雪竞技体育的发展前景

距离北京—张家口冬奥会还有一个奥运周期的时间，我国冬奥会的奥组委为承办第 24 届冬奥会做了多年的准备工作，从承办地点的遴选，到大规模修建场地；从发展优势项目到跨界选才，都充分体现了我国对承办冬奥会和办好冬奥会坚定的态度和决心。

回顾以往，中国奥委会 1979 年在国际奥委会合法席位得到恢复后，于 1980 年 2 月 12 日首次出席在美国普莱西德湖举办的第 13 届冬季奥林匹克运动会。中国共派出 28 名男女运动员，参加了滑冰、滑雪、现代冬季两项等 18 个单项的比赛。首次参赛的中国选手，无一人进入前六名，与世界先进水平有较大差距。到 2002 年在美国盐湖城举办的第 19 届冬季奥林匹克运动会，中国队的杨扬一人获得了冰上项目两枚金牌，也是中国获得的第一枚冬奥会金牌。再到 2006 年意大利都灵冬季奥林匹克运动会，韩晓鹏在自由式滑雪男子空中技巧项目"一鸣惊人"，夺得金牌，也是我国在冬奥会首枚雪上项目的金牌，至此我国在冬奥会上冰雪项目均获得过金牌。2018 年平昌冬奥会上，我国冰上运动员武大靖又以绝对实力力压群雄，获得一枚冰上项目金牌。

我国为举办 2022 年的冬奥会已经做了许多准备工作，对承办场地进行了科学的划分，主要是以北京地区作为冬奥会冰上项目的竞赛场地，以河北省张家口作为雪上项目的竞赛场地。根据北京市的规划，到 2022 年，每个区县都要新建一座不小于 1800 平方米的国际标准室内冰场，届时将拥有 36 座室内冰场，但按照目前北京市新建冰场的速度，北京市的室内冰场数量两年内就可能突破 50 座。据河北省体育局局长何江海介绍，到 2020 年，河北省的雪场将增加到 60 家，新建的数量达到近一倍。

我国为冬奥会的承办已经做多好诸多后勤准备，在运动员选拔和训练方面，也在积极地做着准备。在发展我国优势项目的同时，在冬季项目中继续实施跨界选才的有效方式，从夏季运动项目当中挑选一批适合从事冬季项目的优秀运动员，进行跨界转型，为发展冬季项目储备大量人才，同时也能够在 2022 年冬奥会上获得争取奖牌的机会。我国历届冬奥会上都没有参与所有各个大项当中各个小项的比赛，预计在 2022 年冬奥会上将会在每个小项目比赛上都能看到中国运动员的身影，这也是我国在大量选拔优秀运动员的一个原因。

2. 冰雪体育产业的发展趋势

借助筹备 2022 年冬奥会的有利契机，目前我国冰雪体育产业正处于加速发展的新时期。相关数据显示，2016 年我国仅滑雪场经营和滑雪个人装备的市场规模就已达到数百亿元，近 5 年中国平均滑雪人数增速可达 20%—30%。未来 6—10 年内，北京、张家口等地将举办一系列的冰雪赛事，包括国际雪联世界杯以及奥运之前的系列测试比赛。中国冰雪旅游业也已经进入重创新、重内容、重体验的新阶段，"冰雪旅游＋"等模式也是未来发展热点之一。

回顾过去，中国冰雪产业的发展经历了 4 个节点，以滑雪产业为例，从 1995 年大众化滑雪产业开始萌芽，黑龙江亚布力、吉林北大湖、崇礼塞北等雪场修建完成，到 1999 年大众滑雪进入北京，引进人工造雪技术，再到 2011 年北京和崇礼区域的滑雪运动开始蓬勃发展，经历了"北京—崇礼"的黄金十年，最重要的节点是 2015 年北京申办冬奥会成功。这标志着中国滑雪产业进入了一个新的阶段。新阶段的开始预示着我国冰雪产业有了新的改观和发展契机，当然肯定离不开我国冰雪产业多年的沉淀和积累。

冬奥会的申办成功，代表着我国即将开启滑雪产业新篇章，冰雪运动的关联产业预计收入将达到 3000 亿元以上，白色经济时代即将开始。国家也相应出台了一系列的政策、措施，来推动冰雪产业发展。党的十九大报告多处直接、间接地涉及滑雪工作。《京津冀健身休闲运动协同发展规划（2016—2025 年)》中特别提到了有关冰雪产业的问题，在以京津冀高纬度地区为主要建设场所，并辐射北京平谷、密云、昌平等区域，打造冰雪运动休闲带，开展以冰雪项目为主的健身休闲活动。国家还专门为冬奥会出台了相关的减免税收的政策，对"北京冬奥组委"实行的税收政策，对国际奥委会、中国奥委会、国际残疾人奥委会、中国残奥委会、北京奥委会测试赛赛事组委会的税收政策，对北京 2022 年冬奥会、冬残奥会、测试赛参与者的税收政策，共计 32 条。并设置了相应的监督、检查、考核机制，来确保政策实施。根据规划来看，到 2025 年全国直接参与冰雪运动的人数将超过 5000 万，到 2020年，全国冰雪产业总规模达到 6000 亿元，2025 年则上升至 10000 亿元。市场需求正不断上升，产业前景巨大。

（二）后冬奥时代冰雪体育的发展趋势分析

总的来说，在 2022 年冬奥会之后，竞技体育将会借助便利的场地条件加快发展步伐，以提高我国冰雪体育整体竞技水平。大众冰雪体育行业将迎来一次全面洗牌，滑雪场的大规模兴建会暂告一个段落，淘汰、兼并、收购、输出管理会成为新的态势。相对于滑雪场来说，滑冰场多数修建在室内，修建在商业场所的室内冰场发展会迎来新的空间，修建在大型活动中心的冰场将进行转型和多元化发展。届时，经过多年运营的成熟冰雪品牌也将形成。

1. 后冬奥时代竞技冰雪体育发展趋势分析

围绕着我国承办第 24 届冬奥会的时间节点，奥运健儿做着周期性的准备，即使是奥运过后，竞技冰雪体育也会加紧前进的步伐继续前行，为下一个周期的比赛做好准备。预计 2022 年北京—张家口冬奥会过后，不论我国运动健儿表现如何，承办冰雪赛事的场地肯定是世界领先水平的，拥有着冬奥会级别的规格，这无疑会给从事冰雪项目的运动员带来了便利的训练条件，对冰雪运动员的技能提高会有非常大的帮助。再有冬奥会前后我国储备的大量冰雪竞技人才，再次争创佳绩也指日可待。利用冰雪竞技的有力影响和榜样作用带动我国大众冰雪体育向前发展，宣扬冰雪理念，传播冰雪文化，使冰雪体育深入人心，增强群众基础。

2. 后冬奥时代大众冰雪及其相关产业的发展趋势分析

冬奥会过后，我国冰雪体育有待转型和细化深耕，参考欧美国家的经验，国内为承办冬奥会竞赛建设的冰雪赛场和设施，应逐步趋向于旅游度假模式的转型，以市场为导向，进行多元化经营模式，以此来完成产业转型升级。

伴随着冰雪场地增加，市场的竞争也会越来越激烈，专业分工会更加明细，为了更好地发展冰雪体育产业，应进行冰雪体育管理人才的培养，实现规范化管理，并利用互联网服务，扩大经营范围，提高服务质量。

　　未来我国冰雪体育发展的大方向包括如下方面：科学规划冰雪场地的利用率，建立冰雪特色小镇，促进旅游产业的协同发展；以企业和学校等机构合作培养和办学的方式进行冰雪体育项目拓展和冰雪文化的传播；对冰雪体育产业的上游制造产业进行研发和生产，创立属于我国自主的冰雪品牌，尤其是滑雪器材的研发和生产，打破一直从国外进口的瓶颈。

+·+·+·+·+·+·+·+·+·+·+·+·+·+·+·+·+ 参考文献 +·+·+·+·+·+·+·+·+·+·+·+·+·+·+·+·+

　　[1] 王洋. 我国冰雪体育产业的可持续发展研究 [J]. 体育世界，2014（7）：44-45.

　　[2] 马毅，吕晶红. 我国备战 2022 年冬奥会重点项目后备人才培养问题探究 [J]. 体育科学，2016，36（4）：3-10.

　　[3] 臧荣海，胡悦. 备战 2022 冬奥会我国冰雪体育后备人才的培养 [J]. 冰雪运动，2017（5）：1-4.

　　[4] 孙承华等. 冰雪蓝皮书：中国滑雪产业发展报告 [M]. 北京：社会科学文献出版社，2016.8.

　　[5] 张高华. 我国冰雪体育产业非均衡协调发展研究 [J]. 北京体育大学学报，2017（12）：101-106.

第六章　我国沙漠休闲体育发展报告

殷俊海　徐立红

摘要：休闲时代背景下，沙漠休闲体育运动发展迅速。为探究中国沙漠休闲体育的发展情况，本报告分以下 5 个部分阐述：第一部分介绍沙漠休闲体育的基本概况；第二部分是分析总结我国沙漠休闲体育的四大发展特点；第三部分对近两年沙漠资源富集省区开展的沙漠休闲体育活动进行了分类梳理，并将其归纳为四类沙漠休闲体育活动；第四部分展望我国沙漠休闲体育的发展趋势；第五部分是阿拉善英雄会的情况分析，通过案例真实反映我国沙漠休闲体育的发展情况。

关键词：沙漠休闲；发展特点；活动分类；发展趋势

作者简介：殷俊海，内蒙古体育职业学院研究员，内蒙古自治区体育局党组成员，内蒙古体育职业学院党委书记。研究方向：体育产业。

徐立红，内蒙古体育职业学院讲师。研究方向：体育产业。

一、我国沙漠休闲体育发展概述

沙漠休闲体育作为一种以沙漠资源为载体的户外活动，正不断丰富着休闲体育的内容。随着沙漠赛事、沙漠穿越、沙漠探险等体育活动的开展，逐步形成了一批沙漠资源与体育相结合的沙漠休闲体育项目。近年来，在休闲体育政策、大众健身需求的倒逼下，沙漠休闲体育发展迅速，并呈现出新的特点和趋势。

中国的沙漠主要分布在内蒙古、新疆、宁夏、甘肃等省份，近年来，在政策导向下，沙漠资源受到广泛关注与开发。各地秉承创新意识，大胆开发，积极探索沙漠与体育、旅游、文化等多业态的契合点，形式多样的沙漠休闲体育活动应运而生。当然，产品的开发还是要迎合消费者的需求。从消费者的角度来看，现代生活需要沙漠休闲体育。伴随着物质生活的极大丰富、消费观念的转变、休闲需求的多元化，人们对休闲体育提出了更高要求。沙漠作为一种特殊的自然资源，带给了人类震撼与刺激，正吸引着越来越多的休闲体育爱好者参与沙漠体育活动。现如今，沙漠不单纯是青年人追求刺激、征服自我的专属品，更多类型的沙漠休闲体育活动，正在逐步满足不同年龄层次消费者的需求。从适合少年儿童猎奇的夏令营、冬令营，到满足青年刺激的赛车挑战，到迎合中年人探险的徒步穿越，再到适宜老年人康体的沙漠养生，无一例外地显现了沙漠休闲体育的蓬勃生机，也体现出其在人们休闲活动中的特殊地位。

二、我国沙漠休闲体育发展特点

（一）体旅融合更加紧密

沙漠生态环境恶劣，荒无人烟，要在这样的区域开展活动，需要进行大量的前期准备工作。沙漠旅游景区则相对比较成熟，对沙漠资源的开发具有一定基础，相关配套设施比较完善，因此，依托沙漠旅游景区开展沙漠休闲体育赛事活动事半功倍。以新疆为例，截至 2017 年 12 月，新疆已拥有国家沙漠公园 26 个，是全国沙漠公园数量最多的省区，其中鄯善国家沙漠公园是新疆最受欢迎的沙漠公园之一，通过承办中国·新疆国际沙漠体育健身大会，提升了新疆鄯善沙漠休闲体育的影响力，燃起了社会各界参与沙漠体育活动的热情。中国·新疆鄯善第八届国际沙漠体育健身大会设置了沙漠越野、五人制沙漠足球、沙山夺红旗、沙漠寻宝、沙漠气排球、沙漠毽球、沙漠拔河、围棋、国际象棋、象棋、沙漠摔跤、空竹等众多项目，这一集竞技、健身、休闲于一体的群众性国际体育赛事，正在为沙漠休闲体育持续发展发挥积极作用。

（二）环境保护更加深入

随着沙漠资源开发的深入，越来越多的休闲体育项目扎根沙漠，消费者日益增多，沙漠地区的环境保护备受关注。沙漠的自然生态环境十分脆弱，在原本生态脆弱的沙漠上开展活动，既要考虑活动临时搭建设施对沙漠造成的破坏，还要考虑活动期间垃圾排放对环境造成的影响。就地方政府和企业而言，如何将沙漠资源开发与环境保护并举、经济效益和社会效益并重，是当前工作的重中之重。为做好 2017 年第 12 届阿拉善英雄会的环保工作，会前，活动主办方进行了广泛的环保宣传，营地工作人员设立了环保小组和环保监督员；会中，阿拉善左旗环卫局组建了 900 人的环境卫生保障工作组，负责会场清扫保洁、垃圾收集清运、公厕管理等环境卫生服务；会后，越野 e 族成员对各自营地负责，留下快乐，带走垃圾。

（三）项目内涵日益丰富

沙漠休闲体育要走可持续发展之路，单纯依靠对沙漠资源的开发是远远不够的。对于沙漠资源富集省区来说，沙漠休闲体育运动项目是根据沙漠自然地貌加以区分的，对沙漠资源的开发，更多依赖的是沙漠资源本身的特点。如果说沙漠汽车越野项目注重的是赛道、地形、沙质、线路之间的差别，那么，那些对沙漠地形地貌要求不高的沙漠休闲体育项目如何做到突出差异、不可替代呢？答案是丰富项目内涵。近年来，各沙漠资源富集省区依托各自的文化底蕴和地域特色，将当地特色文化融入沙漠休闲体育项目，打造独一无二的沙漠休闲体育品牌，挖掘地区特色、丰富项目内涵正逐步成为发展主流。以 800 流沙极限赛为例，该赛事全程 400 公里（800 里），是国内目前第一个距离最长、强度最大的专业极限越野跑赛事。参赛勇士要穿越戈壁、沙漠、雅丹、冰川、无人区等不同区域。2017 年第三届八百流沙极限赛在瓜州阿育王寺遗址起跑，从比赛路线来看，赛事区域涵盖众多古城、烽燧等遗址，其中有锁阳城、悬泉置两处世界文化遗产和榆林窟、大墓子母阙、昆仑障、东千佛洞、石包城遗址、兔葫芦遗址六处国家级文物保护单位。在赛道上奔跑，既可欣赏大漠戈壁的自然美景，也可感受丰厚的文化遗存，对每一位参赛选手来说，这不仅是一次越野跑赛事，更是一次历史人文之旅。

（四）参与人群逐渐扩大

开展沙漠休闲体育活动的场所多为环境恶劣的沙漠和戈壁，对活动参与者的体能、毅力、耐力、技巧方面要求很高，具有参与性高、体验性好的特点。我国的沙漠休闲体育运动多开展于内蒙古、新疆、宁夏、甘肃等省份，由于运动场所的地域特殊性以及运动本身对参与者身体条件要求较高，所以最初参加此项运动的多为具有一定经济基础的青年白领，人群相对固定，参加人数相对较少，活动规模有限。近两年，沙漠休闲体育发展迅速，项目种类不断增加，项目内容日益丰富，参与人群也随之扩大。

三、我国沙漠休闲体育活动分类

（一）依托沙漠旅游的常态化沙漠休闲体育活动

早在发展沙漠休闲体育之前，沙漠旅游景区已对沙漠资源进行了较长时期的开发，景区的基础配套设施相对完善、管理服务水平不断提高，便捷的立体交通网络提高了景区的可进入性。因此，在现有沙漠旅游景区内，植入体育赛事、体育表演、体育文化等相关内容，开发除赏沙、玩沙以外的新型融合产品，不仅能焕发沙漠旅游景区的生机，还能带动休闲体育产业发展，促进体育、旅游、文化等多产业融合发展。现如今，这已成为沙漠休闲体育最重要的发展方式。

内蒙古、新疆、宁夏、甘肃四省区拥有丰富的沙漠资源，依托这一优势，四省区开发了不同级别的沙漠旅游景区。近两年，借国家政策东风，各省区纷纷打出沙漠旅游景区的融合发展牌。

1. 内蒙古

提到内蒙古的沙漠旅游，响沙湾景区首屈一指。响沙湾景区地处库布齐沙漠的最东端，是中国首家集观光与休闲度假为一体的特大型综合沙漠休闲景区，这里不仅承办过全国青少年沙滩排球夏令营暨全国中学生沙滩排球锦标赛，还连续三年承办中国大学生沙滩排球锦标赛。继响沙湾旅游景区之后，凭借着良好的地理和资源优势，库布齐沙漠上先后开发了七星湖景区、神光响沙旅游区、恩格贝生态旅游区等多个沙漠旅游景区，在这里举办的徒步穿越沙漠挑战赛、越野挑战赛、沙漠汽车越野赛、沙漠慢投垒球公开赛等众多沙漠体育赛事同样引人注目。

表 6 - 1　2016—2017 年内蒙古部分沙漠旅游景区开展休闲体育活动一览表

沙漠旅游景区	休闲体育活动
赤峰：玉龙沙湖	沙漠越野挑战赛、国际旅游户外节、赤峰休闲体育大会、自行车嘉年华、沙滩足球邀请赛、中国徒步大会、国际无人机对抗赛、中国沙漠精锐征服挑战赛、比亚迪新能源大漠英雄会
通辽：库伦旗银山湾旅游区、宝古图沙漠旅游区	中国库伦穿越科尔沁沙漠英雄会 CDR 全国沙漠越野拉力赛、内蒙古"男儿三艺"大赛暨奈曼沙漠那达慕、奈曼国际越野群英会、奈曼旗宝古图（国际）露营大会
鄂尔多斯：库布齐沙漠（响沙湾、七星湖、恩格贝、神光响沙、毛乌素、大沙头生态文化旅游区）	准格尔旗沙漠越野赛、内蒙古自治区徒步穿越毛乌素沙漠挑战赛、"逐沙之旅"库布齐沙漠国际超百公里越野挑战赛、内蒙古大沙头沙漠汽车越野赛、"响沙湾杯"中国大学生沙滩排球锦标赛、海峡两岸沙漠慢投垒球公开赛、库布齐沙漠王越野挑战赛、亚洲沙漠足球锦标赛、内蒙古中青旅杯库布齐沙漠夏季 G2 嘉年华、沙漠纵队"沙纵基地杯"全国沙漠越野挑战赛、毛乌素沙漠越野赛、七星湖摩托车越野拉力赛、情迷库布齐徒步大会
乌海：乌兰布和沙漠、金沙湾生态旅游景区、蒙根花沙滩足球场	乌海（国际）户外节暨中国（国际）汽车旅游大会——全国车主场地挑战赛乌海站、乌海国际骑游大会暨法国 PBP 乌海湖国际沙漠不间断骑行挑战赛、"吉奥尼杯"全国冬季沙漠越野赛、内蒙古自治区沙滩足球邀请赛、"美丽乌海湖，相聚海容川"全国汽车沙漠越野拉力邀请赛

续表

沙漠旅游景区	休闲体育活动
巴彦淖尔：磴口县乌兰布和沙漠	"农信杯"乌兰布和沙漠越野大赛
阿拉善：巴丹吉林、腾格里、乌兰布和沙漠（月亮湖、天鹅湖）、沙恩庄园	UTD 腾格里 100 公里沙漠挑战赛、中国汽车越野锦标赛（阿拉善站）暨达喀尔系列中国拉力赛、阿拉善沙漠国际马拉松、阿拉善英雄会、中国阿拉善沙漠挑战赛、乌兰布和沙漠穿沙越野赛、阿拉善巴丹吉林沙漠珠峰大会、腾格里沙漠汽车越野赛、中国定向沙漠越动 578 赛事、2017 国际巴丹吉林沙漠文化旅游节

2. 新疆

新疆沙漠资源丰富，著名的塔克拉玛干、古尔班通古特沙漠雄踞于此。库木塔格沙漠作为新疆最美沙漠已开发出库木塔格沙漠风景名胜区，该景区位于新疆鄯善老城南端，是世界上少有的与城市紧密相连的沙漠，是世界治沙史上"绿不退，沙不进"奇观的缩影，也是浓缩了世界各大沙漠典型景观的博物馆。近两年依托景区举办了中国·新疆鄯善国际沙漠体育健身大会、新疆大美丝路杯沙漠越野 T2 挑战赛、库木塔格越野基地首届年会暨"亚嘉杯"谁是真英雄沙漠挑战赛、鄯善沙漠"库木塔格杯"拳击对抗赛、新疆《沙漠之虎》系列拉力赛之库木塔格第二届"金五星"T2 挑战赛、第十一届环艾丁湖摩托车拉力赛（库木塔格沙漠公园赛段）等赛事。

表 6 - 2 2016—2017 年新疆部分沙漠旅游景区开展休闲体育活动一览表

沙漠旅游景区	休闲体育活动
库木塔格沙漠公园	中国·新疆鄯善第八届国际沙漠体育健身大会、新疆大美丝路杯沙漠越野 T2 挑战赛、库木塔格越野基地谁是真英雄沙漠挑战赛、鄯善沙漠"库木塔格杯"拳击对抗赛、新疆《沙漠之虎》系列拉力赛之库木塔格第二届"金五星"T2 挑战赛、第十一届环艾丁湖摩托车拉力赛（库木塔格沙漠公园赛段）、中国·鄯善 2016 新疆马帮第二届年会暨"卓辉 Jeep 杯"T3 沙漠挑战赛、戈宝杯"越野 e 族"新疆途乐帮首届库木塔格沙漠挑战赛
塔克拉玛干沙漠	中国·阿拉尔塔克拉玛干沙漠之门拉力赛、中国环塔克拉玛干沙漠（国际）拉力赛、喀什塔克拉玛干沙漠徒步越野挑战赛、新疆且末沙漠汽车越野争霸赛、千年万人穿越塔克拉玛干沙漠
木特塔尔国家沙漠公园	木特塔尔沙漠 T3 汽车越野挑战赛
尉犁县国家级沙漠公园	罗布湖沙漠越野挑战赛

续表

沙漠旅游景区	休闲体育活动
伊犁图开沙漠	"新疆大美丝路杯"沙漠越野 T2 挑战赛
巴楚县红海景区	野行巴楚双人双马 2017 沙漠胡杨越野赛
和静汽摩越野基地	全国摩托车越野邀请赛
石河子军燕葡萄酒庄	2016 "军燕杯" 汽车拉力赛
驼铃梦坡景区	"驼铃梦坡杯" 摩托车越野挑战赛
六师五家渠市	"丝路红旗杯" 沙漠汽车越野挑战赛

3. 宁夏

宁夏的沙坡头和沙湖旅游景区远近闻名。沙坡头位于宁夏中卫市西部腾格里沙漠的东南缘，是集大漠、黄河、高山、绿洲为一体的国家 5A 级旅游景区，也是国家级沙漠生态自然保护区。近几年的全国大漠健身运动大赛、全区大漠健身运动大赛、宁夏大漠黄河国际旅游节、宁夏沙坡头汽车摩托车沙漠越野赛等赛事都是在这里举办的。宁夏沙湖旅游区位于石嘴山市平罗县境内的西大滩，沙湖与万亩沙漠交相辉映，这里举办了中国大学生沙滩排球精英赛、环湖骑行·越野跑挑战赛、公开水域挑战赛、沙滩排球全民健身中国行（宁夏沙湖站）、沙漠越野跑挑战赛、"丝绸之路"沙漠冰雪公益挑战赛等众多赛事。

表 6 - 3　2016—2017 年宁夏部分沙漠旅游景区开展休闲体育活动一览表

沙漠旅游景区	休闲体育活动
中卫沙坡头、沙坡头大漠自驾车宿营地	全国大漠健身运动大赛、全区大漠健身运动大赛、宁夏（沙坡头）大漠黄河国际旅游节、宁夏沙坡头汽车摩托车沙漠越野赛
沙湖生态旅游区	"沙湖杯"环湖骑行·越野跑挑战赛、"沙湖杯"公开水域挑战赛、中国体育彩票沙滩排球全民健身中国行（宁夏沙湖站）比赛暨中国大学生沙滩排球精英赛、"沙湖生态杯"沙漠越野跑挑战赛、宁夏首届"丝绸之路"沙漠冰雪公益挑战赛
平罗拉巴湖沙漠旅游度假村	中国宁夏平罗拉巴湖全国沙漠越野车大赛、中国国家级汽车旅游大会拉巴湖沙漠越野赛、休闲农业沙漠文化节、"多彩平罗·神奇宁夏"中国国际汽车旅游大会拉巴湖沙漠越野赛、拉巴湖全国越野挑战赛

4. 甘肃

敦煌鸣沙山—月牙泉景区是甘肃沙漠旅游的代表，鸣沙山为流沙堆积而成,因沙动成响得名。2016 年被国家旅游局和环保部拟认定为国家生态旅游示范区。敦煌双遗马拉松就从这里起跑,选用最自然生态赛道,将戈壁、沙漠景观、历史人文融入赛事,是沙漠旅游景区与体育赛事结合的完美体现,并于 2016 年荣获中国马拉松自然生态特色赛事奖。

表 6 - 4　2016—2017 年甘肃部分沙漠旅游景区开展休闲体育活动一览表

沙漠旅游景区	休闲体育活动
武威"头道槽"大漠旅游景区	沙漠 T3 汽车越野赛、武威沙漠汽车越野赛
敦煌鸣沙山—月牙泉风景区 (国家沙滩排球体育训练基地)	敦煌双遗国际马拉松、甘肃省青少年沙滩排球锦标赛、全国沙滩排球巡回赛(敦煌站)
张掖国家沙漠体育公园	2017 年国际汽联亚太汽车拉力锦标赛暨中国汽车拉力锦标赛(张掖站)、张掖山地自行车越野赛
嘉峪关东湖生态旅游景区	国际铁人三项戈壁挑战赛

(二)已形成规模的间歇性沙漠休闲体育活动

在众多的沙漠体育活动中,除长期依托沙漠旅游景区开展的项目外,已形成规模的间歇性利用沙漠资源开展的沙漠休闲体育赛事也备受瞩目。这些沙漠赛事一般每年举办一届,赛事的时间、地点相对固定,参与人群多为专业人士,虽赛期相对较短,但已具备一定规模和影响力。中国环塔(国际)拉力赛作为国内运营最成熟、品牌认知度最高、市场影响力最大的越野赛事,已成为新疆的名片。深厚的品牌底蕴、庞大的赛事受众群体使其成为名副其实的大众化沙漠休闲体育赛事。已连续举办 12 届的内蒙古阿拉善英雄会也极具代表性,现已成为每年一届的全国性大型品牌赛事。为突出地区沙漠特色,扩大赛事品牌效应,"越野 e 族"阿拉善英雄会梦想沙漠汽车乐园正在有条不紊建设中,并已入选"国家体育旅游示范基地"创建单位。沙漠旅游与沙漠赛事 IP 的完美结合,正在推动阿拉善沙漠休闲体育快速发展。已举办三届的 800 流沙极限赛,是中国第一个世界级超长距离越野跑赛事,比赛全程采用国际专业标准,运用运动医学与基因检测、固定翼无人机航拍监控、卫星实时定位、热成像自动识别等高科技手段保障参赛者的安全。参赛选手全程自导航、自负重、自补给,并在规定时间内完成荒漠穿越。赛事全程将沙漠美景与人文历史紧密衔接,再加上高科技手段的助力,一项普通的沙漠越野活动被打造为吸引世人眼球的顶级品牌赛事。此外，丝绸之路中国越野拉力赛、阿拉尔沙漠之门越野拉力赛、甘肃丝绸之路汽车越野系列赛、中国泛蒙越野拉力赛、陕甘宁蒙晋沙漠汽车越野赛、宁夏平罗拉巴湖沙漠越野车大赛等众多赛事都已形成相当规模，其中既有国家级赛事，也有地区品牌赛事；既有跨省跨区域赛事，也有省区内的特色赛事。这些级别不同、形式各异的赛事同样是沙漠休闲体育的重要组成部分。

（三）未形成规模的间歇性沙漠休闲体育活动

在国家政策扶持和大众健康追求的共同影响下，沙漠休闲体育活动遍地开花、形式多样。除前面介绍的两种主要类型外，很多规模不大、影响有限、临时开展的沙漠休闲体育活动也在推动着沙漠休闲体育发展。

1. 地方政府结合地区特色开展的沙漠休闲体育活动

沙漠休闲体育活动只有与地方特色、文化特点结合才能体现出差异性。将当地旅游文化、民族风情融入到沙漠赛事活动中，使参与者体验运动本身的休闲性，感受竞赛的人文情结，欣赏沙漠的独特风光，领略浓厚的历史积淀。2017年9月举办的中国额济纳国际大漠胡杨沙地乒乓球大会就是很好的例证。胡杨沙地和乒乓球的结合，创设出一种新的乒乓球赛事形式。在沙地比赛，脚下的不稳定性、不确定性与在室内标准场地比赛完全不同，比赛过程和比赛结果很难预料。沙地乒乓球赛，不仅为额济纳旗增设了特色赛事品牌，也是"体育＋旅游"的探索和尝试，对于比赛选手来说，则是旅游和赛事的双重体验。

2. 其他社会组织借助沙漠资源开展的休闲体育活动

随着沙漠休闲活动的兴起，越来越多的社会组织加入这一行列。开展各类沙漠休闲活动，其目的并非单纯地了解沙漠、认识沙漠和保护沙漠，而是将体验、竞技、感悟和交流融为一体。基于不同的出发点，各类社会组织，如户外俱乐部、旅行社、企事业单位，开展了形式多样的沙漠休闲体育活动。特别是沙漠徒步运动现已在全国掀起热潮，活动组织层出不穷，参与人数逐年增加，各俱乐部纷纷增加沙漠徒步项目，旅行社也将其列为经营重点。从项目本身来说，以团队形式徒步穿越沙漠，在感受自然魅力之余，磨炼意志、探索自我，还可借此增加团队凝聚力，社交、培训、消费、文化体验等多样功能也使得沙漠徒步运动的内涵更加丰富。

表 6 – 5　2016—2017 年部分社会组织开展沙漠徒步运动一览表

赛事地点	赛事名称
内蒙古腾格里沙漠	中国医疗行业沙漠挑战赛
内蒙古库布齐沙漠	中国创投精英沙漠挑战赛
内蒙古阿拉善	商界领袖登峰沙漠挑战赛
内蒙古库布齐沙漠	中国商业精英沙漠挑战赛
内蒙古乌兰布和沙漠	百适乐国际商学院沙漠友谊赛
内蒙古乌兰布和沙漠	中国新金融精英沙漠挑战赛
内蒙古库布齐沙漠	投行 500 沙漠俱乐部 2017 年秋季挑战赛
内蒙古腾格里沙漠	中国"互联网＋"沙漠挑战赛
内蒙古腾格里沙漠	亚太地区商学院沙漠挑战赛
内蒙古腾格里沙漠	博乐宝杯沙漠挑战赛
内蒙古乌兰布和沙漠	环球极地超级马拉松内蒙古站
内蒙古腾格里沙漠	亚太地区商学院沙漠挑战赛
内蒙古库布其、乌兰布和沙漠	国际商学院沙漠友谊赛
内蒙古腾格里沙漠	亚太地区商学院沙漠挑战赛
内蒙古阿拉善腾格里沙漠	丈量中国 2017 腾格里沙漠徒步毅行大会（旅行社组织）
内蒙古鄂尔多斯市库布齐沙漠	高校英才穿越沙漠挑战赛
内蒙古阿拉善腾格里沙漠	"丝路风暴"沙漠徒步大赛
新疆塔克拉玛干沙漠	2016 首届全国大学生创业沙漠挑战大赛
新疆博湖县	"挑战沙漠为爱行走"徒步 15 公里沙漠大型公益活动
新疆喀什	塔克拉玛干沙漠徒步越野挑战赛
新疆尉犁县	沙漠徒步耐力赛
宁夏银川贺兰山 SAFAR 越野公园、内蒙古腾格里沙漠	贺兰山·戈壁·腾格里沙漠 MGD100™ 极限越野挑战赛、吉普贺兰山全国全地形接力跑极限积分挑战赛
宁夏毛乌素沙漠	宁夏科学探险联合会组织的五一沙漠极限挑战赛
宁夏盐池	社群精英大漠长城国际徒步挑战赛
宁夏沙湖	超级俱乐部冬季沙漠徒步赛事
甘肃酒泉	酒泉"烽火行"穿越戈壁徒步大会
甘肃酒泉	"我为公益走戈壁"酒泉戈壁徒步挑战赛
甘肃张掖	10 公里徒步沙漠戈壁挑战赛

赛事地点	赛事名称
甘肃张掖	"智行探索"丝绸之路（张掖）毅行赛
甘肃敦煌	中国企业家户外徒步联盟挑战赛
甘肃敦煌	2017"一带一路"国际精英丝绸之路戈壁挑战赛
甘肃敦煌	2017（第四届）敦煌国际企业戈壁徒步挑战赛
甘肃敦煌	绿途循踪·第一届戈壁徒步穿越挑战赛

（四）新奇刺激的沙漠高尔夫运动

提到沙漠高尔夫，通常有两种理解，一种是以沙漠为场地开展的高尔夫运动，另一种是将传统草坪高尔夫球场建造在沙漠中。

目前，国内很多沙漠旅游景区都以沙漠为场地开发高尔夫运动，消费者可在沙漠旅游的同时，体验沙漠高尔夫运动或参加高尔夫赛事。这种沙漠高尔夫的优势是比赛场地上无须种植草坪，没有养护成本，比赛用的球洞和旗杆都是临时安放，比赛结束即可撤掉，球杆是由曲棍球球杆改造，高尔夫球则由染成两种不同颜色的网球代替，这种改良后的沙漠高尔夫使原本贵族的高尔夫运动变得更加平民化，但也有不足之处，即此种高尔夫运动只能作为一种休闲体育项目，无法满足高尔夫爱好者和专业选手对传统高尔夫运动的需求。

另一种沙漠高尔夫是在沙漠中建造传统草坪高尔夫球场。在生态脆弱的沙漠地区建设耗水量惊人的高尔夫球场一直饱受争议。2017年1月国家部委联合公布了高尔夫球场清理整治结果，全国有496家球场经过整改过关，其中在沙漠建设的高尔夫球场有鄂尔多斯七星湖旅游区高尔夫球场、鄂尔多斯博源高尔夫球场、乌海市乌兰淖尔高尔夫球场、宁夏银川颐和高尔夫球场以及陕西榆林沙地草坪高尔夫球场。在干旱缺水的沙漠地区种植浓密的长草是不可思议的，高尔夫球场的绿草如茵与沙漠景观完美融合，球场中保留的起伏沙丘，不仅营造了极具个性的景观特征，还可代替高草区的植物作为障碍，增加了对打球策略的要求。不过，沙漠球场在给人们带来新奇、刺激的同时，也使人们对沙漠的脆弱生态多了几分担忧。

四、我国沙漠休闲体育发展趋势

（一）沙漠休闲体育与旅游产业的融合

体育与旅游同属于精神娱乐消费，二者的内在逻辑相通，发展目的相同，产业互补性高。早在沙漠休闲体育发展之前，旅游产业已对沙漠资源进行了深入的开发。对于休闲体育业来说，很多沙漠旅游景区经过了多年的发展已具有完备的基础设施和配套设施、便利的交通网、周密的安保措施、应急救援措施、稳定的客源，这为沙漠休闲体育的发展奠定了基础。对于旅游业来说，其对体育产业的需求也很大。我国目前的沙漠旅游项目多以观光游为主，其属性多为一次性产品，消费者的重游率不高，如果将沙漠休闲体育项目植入旅游景区，利用休闲体育赛事活动的不可复制性，不仅可以丰富沙漠旅游景区的内容，还解决了旅游项目重游率不高的问题。当下，恰逢旅游产业从传统观光旅游向休闲度假旅游转变，沙漠休闲体育与旅游产业的融合也在逐步深入，未来二者的融合必将起到"1＋1＞2"的效果。

（二）沙漠休闲体育与文化产业的融合

充分发掘沙漠休闲体育的文化内涵，通过对文化特色的展示，吸引更多的消费者。文化产业为沙漠休闲体育的发展提供平台，通过体育书籍和刊物、体育媒体、体育影视等新型业态，扩大沙漠休闲体育的影响力，展示其精神文化价值。特别是现代媒体，为体育提供了更好的传播技术和途径，推动了休闲市场的开放。全媒体时代，网络媒体、传统媒体与现代通信之间全面互动、全面互补，无论是覆盖面、技术手段、媒介载体，还是受众传播范围，都达到了史无前例的全面和丰富。借助全媒体传播手段，极具观赏性的沙漠休闲赛事活动将全面实现广泛传播、在线参与、信息互动，拉近沙漠休闲体育活动与大众的距离，吸引更多的爱好者参与其中，培养更多潜在的消费群体，也使得原本惊险刺激的沙漠体育活动更加平民化。沙漠休闲体育与文化产业的融合还体现在对沙漠资源富集省区悠久历史文化的挖掘，通过策划文化底蕴深厚的赛事和活动，将体育非物质文化遗产融入沙漠休闲体育项目，传承和保护体育非物质文化遗产，打造特色鲜明的沙漠休闲体育品牌。

（三）沙漠休闲体育与民族传统体育的融合

现代社会，休闲消费正逐渐成为人们生活中的重要内容。沙漠休闲体育符合现代人的体育消费需求，但在发展过程中，项目有限、缺乏新意等问题正制约着其发展的可持续性。如何提升沙漠休闲体育的文化内涵、突出沙漠休闲体育的文化特色是破解发展难题的关键。在历史发展过程中，我国沙漠资源富集省区孕育了西域文化、草原游牧文化、黄河文化等多种传统文化，积淀了深厚的民族传统体育文化，保留下丰富的民族传统体育项目。相关部门应充分利用具有"新、奇、乐"特点的民族传统体育，丰富沙漠休闲体育的内涵，充实沙漠休闲体育的内容，吸引不同年龄段的消费群体参与其中，在为沙漠休闲体育提供重要支撑的同时，促进民族传统体育的可持续发展。

（四）沙漠休闲体育与装备制造业的融合

对于沙漠休闲体育项目来说，无论是一般的玩沙、赏沙，还是专业的沙漠越野、徒步穿越、沙漠探险都需要相关装备做支撑。从一般的防沙产品到专业服饰装备，从沙漠越野装备到卫星通信系统保障，从国产越野车研发生产到越野汽车改造装配，都离不开装备制造业的鼎力相助，也对装备制造业提出了更高的要求。沙漠区域荒无人烟，基础设施建设落后，对于深入沙漠进行越野、穿越活动的人士来说，迫切需要卫星通信基站和卫星通信保障车的支持，借助先进的卫星通信系统满足活动参与者对移动多媒体的需求，实现移动办公、实时视频直播和远程参与。在以通信卫星、北斗卫星、遥感卫星为代表的国产空间技术支撑下的先进通信装备正在为沙漠应急通信、沙漠救援提供保障。沙漠汽车越野赛事在沙漠休闲体育活动中的地位举足轻重，因此沙漠越野车的装配、制造、改装自然也是沙漠休闲体育相关制造业的重头戏，并将推动沙漠休闲体育长远发展。

（五）沙漠休闲体育与教育培训的融合

提到沙漠赛事活动，人们会想到惊险、刺激、冒险。沙漠赛事要在荒无人烟、环境恶劣的沙漠中进行，对参与者的身体心理、专业知识、运动技能要求很高。随着参与人数的增加，沙漠休闲体育与相关培训的结合将是必然趋势，无论是沙漠驾驶技术培训，还是沙漠探险知识培训，都将逐步渗透到沙漠休闲体育活动中。2017年8月举办的内蒙古中青旅杯第一届库布齐沙漠夏季G2嘉年华赛事就不是单纯的沙漠越野赛事，还融入了越野装备展、极地改装车测试和沙漠驾驶培训等相关内容，这既是沙漠休闲活动内容的创新，也是教育培训行业的延伸。

除了针对沙漠赛事本身开展的培训，很多社会组织在依托沙漠资源开展活动时，也在探索"赛事+培训"的新模式，即将赛事活动与企业、组织培训将结合，通过赛事锻炼身体、放松身心、磨炼意志、增强团队凝聚力；通过培训帮助成员提高专业水平、提升能力层次、拓展发展空间；通过"赛事+培训"的新模式实现组织的多方面需求。

（六）沙漠休闲体育与沙产业的结合

沙漠作为一种特殊的资源，人类对它的利用是在防治危害基础上的再开发。无论是沙产业还是沙漠休闲体育都是在不破坏沙漠生态环境的前提下，对沙漠资源的开发利用，可以说沙漠休闲体育也是一种沙产业。从保护生态环境的角度，沙漠休闲体育与沙产业有共同的目标。从沙漠体育旅游的角度，可将沙产业与沙漠休闲体育、沙漠旅游紧密结合。沙产业的本质就是高科技农业生产，因此，利用现代高新技术，将沙漠戈壁变农田，并将沙产业的生产环节串联在沙漠体育旅游过程中，将沙产业与沙漠体育旅游结合，以生态建设促产业发展，以产业发展反哺生态，实现经济效益和社会效益互补共赢。

从精准扶贫的角度讲，秉承治理与开发并重的原则，将沙产业开发利用与农牧业结构调整相衔接，将经济发展与扶贫攻坚相结合。对于沙漠地区居住的农牧民及沙漠休闲体育产业来说，沙漠资源是其赖以生存的基础。面对共同的资源，二者完全可以和谐共生。开展沙漠休闲体育活动占用了当地农牧民的土地，除应给予相应的补偿款外，还可组织当地农牧民参与其中，养骆驼的农牧民可组建骆驼表演团队，熟悉沙漠地形及驾驶技术的可做沙漠向导或越野司机，还可征召农牧民作为志愿者或工作人员，为游客提供服务。

通过多种方式带动农牧民增收，改善牧民生活水平。

通过对沙漠休闲体育这种特色沙产业的开发利用，促进沙区农牧民脱贫致富，激发沙区农牧民防沙治沙的主动性和积极性，拓展沙区农牧民的生存空间和发展空间。在沙产业理论指导下，用新的理念认识沙漠、治理沙漠、利用沙漠，大力发展沙漠休闲体育产业，为沙区农牧民创造财富。

总的来看，沙漠休闲体育与任何产业的结合，都是以创新和发展为目标。项目内容的完善和创新，是沙漠休闲体育持续稳定发展的动力源泉。在兼顾生态和经济效益的基础上，在注重突出特色的前提下，沙漠休闲体育项目要走多样性、创新性的发展之路。当前沙漠休闲体育项目还存在着同质化、创新乏力的问题，如何实现项目的区分度、增强其核心竞争力，是摆在经营者和管理者面前的难题。近几年，沙漠休闲体育的相关经营者与管理者已意识到这一点并开始积极探索。未来，沙漠休闲体育领域自主 IP 的塑造将成为发展核心，通过打造自主 IP，最终实现从资源导向到创意导向的转变。

五、"越野 e 族" 阿拉善英雄会情况分析

自 2011 年 "越野 e 族" 英雄会落户阿拉善，截至 2017 年已在腾格里沙漠成功举办了 7 届，不仅实现了小赛车大产业的转型，还促进了阿拉善经济社会发展。

2016 年在重新确定新会址的基础上，阿拉善全面启动了总面积 9.9 平方公里的梦想汽车航空乐园项目建设，第 11 届阿拉善英雄会在新会址如期举行，其间成功举办了沙漠国际汽车挑战赛、国际汽车展览展示、雷神之锤中国站挑战赛、国际航空表演展示展览、腾格里国际音乐节、自由搏击英雄传说亚洲总决赛、沙力博尔金腰带国际赛、阿拉善国际美食节等八大主题活动。

2017 年第 12 届阿拉善英雄会在新落成的阿拉善梦想沙漠主题公园如期开幕，举办期限由过去的 7 天延长至 30 天，会场总占地面积扩大到 16.49 平方公里。盛会设有腾格里国际电子音乐节、COART 艺术节、腾格里美食节、腾

格里嘉年华、疯狂大脚怪表演、庞巴迪 X3 大会、北极星剃刀大会、昆仑决诸神之战、MMA 综合格斗、梦想儿童乐园、梦想航空嘉年华、梦想冰雪世界、梦想车展、沙力搏尔摔跤、梦想航空展等 15 项主题活动，其中越野赛事从 9 月 24 日开幕，以达喀尔中国拉力赛作为首发，10 月 1 日起英雄会正式开营，雷神之锤、GR 中国汽车超级联赛、T3 团队挑战赛系列、T3 团队耐力赛系列、庞巴迪 X3 大赛、北极星大赛等赛事悉数登场，后续还举办了阿拉善梦想国际汽车展、梦想国际房车露营大会、中国自驾游示范省博览会等展示项目。

从相关报道的统计数据来看，2016 年近 8 万名"越野 e 族"会员参加了英雄会，累计进入园区车辆 30.8 万台次、游客 93.36 万人次，实现旅游收入 5.42 亿元，同比分别增长 197%、153% 和 171%。与 2016 年相比，2017 年阿拉善英雄会的赛事规模更大，赛事级别更高，内容设置更丰富。2017 年阿拉善英雄会的相关数据还未完全公布，但从阿拉善盟的旅游数据可见一斑。根据旅游部门公布的数字，截至 2017 年 10 月 7 日，阿拉善盟在 2017 年国庆期间累计接待国内外游客 344 万人次，实现旅游收入 25.6 亿元，同比分别增长 98% 和 95%。

值得注意的是，2017 年阿拉善英雄会依然存在不足之处：第一，游客消费体验不佳。与往届相比，本届阿拉善英雄会的交通问题依然存在，游客滞留现象再次出现，阿拉善左旗和英雄会会场的可进入性均有待提高，会场服务质量不高，基础设施和公共服务设施还不够完善，无法满足游客需求。第二，活动内容过多，重点不突出，主题分散。本届阿拉善英雄会设有 15 项主题活动，其中娱乐类占比过高，很难凸显英雄会的本质。由于活动项目多，场地有限，游客的现场观赛效果也不好。第三，资源利用率不高。阿拉善英雄会的活动周期短，植入的体育赛事和运动项目有限，投入的巨大资源多数时间基本闲置，资源利用率有待提高。

阿拉善英雄会的未来发展需要在如下方面进行提升：第一，升级软硬件设施，提高服务体验。以沙漠汽车、航空旅游为平台，充分发挥"旅游＋"的综合效益，打造"旅游＋"产业集群，实现阿拉善旅游从季节性旅游向常态化旅游转变。通过合理投资和科学规划，提升交通基础设施，提高园区的可进入性，加强园区基础设施建设，实施园区生态系统工程，完善旅游公共服务设施建设，建立园区智能交通、智能旅游平台。第二，升级体育赛事，打造体育产业链。大力提升赛事活动的层次，大力发展汽车会展产业、汽车改装产业和旅游户外产品产业，突破"越野 e 族"网络平台与阿拉善沙漠旅游资源结合的局限性，尝试用互联网思维和共享经济的方式，吸引更多的企业参与进来，不断为沙漠休闲体育创设新 IP，打破季节性因素制约，整体策划系列文化旅游体育活动，创新主题活动内容和形式，策划举办不同主题的大型活动，增强阿拉善英雄会的吸引力。

第七章　中国室外健身器材发展现状与趋势分析

吴万鹏

摘要： 本章重点分析了开展全民健身工程背景下，我国室外健身器材（健身路径）的发展现状及趋势。首先，概述全民健身路径工程的发展情况；其次，对于我国室外健身器材的概况、标准、室外健身器材和路径发展的四大效益以及发展中存在的问题进行全面梳理；最后，提出我国室外健身器材未来势必呈现器材智能化、因地制宜化和人性化、品牌全球化的发展趋势。

关键词： 全民健身路径；室外健身器材；发展现状；存在问题；发展趋势

作者简介： 吴万鹏，南京万德体育产业集团总裁、中国室外健身器材技术联盟副理事长、全国体育用品标准化技术委员会委员。研究方向：全民健身。

一、全民健身路径发展概述

国务院于 1995 年颁布实施《全民健身计划纲要》，是国家发展社会体育事业的一项重大决策，是 20 世纪末和 21 世纪初我国发展全民健身事业的纲领性文件。人均体育锻炼场地面积不足的问题，迫切需要一种促使群众体育锻炼场所数量激增的立竿见影的办法。1996 年，广州市积极响应国家政策，依据体质测试的原理，在天河体育中心打造出全球第一条"多功能全民健身路径"。全民健身路径工程集可复制性强、投资少、见效快、较为实用等特点为一体，在一定程度上满足了不同人群参与体育活动的需求，实现了在家门口运动的愿景，被誉为"德政工程"，也催生了我国室外健身器材行业的诞生与发展。我国全民健身路径发展一共经历了三个阶段——"产生和探索阶段""试点和推广阶段""全面发展阶段"。据不完全数据统计，截至 2015 年年底我国已经建成 330 万条全民健身路径，按一条全民健身路径 3 万—5 万元的成本计算，10 年间我国对全民健身路径的投资约数百亿元。

第一阶段：产生和探索阶段（1996 年 9 月—1997 年年底）

1986 年，国家体委和城乡建设部颁布了我国第一个城市体育设施标准，但是直到颁布后的第 9 年，广州市民人均可以享受的公共体育锻炼场地仅有 0.6 平方米，只有 1/4 的中学拥有 400 米跑道运动场，有的学校体育场地的面积不足两个篮球场的大小，远没有达到国家要求，要在短期内建造大量体育设施不管是在时间上或投入上都存在较大困难。然而，人民群众迫切的健身需求使得广州市体育局充分发挥了主观能动性，该局从港澳地区公园内球场周围的健身设施得到启发，设计、研制并建成了国内首条路径——广州天河体育中心多功能健身路径，并于 1996 年 9 月向群众免费开放。"多功能健身路径"锻炼属有氧训练为主的活动，具备知识性、趣味性，并与学校体育学科考试、成人体质测试项目相衔接。

广州市天河体育中心多功能健身路径包括一条长 210 米，宽 1—1.5 米的小径，小径在平地上伸展至 103 米处蜿蜒爬上小山坡，顺坡下去通往大道。路径旁每隔 20 米安装一种体育设施（或器械），共安装 10 种，每一种设施

（器械）都有说明牌，说明锻炼方法、要求和评分标准，同时附有一句体育格言。路径要求锻炼者用慢跑或快速步行通过，并在每种器械上完成规定动作。超过 10 种锻炼项目使运动人群达到活动四肢、躯干，提高各种身体素质的目的。多功能健身路径设施（器械）安装顺序及锻炼目的见表 7 - 1。在健身路径终点设有包括各年龄组评分评级标准和活动合适心率参考值的说明牌。锻炼者可以根据自己完成各项目运动的情况自行评分定级，对自己运动后的反应进行监测、评价。

表 7 - 1 多功能健身路径器械（设施）组合

序号	体育设施	锻炼目的与作用
1	低单杠	四肢关节韧带牵拉及腰腹部柔韧性锻炼
2	水泥墩	身体灵活性、协调性锻炼
3	荡桥	训练身体平衡能力
4	板凳与金属架	锻炼腰腹力
5	双杠	锻炼上肢支撑力量
6	纵跑摸高架	锻炼下肢爆发力
7	沙池	不同方向的立定跳远，锻炼下肢爆发力
8	攀登架	培养勇敢向上精神，锻炼上下肢协调能力
9	天梯	上肢悬垂能力锻炼，牵伸上肢及躯干
10	滚铲	下肢支撑，平衡协调能力锻炼

肖渝滨、冯绍桢、熊有正、叶展红.《国内第一条健身路径的设计与研制》［J］. 广州体育学院学报，1997，12（17）：7。

第二阶段：试点和推广阶段（1998—2002 年）

1997 年年底，国家体育总局正式启动全民健身路径的试点工程，逐步将全民健身工程推向全国，让广大老百姓在家门口，随时、就近、免费地使用健身器材和场所，体育健身走进了老百姓的日常生活。4 年后，试点的效果受到社会各界的好评，标志着全民健身事业迈开了重要一步。在宣传方面，除了各大媒体通力普及全民健身工程外，2000 年，国家体育总局社会体育指导中心主办了第一届全国全民健身路径大赛，这种创新性趣味比赛也形象地宣传了路径工程，唤起了更多群众对全民健身路径工程的参与度。值得关注的是，2001 年 7 月 14 日北京申奥成功后，全国人民参与体育锻炼的热情进一步被激发，越来越多的人参与到全民健身活动中来。

第三阶段：全面发展阶段（2003年至今）

2003年至今，是全民健身路径工程的全面发展阶段，以几个大中城市为中心向各周边中小型城市延伸，并辐射广大农村。全民健身路径工程经过十几年的发展，不仅带动了群众体育基础设施的建设，同时也极大丰富了群众的健身活动内容，有利于建构体育彩票的公益形象，满足群众日益增长的健身娱乐需求。

从实践层面来看，我国逐渐探索出一条契合社会主义初级阶段基本国情的，从城市社区向周边城镇再到农村，由点及面、层层推进的渐进式群众体育发展道路。2003年，北、上、广、天津等经济发达的城市率先在乡镇农村一级推进全民健身路径工程。随后全民健身路径工程走向农村乡镇的战略规划在全国各省市区全面推进，2004年堪称是"中国农村体育年"。2008年奥运会在北京的成功举办再次激发了全民健身的热潮，有效刺激了全民健身路径工程的进一步实施。

国家体育总局副局长赵勇在2018年全国群众体育工作电视电话会议上提出，要大力发展以人民为中心的体育，积极探索群众体育工作的新路子，为加快推进体育强国建设和健康中国建设做出新贡献；要围绕群众便利健身、科学健身、文明健身，重点解决好"群众到哪儿健身"和"不会健身"的问题；要利用互联网和大数据做好健身网、做智能化的健身服务。利用科技革命的成果，来改革群众体育的传统观念模式、运行模式和管理模式，要通过改革创新来激发活力。

二、国内室外健身器材发展现状及问题

室外健身器材除了可帮助人们塑造形体、强健体魄外，还广泛地适用和被应用于群众性的体育锻炼、专业运动的基础训练和体能训练、体疗康复锻炼以及体育性的文化娱乐和休闲等方面。鉴于资料来源和篇幅有限，这里主要介绍室外健身器材的概念、分类、标准、健身路径及室外健身器材发展带来的四大效益和发展存在的问题。

（一）室外健身器材发展概述

室外健身器材是指在室外安装固定、供人们进行健身运动锻炼的器材和设施，一般分为力量型器械、弹跳型器械、灵敏型器械、柔韧型器械和耐力型器械。

适用于普通人的室外健身器材种类比较丰富，目前市面上常见的有：漫步机、平步机、椭圆机、人扭腰器、腹肌板、仰卧起坐、腰背按摩器、伸腰伸背器、双人肩关节康复、太极推手器、攀网、爬绳、儿童组合滑梯、儿童组合乐园等近百种。

适用于残疾人的室外健身器材是指为改善残疾人的生活质量，帮助身体进行康复性锻炼的器材装备。这类器材主要包括：台阶练习器、双位手摇健身车、固定式行走练习器、座式联动漫步机、手腕练习器、上肢训练器和臂力练习器等。

目前，我国执行的是 GB 19272—2011《室外健身器材的安全通用要求》国家强制性标准。该标准为室外健身器材在生产研发、器材采购、器材安装、质量检验与验收等方面提供了依据，同时也为质量监督、质量认证、质量仲裁提供法律依据。该标准规定"8 年"为器材安全使用的年限。

对比旧国标（GB 19272—2003《健身器材 室外健身器材的安全通用要求》），GB 19272—2011 新国标的内容发生了诸多变化，比如将主承载立柱"管材壁厚应不小于 2.5mm"修订成"2.75mm"，并要求供应商在器材寿命周期内对易损部件及时做替换；增添对有害物质最大限量的规定，对有可能致病的铅、镉等物质做出限值规定；将手及手指剪切、挤压和卡夹伤害间隙禁区，由"9.5mm 至 25mm"修订为"8mm 至 30mm"，避免意外伤害；规定活动部件应有限位装置、转动式器材的转动部件配置阻尼装置。

2011 年 10 月 1 日实施的新国标更加突出了以人为本，要求器材避免出现"剪切、挤压、钩挂、缠绕、卡夹"五大安全隐患，有利于保障群众的健身安全，维护广大群众的体育健身权益。

从材质上看，一代健身器材多为钢材，质量较差，在使用过程中会产生噪音，表面易生锈，加上缺乏维护管理，逐渐成为一堆"废弃钢铁"。二代健身器材可采用塑木、不锈钢、塑钢、铝合金等材料，具有耐腐蚀、耐摩擦、不容易损坏等特点。在配套上，采用张拉膜制成的白色膜结构顶棚，弥补了过去钢质顶棚美感不足、成本高的缺点。

目前国内器材的工艺流程基本相同：通过制作器材各部件—焊接各部件成型（主要工艺）—金属表面加工处理—静电喷塑—高温烤漆—组装成型。然后进行表面处理：健身器材立柱表面采用静电粉末喷涂处理，以保证表面涂层被破坏后，还能保持较高的抗氧化性，以延长使用寿命。粉末喷涂材料中加入抗紫外线稳定剂，从而使色彩外观保持长期鲜艳。在焊接工艺上，有些公司采用了焊接机器人的自动焊接工艺，不仅焊接效率大大提高，而且焊接质量也有所保证。

传统健身器材缺少系统的健身器材人机工程理论的指导，居民的自身安全受到直接的影响。人机工程学是一门让技术人性化的科学，得益于计算机图形学、人工智能技术、计算机辅助设计以及虚拟现实技术的深入发展，该门学科的发展有了质的飞跃，大大增强了健身器材与健身者之间的适配关系，有效提升了器材本身的安全系数。

2008年北京奥运会的成功举办，我国市场吸引了诸多外国健身器材企业的入驻，此前奥运招商的契机也促使一批国外同行加入了国内市场，给我国户外健身器材行业带来压力的同时，也倒逼器材质量与行业标准的提升。我国首批健身器材企业诞生于奥运会的申办过程当中。在计划经济体制下，我国体育用品制造业隶属于二轻系统一个不起眼的小门类，生产企业在全国范围内不足百家。然而，通过紧抓奥运东道主这一机会，一批有实力的健身器材生产企业仍然顺利走出了国门，登上了世界舞台。另外，奥运会也使用了诸多高品质、高技术含量、高档次的室外健身器材，方便会后居民的使用。

众所周知，传统健身路径及健身器材（一代）是为了满足人们最基本的运动需求，利用常规锻炼手段让人们"动起来"，是一种"无的放矢"的状态。一代健身器材存在20余年没有发生大的变化，科学性差、功能不齐全等诸多问题，必须加以改革，才能满足城市发展的需求，也才能进一步完善以"六个群众身边"为主体的全民健身服务体系。

为了满足城镇居民对于健身器材的新要求，借助移动互联网的飞速发展和智能手机的普及，南京万德体育产业集团早在几年前便开展市场调研以了解社区居民的一线需求，储备设计、科研人才，与多个知名高校签订产学研协议，着手研发二代健身器材及智慧二代健身路径。

二代器材相比一代而言，功能设计上更全面、更科学，外观色彩也更鲜丽，表面抗氧化性、耐腐蚀性更强，契合了群众对设施人性化的要求。

万德根据客户需求，在社区、公园、绿地等场地上科学合理布局二代器材，并配备智能化管理系统构成了智慧二代健身路径。

智慧二代健身路径是在 100—600 平方米标配的场地上，有效利用空间、地面、器械、视觉、音响等元素，进行立体化组合，将科学健身云服务平台、体质检测、大众时尚健身项目等多种功能集于一体，并借助内置 300 多种健身指导视频的一站式智能体测板，实现"体质检测—健康评估—运动建议"三大步骤，形成运动健康管理闭环。

智慧二代健身路径的诞生满足了不同年龄段（3—80 岁）、不同需求人群（包括慢病、智障）的健身需求，即每个年龄段和人群均有 10 种以上的锻炼项目，帮助全人群实现科学有效健身。

（二）室外健身器材及路径发展的四大效益

作为一项建设公共体育场地设施的创新举措，全民健身路径无疑是体育产业的重要组成部分。全民健身路径工程和室外健身器材的发展对于社会、经济、环境起到了积极作用。实践证明，发展室外健身器材产业对于推动体育产业建设、改善群众生活质量、提升景观环境等方面均有明显作用。

1. 体育效益

从目前的发展情况看来，在城市用地紧张这一国情下，健身路径工程一定程度上解决了人均锻炼场所不足的问题。同时，该工程有效带动了体育人口的增长，推进了运动场地设施建设，提高了群众的体育锻炼意识，一定程度上改善了我国的人口质量。从理论和实践意义上，构筑出一套科学健康的、面向大众的全覆盖体育服务体系。全民健身路径工程的建设也为实现 2020 年"每周参加 1 次及以上体育锻炼的人数达到 7 亿，经常参加体育锻炼的人数达到 4.35 亿"的宏伟目标打下基础，同时推动了全民健身计划的深入实施。

2. 社会效益

全民健身路径作为一种向社会公众免费开放的设施，对全民开展健身活动起到了良好推动作用。随着全民健身路径工程在全国范围的落地，越来越多的群众被体育锻炼所吸引，在城镇、农村的各个角落活跃起来。路径不仅提供了社会互动场所，而且也代表了一种有吸引力的、健康时尚的休闲形式。在一定程度上能够正确引导大众积极生活，进行有益身心健康的体育锻炼。因此，全民健身路径的建立和推广是我国"增强人民体质"的重要手段，同时也树立了体育彩票的公益形象，也是弘扬社会主义精神文明、建设和谐社会的重要工程，是贯彻党和政府"以人为本"的为民形象工程。

据最新统计，本级体育彩票公益金已经资助全国各地建设了 16000 多条"体彩全民健身路径"。在山东、江苏等地，人们走出家门不超过 10 分钟，就能找到体彩健身路径，方便参与健身活动。

3. 经济效益

经国务院批准，从 1994 年开始发行体育彩票。多年来，体育彩票秉持着"取之于民，用之于民"的方针，将筹集到的公益金，新建和改善了大批体育设施，拓宽了人民群众健身的渠道。全民健身路径工程的开展，加强了人民群众对体育彩票的理解，也将进一步拉动体育彩票的发行。

室外健身器械需求激增为我国室外健身器材的研制、开发和生产，培育了庞大的健身市场，直接推动了我国健身器材生产行业的发展。经过多年发展，我国室外健身器材的生产能力和水平已居世界前列。

《国务院关于加快发展体育产业促进体育消费的若干意见》指出，到 2025 年，我国体育产业总规模超过 5 万亿元。全民健身路径工程的发展、室外健身器材产业的方兴未艾，必将为这一目标的实现提供有力支撑。

4. 环境效益

环境作为与人类生存和发展相关的要素，与人类社会相互对立、相互依存并相互转换。社会体育作为一种生活方式，与环境有着天然的联系。"体育环境"是指与体育相互联系、相互制约、相互促进的一切自然条件和社会条件的总称。根据性质分类，体育环境可分为硬环境物质环境和软环境精神环境。硬环境主要包括体育实物性环境、体育组织环境；软环境主要包括政策法规环境，服务环境等。建设具有中国特色的全民健身体系，就是为人民群众提供舒适的运动健身环境和软硬条件，提供一个满足其基本健身需求的服务系统。

全民健身路径因其亮丽的色彩和多样美观的造型，美化了生活环境，净化了社会风气，成为各城市和社区的一道亮丽风景线。为了充分利用土地资源，全民健身路径工程大部分建造在角落空地、废地和填平的沟渠上，丰富了社区、广场、公园、园林的整体建设内容。

（三）器材及路径发展存在的问题

随着社会经济水平的提高，中产阶级的崛起，人们对于运动健身的要求也愈发紧迫。当下的全民健身路径亦愈发满足不了新时代群众的健身需求，其弊端也层出不穷，具体来说主要有以下几个问题：

1. 健身意识不强，器材利用率不高

尽管我国是第一个提出并大规模建设全民健身路径的国家，但由于健身意识缺乏、电子产品泛滥、生活节奏较快等原因，导致室外健身器材的使用率较低。在一些乡村、边远地区，部分器材被长期荒废，被村民用来晒被子、挂晾腌菜的现象也层出不穷。另外，由于未张贴详细的器材使用说明，出现了群众在锻炼过程中盲目跟从、随意性大的问题。

2. 行业门槛低，尚无规范标准

一般来说，普通的室外健身器材的构造较为简单，科技含量不高，行业准入门槛较低，但社会需求较大，使得小作坊式高能耗、低成本生产的现象屡禁不止。目前，业内缺少统一生产规范，产品研发环节更是匮乏，导致器械存在安全隐患。而入行门槛低则导致了恶性市场竞争、价格战，加之在配置器材方面，国家体育总局只提供指导建议，自主权还在地方手里，导致健身路径的建设部门与管理部门脱节，这也是制约健身路径可持续发展的重要因素之一。

3. 健身路径的选址和器材布局不合理

目前传统的健身路径不仅占地面积大，器械排列也过于密集，人们在锻炼时无法充分施展，导致器械的适用范围小、使用频率也低。此外，健身路径工程的选址标准也不完善，尤其是在用地紧张的城市，出现了占地面积大，扰民和破坏绿化的问题。

全民健身路径工程就是要建家门口的场地设施，因此无法回避我国社区、小区、街道空间局促这一现实问题，只能凭借科学规划与设计，在城市楼宇林立的空隙中充分建设路径，真正做到利为民所谋，情为民所系。

4. 健身路径缺乏系统的维修和管理

目前公共健身器材的购买主要来自三方面：一是体育主管部门（含体彩中心捐建）修建；二是小区开发商或单位自主采购装置；三是社会组织、党政机关事业单位、党群社团、非营利机构、企业等社会力量捐资购买。一般来说，在保修期内的器材售后由生产商负责，但是过了质保期的室外健身器材的维修护理则无人负责。尽管依据有关捐赠或移交协议，街道办、社居委或村民委等受赠单位需要担负起器材的日常维护工作，但这类单位大多数存在人手不够和经济能力有限的客观问题，难以承担该项功能。一旦出现伤害事故，受害者追责困难。

由于受赠单位与管理部门的严重脱节致使健身器械处于无人监管的状态，经过长年的风吹雨打，存在一定安全隐患。此外，由于路径健身器械缺乏统一的卫生管理标准，其所携细菌往往严重超标，卫生状况不容乐观。

5. 社会指导员数量匮乏

我国社会指导员队伍建设相对滞后，其数量不足以服务全部健身路径。由于大多数健身器械使用说明的普适性差，倘若没有科学合理的指导，则部分群体无法正确使用，甚至会因盲目锻炼而受伤。而一些健身器材的使用人群密度过大，锻炼时间相对集中，导致其他器材不能被充分利用。在专业社会指导员的培训和适时疏导下，健身路径的价值才能被充分挖掘出来。

总而言之，多年来，我国室外健身器材行业快速发展，生产企业已达到上千家，市场规模已达到数百亿元，产品品种不断推陈出新，逐步满足市场需求，但在发展过程中，器材伤人的问题也屡屡发生。

为解决以上弊端，2017 年南京万德集团与上海体育学院联合研发全民健身二代智慧健身路径，该路径由"六区一道"构成，适用于公园、社区、学校、企业、机关、养老、绿地、广场等场地，占地面积一般为 100—600 平方米，可根据用户需求进行个性化定制，集科学性、趣味性、集约性、景观性于一体。另外，该集团还十分注重健身场地空间的布局，500 平方米的二代智慧健身路径可同时容纳 120 多人安全锻炼，充分满足健身者的需求。

三、我国室外健身器材发展趋势

新时代我国的社会主要矛盾已经转化为人民日益增长的美好生活需要和不平衡不充分的发展之间的矛盾，其中，身体健康是美好生活的重要指标。自 2014 年全民健身上升为国家发展战略开始，我国加大了对全民健身路径工程的投入，初步建成了覆盖城乡的较为健全的全民健身公共服务体系，初步形成"政府主导、部门协同、全社会共同参与"的全民健身事业发展格局，室外健身器材的发展也逐渐呈现器材智能化、器材因地制宜化、器材人性化、品牌全球化等趋势。

（一）器材智能化

《全民健身计划（2016—2020 年）》，明确提出强化全民健身科技创新，引导开发科技含量高、拥有自主知识产权的全民健身产品，提高产品附加值。积极支持体育用品制造业创新发展，采用新技术、新材料、新工艺，提高产品科技含量，增加产品品种，提升体育用品的质量水平。

鉴于全民健身路径工程已经开展多年，配建的器材安装在全国各省市区、各乡镇、农村，数量庞大且分散。加之室外健身器材缺乏统一的技术安全标准，器材新旧不一、品牌鱼龙混杂……这些都不利于开展器材监管和维修工作。另外，因普通群众不能恰当地使用器材，遭受意外伤害的事件也屡次发生。随着《全民健身计划（2016—2020 年）》的颁布和移动互联网、智能手机的普及，器材智能化、智慧健身成为当下大热趋势，也为以上问题提供了解决方案。

器材智能化就是以"体育＋科技"为核心理念，率先采用大数据、云计算、物联网、人工智能等前沿技术，为消费者提供更加智能、安全、高效的智慧二代健身器材。器材主要应用于五大场景，包括智慧体育公园、智慧体育社区、智慧体育校园、智慧健身路径、智慧游乐健身。

智慧二代健身器材在传统器材基础上加入智能传感器，配合智慧运动

App 实时监测用户锻炼数据，包括锻炼时长、锻炼消耗、实时心率等，方便用户随时掌握自身锻炼情况。适合全年龄段人群使用，在不改变用户现有锻炼方式下，通过云端的大数据分析为用户提供个性化锻炼指导（具体技术关系图见图 7 – 1）。

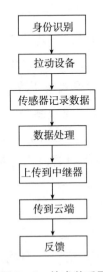

图 7 – 1　技术关系图

图片来源：邢克华、戴剑松.智慧健身工程建设路径的研究与探索论文［J］.当代体育科技，2017，7（32）：251。

此外，器材维护智能系统可包含设施普查、档案数字化、数据统计分析、报修全流程监管、器材状态功能跟踪等近 10 项功能，通过对器材使用数据的监测，为器材精准投放提供大数据支持，有助于园区做好科学管理。

目前智能化健身器材已经在全国多个城市落地，方兴未艾。比如，350 余亩的重庆市东岳体育公园项目，已开园一年有余，该公园日均人流量在 5000 人次以上，节假日高峰期会突破 1 万人次。园区内既有集环境监测、海量音乐、运动成绩排名、运动指导及效果评估于一体的音乐智能健身步道，还包含无线网络覆盖、球场蓝牙音乐功能、客流眼、智慧体育综合管理平台等智慧系统。

另外，针对一代健身路径单纯追求"动起来"，在科学健身方面并无指导的问题，科学化健身场所将通过自主体测墙、智能运动 App、移动端科学指导视频、运动健康门诊等功能，形成一个"体质检测—健康档案建档、评估、干预—科学运动处方"的运动健康管理闭环。

未来，全体运动人群在全民健身智慧路径中锻炼时，可以随时拿起手机扫描器材上的二维码，不仅可以立刻查看数百个科学健身指导视频，更可以随时拍照报修损坏的器材，使器材管理体系实现网络化和即时化。路径 Wi-Fi 全覆盖，无须担心手机流量问题。

随着大数据、智能科技的发展，运动健身管理云平台移动端将会由做加法演变成"做乘法"，将成为运动健身群众、器材生产企业以及政府监管部门三方共享的多端服务载体。

（二）器材因地制宜化

室外健身器材每时每刻都暴露在户外，因此不同地域的气候因素对健身器材的影响尤为重要，例如我国大部分地区春秋季节早晚温差大，对健身设施的材料需做耐酸碱、耐湿热、抗老化等加工。在气候极为寒冷的东北三省，更应做好器材抵御极端天气、抗变形等工作。

器材的因地制宜还体现在重视不同地域人群的身高、肢体尺寸上，应通过市场调研，确定室外健身器材的使用群体，对使用人群进行人体主要尺寸测量，分析该地区使用人群的尺寸特点，对器材尺寸和功能进行定制化科学设计，提高使用者锻炼效果的同时避免资源浪费。

另外，健身器材千篇一律的造型，陈旧的使用方式会逐渐减弱人们的健身兴趣。因而在器材设计上，应充分利用先进加工工艺、色彩设计学、造型设计以及新型材料，对常规健身器材做出调整，保留体育设备原本的健身娱乐功能外，更能为环境增色，实现器材景观化，比如，以麋鹿、国宝熊猫、丹顶鹤、卡通人物等为原型，打造具备外观美感的健身产品。新时代下的健身设施不应该是孤立存在的，而是与场地周边的自然景色、人文景观、景观艺术有机融为一体，既让体育"绿"起来，又让路径"动"起来，更让城市"活"起来。

在配置运动区器材时，应遵循因地制宜、定制化原则，减少"破绿"，保留生态之美，将健身设备完美融入公园、社区、校园、旅游景区、城市园林等各场地中，为运动人群营造出一个良好的社交场所。另外，考虑到土地面积有限，未来市场对于综合训练器材（组合性器材）的需求将会逐步增强，综合训练器材占地面积较小，能够平衡身体各项机能，一次性满足身体各部位的锻炼需求，这类器材包括手脚掌按摩器、横跨跳区、象限跳区、平衡综合练习器等。

（三）器材人性化

人文关怀是近年来国家乃至世界所提倡的一件大事，而它自然也是健身人群关注的信息点，也必将是健身器材未来的发展趋势。因此，在器材设计上，还需要将装置艺术理论与人文关怀结合，尽可能地让运动健身人群感受到快乐、幸福。

首先，器材设计师应该拓展健身器具的使用方式，以便不同人群根据自身情况对使用方式进行调整，或者针对不同人群的心理和生理特点，设计出符合其需要的特定器材，比如老年人对于造型奇异的健身器材接受度较低，本能地认为其不可靠，因此要为该群体设计出稳重、结实且造型不沉闷的器材，而对于儿童来说，设计要从趣味性、造型色彩上多加考虑。其次，充分利用人机工程学对产品的各项尺寸进行调整，保证产品可以覆盖更多人群。再次，充分协调运动生物力学、人体工效位置、危险区域限制和机械设计通则等问题，避免产品对运动人群造成伤害，通过标明器械的生产年限、使用方法、作用功效的方式，也可以减少伤害的发生。然后，器材所选用的材料必须是能够回收、再循环和再利用的，降低对自然资源的攫取，保护人类生存的环境，实现可持续发展。最后，开发具备人文创意的中国风系列健身器材、儒释道健身器材、类城市地标造型的多功能器材等以增加人文性，并设计出可用于遮光挡雨的配套设施，拉近器材与人之间的关系。

（四）品牌全球化

21世纪的今天，我国室外健身器材有了自己的品牌，有一批实力派的独资、合资和大型股份制企业，在全球销售市场上占有一席之地。这些企业拥有强大的资本实力、完善的产品质量管理规范、通过 GB/T 19000—ISO9000 质量体系认证的过硬设备。目前，我国通过新国标认证的室外健身器材生产企业共计46家，生产大约上千个品种的体育锻炼器材，形成了百花齐放的行业局面。

表 7 - 2 GB 19272—2011《室外健身器材的安全通用要求》强制国家标准认证企业名录

序号	企业名称
1	南京万德体育产业集团有限公司
2	舒华体育股份有限公司
3	青岛英派斯健康科技股份有限公司
4	山西澳瑞特健康产业股份有限公司
5	大厂回族自治县夏垫佳美体育用品有限公司
6	北京奥康达体育产业股份有限公司
7	武汉昊康健身器材有限公司
8	南通铁人运动用品有限公司
9	深圳市好家庭实业有限公司
10	浙江奇胜运动装备有限公司
11	山东泰山体育器材有限公司
12	三河市桂宇星体育用品有限公司
13	沧州鑫龙教学设备制造股份有限公司
14	天津市春华校园体育设施有限公司
15	济南力生体育用品有限公司
16	山东英克莱集团有限公司
17	浙江德清五洲运动器材有限公司
18	江苏金陵体育器材股份有限公司
19	湖北万众体育产业有限公司
20	绍兴上虞大康体育健身设施制造有限公司
21	山东世纪星文体器材有限公司
22	山东康纳斯体育器材有限公司
23	北京体之杰体育用品有限公司
24	浙江新奥运动器材有限公司
25	中大体育产业集团有限公司
26	江苏新起点实业有限公司
27	天津盛鑫体育用品有限公司
28	河北启帆教学设备制造有限公司
29	江苏苏体运动科技有限公司
30	湖南运健达健身器材有限公司
31	江苏杰威体育设施有限公司

序号	企业名称
32	河北康纳一品体育器材有限公司
33	河北威尔特体育用品有限公司
34	江苏康力源健身器材有限公司
35	河北康奥达体育用品有限公司
36	山东飞尔康体育设施有限公司
37	山东京奥体育器材有限公司
38	扬州市侨星体育器材有限公司
39	山东英健特运动器材有限公司
40	沧州市益奥特体育装备有限公司
41	海兴红旗体育器材有限公司
42	湖南健源体育产业发展有限公司
43	江苏奇乐娃实业有限公司
44	河北华洋体育用品有限公司
45	甘肃斯波特体育设备设施有限公司
46	广东红旗体育用品有限公司

随着近几年来全球经济的苏醒，我国室外健身器材的内外销市场呈上扬趋势，但在国际品牌市场上却缺乏叫得响的知名品牌。截至 2017 年年底，我国室外健身器材进入全球市场的方式基本为"委托加工"和"贴牌生产"，无品牌附加值。此外，相比于国际同行高超的研发能力，我国很多企业还处在仿造生产的境况中，技术研发能力严重欠缺。

未来，中国室外健身器材企业必须实施品牌全球化战略，逐步成长为在国际市场上具备影响力和话语权的企业或品牌。为了实现该战略，国内室外健身器材企业必须勇于自主创新，提升产品的科技含量，勇于制定"全球安全通用标准"。只有朝着全球品牌化的方向发展，才能在全球市场建立属于中国的高端品牌。

作为全民健身产业的生力军，室外健身器材是全民健身解决方案的重要组成部分，未来势必呈现智能化、人性化、因地制宜化和品牌全球化的发展趋势，而全民健身路径作为利国利民的实事工程，也将持续为休闲体育经济的发展贡献力量，不遗余力地推动我国休闲体育产业的发展。

·+·+·+·+·+·+·+·+·+·+·+·+·+· 参考文献 ·+·+·+·+·+·+·+·+·+·+·+·+·+·

〔1〕林琳. 厦门市全民健身路径工程综合效益与发展对策研究〔D〕. 福建：福建师范大学，2007.

〔2〕李相如. 全民健身研究新视点〔M〕. 北京：北京体育大学出版社，2008.

〔3〕丁桑兰. 环境评价概论〔M〕. 北京：化学工业出版社，2001.

〔4〕熊茂湘. 论体育环境构建的系统观〔J〕. 体育与科学，2003，24（6）：24 – 27.

〔5〕熊茂湘. 体育环境导论〔M〕. 北京：北京体育大学出版社，2003.

〔6〕邢克华、戴剑松. 智慧健身工程建设路径的研究与探索论文〔J〕. 当代体育科技，2017，7（32）：251.

〔7〕王闯、杨陈朝哥、李朔. 浅谈未来健身器材的设计〔J〕. 中小企业管理与科技，2017（7）：184.

〔8〕《我国室外健身器材现状与建议》，中国质量新闻网，2017 年 6 月 28 日，ht-tp：//www. cqn. com. cn/zgzljsjd/content/2017 – 06/28/content_ 4817185. htm.

〔9〕肖渝滨、冯绍桢、熊有正、叶展红.《国内第一条健身路径的设计与研制》〔J〕. 广州体育学院学报，1997，12（17）：7.

〔10〕尹兵. 户外健身器材的人性化设计研究〔D〕. 吉林：吉林大学，2008.03.

第八章　中国体育传媒数据分析报告

冯　宇

摘要： 文章从项目比重、观众分类和观众特征等角度对 2015 年、2016 年、2017 年三年央视体育频道（CCTV5）的赛事播出和电视收视数据进行研究分析，同时针对新媒体进行体育赛事传播的必要性、新媒体的影响两方面开展数据分析。通过分析，作者认为，电视观众和互联网观众均对传统体育优势项目、普及程度高、有本国参赛选手参与的比赛项目具有收视偏好。体育赛事观众观看体育比赛、了解体育比赛信息的途径丰富多样，除了传统的电视媒体，还有互联网新媒体以及社交媒体等多种手段。影响电视观众和互联网新媒体用户收视行为的因素也是多方面的，因此在举办体育赛事时，认真分析和研究赛事与用户收视的习惯才能做好赛事的传播。

关键词： 体育赛事传播；新媒体；赛事媒体传播

作者简介： 冯宇，中央电视台央视网体育频道总监。研究方向：体育传媒。

　　2018 年世界杯赛事观众到达率为 62%，即已有超过 8 亿观众收看了本届世界杯比赛。世界杯闭幕式和决赛吸引了超过 9000 万中国电视观众观赛，是上届世界杯的 2.08 倍。中央广播电视总台总用户触达人次 89.55 亿次，社交媒体传播触达人次为 91.85 亿次。世界杯期间晚间赛事阶段 40 岁以下年轻观众的规模同时段增加了 8300 万人。通过本届世界杯的媒体传播情况可以看出，大多数观众仍是选择电视屏观看重要比赛赛事，年轻、高学历观众占比明显提升。其中，15—44 岁观众占比达 42.6%，增幅为 40%；大学以上学历观众占比达到 36.1%，增幅为 35%。世界杯让更多的年轻人回到了电视机前。另外调查发现，65% 的网民通过新媒体平台收看了本次世界杯，其中男性占比更多，女性稍少，新媒体已经成为互联网用户获取资讯或观看赛事的必然选择。本章拟通过对 2015 年、2016 年、2017 年三年 CCTV5 的电视收视数据的研究分析以及当前互联网新媒体发展的现状，对体育赛事在媒体上受到的关注情况进行研究分析。

一、CCTV5 的体育赛事收视数据分析

（一）2015 年 CCTV5 赛事播出与收视的总体情况

　　2015 年 CCTV5 的足球、篮球、台球赛事的播出量位排在前三，网球、排球比赛的播出量排在第四位，搏击、田径、冰雪赛事的播出量大致相同。

　　受喀山游泳世锦赛中国军团的出色表现和苏州世乒赛的影响，游泳和乒乓球赛事的收视大幅增长，篮球、足球、台球赛事的三个播出量最大的体育赛事收视率均有不同下降；由于欧洲五大联赛的比赛时间基本上是中国的后半夜，受制于赛事举行的时间影响，足球收视远低于篮球。

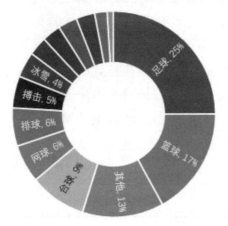

图 8 – 1 2015 年 CCTV5 赛事播出比重

来源：央视索福瑞。

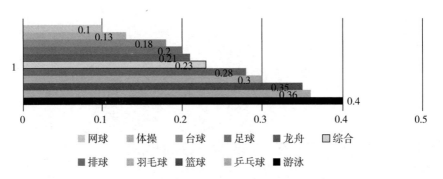

图 8 – 2 2015 年 CCTV5 主要赛事收视率

来源：央视索福瑞。

CCTV5 的电视栏目收视率中，足球类栏目收视率最好，体育新闻类栏目收视低于足球栏目，篮球类栏目的收视率排在第三序列中。

（二）2016 年 CCTV5 赛事播出与收视的总体情况

2016 年 CCTV5 赛事播出量情况，足球、篮球、奥运赛事的播出量位列前三，台球比赛的播出量列第四，排球、搏击、网球赛事播出量差不多。

里约奥运会使得其他赛事（如田径、举重、体操等）播出比重明显上升，以 8.12% 的播出比重占到 2016 年所有项目的第三位，收视比重为 8.21%。

特别值得一提的是，由于中国代表团在奥运赛场上大放异彩，排球、乒乓球、羽毛球项目尽管播出比重变化不大，收视比重却比 2015 年增长迅猛，中国女排的逆转夺魁、乒乓球梦之队包揽金牌、林丹与李宗伟的终极大战，对收视提升的作用明显，使三个项目的资源利用率分别达到 51.25%、55.37%、148.34%。

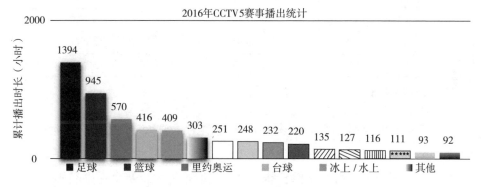

图 8－3　2016 年 CCTV5 赛事类别播出比重

来源：央视索福瑞。

从赛事类别收视来看，2016 年收视最高赛事是奥运会、羽毛球和篮球，羽毛球赛事收视提升主要受到汤尤杯赛事的拉动，足球赛事的平均收视率偏低，但收视率 TOP10 的场次平均收视率超过 3%，仍远远高于其他赛事。

北京成功申办冬奥会的利好消息依然带动着冰上/水上运动的热度，这一类赛事在 CCTV5 的播出比重随着冬奥会的临近略有上升。但是在收视方面，由于冬奥会尚未举办，利好消息虽然带动了中国观众的热情，却并未使这项运动为广大观众所熟悉，因此 2016 年冰上/水上项目的收视贡献仅有 4.79%，与上一年度的 5.08% 仍有所下降。

台球类赛事在 CCTV5 历来占有比较重要的地位。2016 年大赛连连使得台球类赛事的播出比重有小幅下降，不过也因丁俊晖、傅家俊的双双夺冠而收视率有所回升。

表 8 – 1　2016 年 CCTV5 主要赛事播出比重与收视

运动项目	播出比重%	收视比重%
足球	16.97	15.08
篮球	11.16	14.08
其他	8.12	8.21
冰上/水上	6.16	4.79
台球	4.88	4.08
排球	4.39	6.64
乒乓球	3.63	5.64
搏击	3.12	2.46
羽毛球	2.11	5.24

来源：央视索福瑞。

2016 年的里约奥运会和欧洲杯两大赛事对 CCTV5 收视提升非常明显。2016 年全年 CCTV5 收视率同比上升了 16%，奥运会带动 8 月份收视率上升了 163%；但是其他月份收视下降比较明显，仍旧难掩体育赛事在电视媒体上的下滑趋势。CCTV5 体育栏目收视当中，足球类栏目收视最佳，体育新闻类栏目收视排在第二位，篮球类栏目还是在第三阵营，与 2015 年相比没有变化。除奥运和欧洲杯特别节目收视飘红外，2016 年度热点事件如科比退役、郭川失联的特别节目收视表现抢眼。

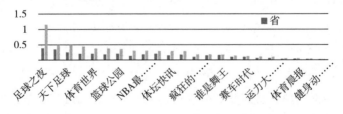

图 8 – 4　2016 年 CCTV5 体育栏目收视情况

来源：央视索福瑞。

（三）2017 年 CCTV5 赛事播出与收视的总体情况

2017 年 CCTV5 赛事播出量中，足球、篮球、冰雪类比赛位列前三，排球比赛播出量第四，台球、网球、搏击赛事播出量也是差不多。

2017 年台球赛事播出量同比下降了近 30%，冰雪运动播出量涨幅明显，与 2016 年奥运会播出量相当。

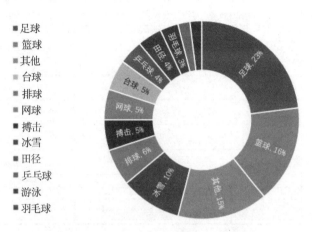

图 8 - 5　2017 年 CCTV5 赛事播出比重

来源：央视索福瑞。

2017 年收视率最高的是足球、乒乓球和排球赛事，乒乓球赛事收视走高与世乒赛的拉动有关，同比涨了 26.5%。世界杯预选赛收视率占据收视前 10 场中的 5 场，最高收视率接近 5%，但与 2016 年相比，仅在 2016 年赛事收视前 10 中排第 7。

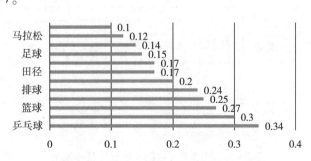

图 8 - 6　2017 年 CCTV5 赛事收视比重

来源：央视索福瑞。

表 8－2　2017 年 CCTV5 各主要运动项目的播出比重与收视比重（所有调查城市）

运动项目	播出比重%	收视比重%
足球	15.38	13.82
冰上/水上运动	10.61	7.44
篮球	9.30	17.00
其他赛事	8.74	6.22
排球	4.23	6.13
搏击	3.58	2.84
乒乓球	3.46	6.41
台球	3.38	4.43
网球	3.23	2.06

数据来源：央视索福瑞。

　　CCTV5 体育栏目收视情况，足球类栏目收视还是最好的，体育新闻栏目收视排第二，篮球类栏目仍然在第三阵营。除了全运会特别节目外，2018 年俄罗斯世界杯抽签仪式、博尔特退役的特别节目收视非常突出。

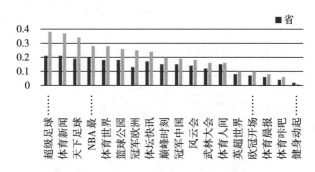

图 8－7　2017 年 CCTV5 体育栏目收视率

来源：央视索福瑞。

（四）体育节目的电视观众构成比较分析

表 8 - 3　2016 年体育赛事节目观众分类收视时长

目标观众		人均收视总分钟数	目标观众	人均收视总分钟数
性别	男	2235	4—14 岁	719
	女	1345	15—24 岁	1044
职业类型	干部/管理人员	2354	25—34 岁	1408
	个体/私营企业人员	1518	35—44 岁	1488
	初级公务员/雇员	1882	45—54 岁	2366
	工人	1480	55—64 岁	2981
	学生	980	65 岁及以上	3312
	无业	2253	0—600 元	1095
	其他	1085	601—1200 元	1629
受教育程度	未受过正规教育	883	1201—1700 元	1676
	小学	1226	1701—2600 元	2002
	初中	1756	2601—3500 元	2142
	高中	2026	3501—5000 元	2006
	大学及以上	2046	5001 元及以上	2466

数据来源：CSM 媒介研究。

由于体育赛事节目的专业性特点使得体育赛事节目的电视观众存在很大的差异。2016 年体育赛事节目观众群体的特征如下：男性、高学历、高收入观众的体育赛事节目电视收视时长高于女性、低学历、低收入群体，而调查发现中老年电视观众仍旧是体育赛事节目收视的主力军。

（五）体育赛事节目电视观众的特征以 2016 年的调查为例

2016 年中国电视荧屏中体育类节目的主体观众群以男性、25 岁以上、初中及以上学历人群为主。观众集中度（1）指标显示，男性比女性更爱看体育节目，学历和收入水平越高，就越爱看体育节目。2016 年是传统的体育大年，奥运会、欧洲杯足球赛等重量级赛事赢得更多人们的关注，这一年，女性对体育节目的收视贡献相比 2015 年有一定的提高。研究发现以上这些观众特征与往年的观众特征基本一致，而且从 2018 年俄罗斯世界杯的收视情况也可以看出，体育赛事节目的电视观众特征也是基本一致的。

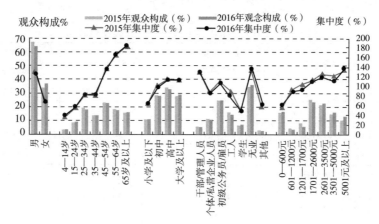

图 8 - 8　2015—2016 年体育赛事节目观众构成和集中度

来源：央视索福瑞。

通过央视索福瑞 2016—2017 年的体育赛事节目观众构成和集中度调查显示，体育赛事节目的观众特征和往年基本一致，不同的是体育赛事节目中老年观众的比例较上年有所增加，相对应的 55 岁以上观众集中度也有所上涨，体育赛事节目电视观众进一步呈现出老龄化的趋势（见图 8 - 9）。

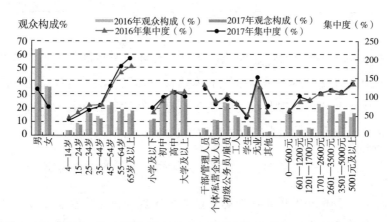

图 8 - 9　2016—2017 年体育节目的观众构成和集中度（历年所有调查城市）

数据来源：央视索福瑞。

依据央视索福瑞近年来对观众的电视收视行为研究，体育节目的电视观众构成与所有节目电视观众构成依然有着较大差异。观看体育赛事节目的观众构成中：男性、25—34 岁青年、高学历和高收入观众比例明显高于所有节目的观众构成比例，同时这些人群对体育节目的偏好性也相对更高，可见体育节目男性化和精英化的特征基本得到延续（见图 8 - 10）。

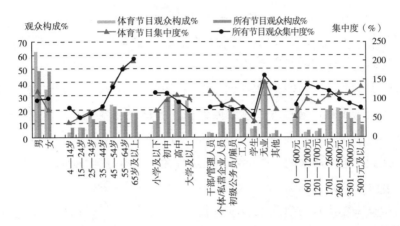

图 8 - 10 2017 年体育节目的观众构成及集中度与所有节目的比较（所有调查城市）

数据来源：央视索福瑞。

二、新媒体对体育赛事传播产生的影响

（一）传统电视收视近几年的变化情况

体育赛事的观赛方式主要有两种：现场观赛和媒体观赛。以 2018 年俄罗斯世界杯为例，到现场观看世界杯比赛的观众有接近 300 万人，而仅中国就有超过 4.8 亿人通过电视观看世界杯，有 65% 的网民也通过互联网观看了世界杯。无论是到现场观赛还是通过电视等媒体观赛，89.5% 的观众会收看赛事直播，直播是大家收看世界杯的最重要的形式。电视媒体是收看世界杯赛事最主要的收看渠道，在小组赛结束之后，更多的人把收看渠道聚集在电视，比例最高达到 90%。另一方面，通过央视互联网新媒体观赛情况分析，互联网拉新效果明显，贡献了 13.6% 的新用户。调研发现 13.6% 的新用户是通过互联网收看世界杯的。媒体对本次世界杯的传播效果给予了肯定，观众也对本届世界杯表示满意。观众有多渠道的选择权，观看体验更美好。回到 2012

年，当时央视索福瑞（CSM）对当年体育观众现场观赛的频次分析，绝大多数的体育观众都倾向于通过媒介观看体育赛事，82%的体育观众在过去一年内没有到现场看过体育比赛，有机会每月看一次及以上比赛的观众仅为3%。尽管近年来电视媒体一直受到新媒体的强烈冲击，观众选择电视收看的频率有下降趋势，但电视因其高清大屏等特色，在体育赛事转播中具有极大优势。研究报告显示：有27%的体育观众每天会通过电视收看体育类节目，70%的体育观众每周至少有一次会通过电视收看体育节目，相比于其他媒体优势明显。

尽管近年来观众通过电视收看体育比赛的情况相对稳定，但也呈现出下降趋势。由于里约奥运会的拉动，2016年的体育赛事收视率较2015年有明显提升，达到了近4年来的一个巅峰，人均收视时长为1800分钟，比2015年增长271分钟，但是与2012年伦敦奥运会相比还是低了68分钟。而2017年我国电视观众全年体育节目人均收视时长为1339分钟，与2016年相比减少了461分钟，降幅为25.6%，与2013年人均收视总分钟数相比也下降了4.8%，成为近10年的一个最低谷（见图8-11）。

图8-11　2008—2017年体育节目人均收视总分钟数（历年所有调查城市）

来源：央视索福瑞。

（二）互联网新媒体对体育比赛观赛的影响

虽然电视仍然是观众收看体育赛事信息最为主要的载体，但近年来以互联网媒体为代表的新媒体在体育赛事信息传播方面对电视媒体的挑战越来越大。根据央视索福瑞（CSM）2013年调查显示：有53.3%的观众表示会通过互联网接触体育赛事信息，而且这些选择通过互联网了解赛事信息的观众中有30%是每天通过互联网接收体育赛事信息的。10年前的2003年央视索福瑞调查数据，当时在北京、上海、广州三地仅有21.2%的观众表示会使用互联网接收体育赛事信息，仅有 2.6% 的观众将互联网作为接收体育赛事信息的第一选择。与体育赛事观众利用电视收看赛事直播不同，体育赛事观众使用互联网新媒体最初的目的是进行互相交流和获取更丰富的信息，当时通过电视观赛和用微博吐槽成为观众群体最为流行的方式。

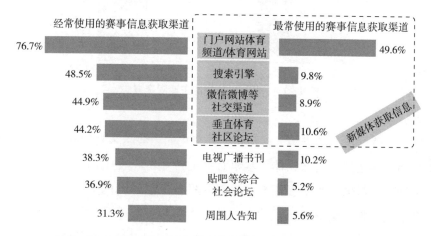

图 8 - 12　互联网体育平台是观众获取体育比赛信息的主要渠道

来源：艾瑞咨询。

近年来，互联网门户网站体育板块和体育垂直网站因平台体量大、信息全面，具有视频、图文等丰富多样的传播形式，在网民中占据绝对互联网传媒优势。据艾瑞咨询调查显示，当前有近 85% 的用户通过新媒体获取赛事信息。

相比手机和 Pad，PC 端综合了屏大、观看方便、画面清晰流畅、上网互动方便等更好的观赛体验和多样化优势，成为最主要的线上观赛终端。

分析 2016 年用户的主要观赛方式发现，有 42.3% 的观众通过电视观看比赛，52.8% 选择互联网平台线上观赛，4.9% 选择到现场观看比赛。这个比例与 4 年前央视索福瑞（CSM）的调查结果没有太大的变化。通过数据显示在2012—2016 年间，总体上，互联网体育转播平台用户规模呈上升趋势，主流互联网体育平台的月度覆盖人数和月度总有效浏览时间总体呈现上升趋势。2016 年 3 月，主流互联网体育平台的月度覆盖人数达 1.36 亿人。

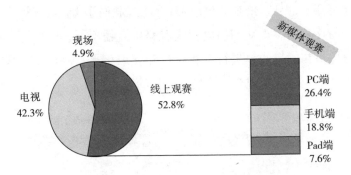

图 8 – 13　2016 年用户的主要观赛方式

来源：艾瑞咨询。

随着互联网技术的进步，移动化、社交化的趋势越来越明显，4G、5G 网络的成熟，网速越来越快，体育赛事直播的产业链正在走向完善。便捷的在线体育赛事直播也成为更多用户的选择。根据艾瑞咨询的推算，得益于在线体育赛事直播版权交易的正规化和在线体育赛事直播平台的迅速发展，2017年和 2018 年，国内通过电脑、手机、平板、互联网电视等在线终端收看体育赛事直播的用户规模有望增长到 1.6 亿和 2.2 亿，实现突破性的增长。而借助短视频这一形式，实时通过社交渠道对赛事进行社交分享传播，互联网体育赛事直播有望覆盖更广的人群，保持持续增长。

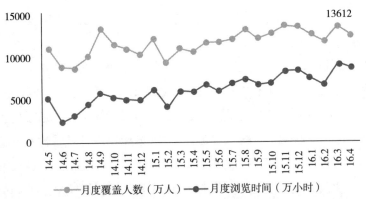

图 8 – 14　2014—2016 年主流互联网体育平台月度总覆盖人数和月度总有效浏览时长

来源：艾瑞咨询。

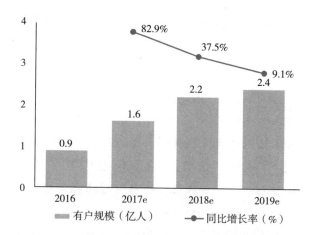

图 8 – 15　2016—2018 年中国在线体育赛事直播用户规模

来源：艾瑞咨询。

三、新媒体进行体育赛事传播的必要性

（一）克服传统传播途径的缺陷

传统体育赛事的电视转播已无法满足当前观众的需求，现在的观众一方面已经不满足于单纯被动地接受信息，更渴望交流、互动；另一方面现在的观众更需要自主选择观看内容更加丰富的赛事。得益于互联网的普及，观众的休闲时间增多，年轻体育爱好者的学习和工作，甚至娱乐休闲都在网络上进行，多数体育爱好者都是通过网络获取体育赛事信息、观看体育赛事直播，而传统的传播方式和途径已无法满足观众需求的改变。

体育赛事具有以下几个特征：实效性、不可预测性和精确性，体育比赛是发生在特定的时间和地点，而且体育赛事中任何一类项目的结果都是不可预测的，只有当赛事结束，才能对比赛结果进行盖棺论定，所以体育赛事进行过程中的所有信息都必须准确播报，借助新媒体，可以对赛事信息行准确、及时的传播，观众可以随时随地获取赛事信息和结果。

传统的传播方式无法满足用户随时随地接收和观看比赛的需求，而体育爱好者如今的生活习惯和生活节奏无法保证随时随地停留在电视机面前，传统体育赛事转播方式的不可移动性、单向传播、单赛事传播，对于体育爱好者是致命的障碍。

（二）新媒体体育赛事传播的优势

清华大学沈阳教授的《未来媒体趋势报告》中，对新媒体和传统媒体界限做了明确的区分。与传统的纸媒、电视、广播不同，新媒体囊括了两微一端的自媒体、地方媒体、企业新媒体、政务新媒体和新媒体联盟。而有着严格界限的传统媒体、新媒体和未来媒体也被赋予了对应的特征：传统媒体逐渐式微，当下新媒体风头正劲、未来媒体展露初容。美国的 Lee Rainie 则认为，随着人们获取媒体的方式和路径的改变，形成了一场革命。革命之下的美国媒体普遍呈现出 4 个特征，即个人化、移动化、有参与性和无处不在。我们注意到这样的变化是普遍存在的，也就是媒体并没有新媒体和传统媒体之分，而是与技术同步的，除去内容的不同，各媒体的渠道模式应当得到一致的体现。

在新媒体平台上内容可以瞬间形成，瞬间加工传递，继而及时地播报体育赛事，让用户第一时间接收赛况，如同现场观看。同时在新媒体上观看赛事直播使得年轻体育爱好者获得消息更便捷，也可避免错过精彩瞬间。在新媒体时代，体育爱好者既是信息接受者，也是信息传播者，新媒体在传播者范围这一领域，使传统媒体望尘莫及，不同组织、爱好者，都随着各种赛事不断升级而参与其中，发表自己的见解表达个人情感。一方面使得体育赛事的观赏性增强；另一方面在赛事直播平台上降低观众彼此的防范意识，缓解矛盾心情，同时也有助于消除信息传播障碍，使得传播者和接受者在利用新媒体进行沟通的时候更加畅通无阻，畅所欲言，形成良好的沟通氛围。

艾瑞咨询调研数据显示，新媒体正在逐步取代传统媒体成为使用率最高的媒体形态。常使用的媒体形态中，使用视频类网站/客户端/App 的新媒体用户从 5 年前的 24.7%，提高到最近 3 个月的 64.9%；新闻客户端从 5 年前的 15.1%提高到近 3 个月的 58.6%；互联网电视和音频类网站/移动电台 App 也有相似的趋势。相比之下，纸质报纸、纸质杂志、电视、广播电台等传统媒体的用户使用比例下跌明显。

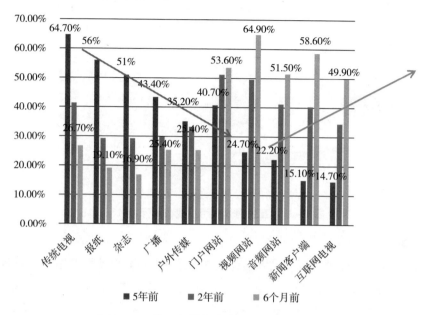

图 8 – 16　使用新媒体的群体近几年快速增长

来源：艾媒咨询 2017 年数据。

相比传统电视媒体，新媒体赛事直播还具有不受播出时长和播出时间限制的特性。受制于传统电视线性传播的约束，传统电视一个频道只能同时播出一场比赛，因此，经常出现在有比赛冲突的时候，体育频道只能选择最受观众关注的比赛进行转播，经常出现比赛转播临时调整和不能完整播出的弊端。而互联网新媒体的赛事转播不受传统线性频道的播出资源限制，可以无限制地同时开通多路赛事直播，供互联网用户自由选择，或者通过不同的终端同时观看多场比赛。新媒体平台还可以对比赛直播视频进行实时的时移回看和点播，以方便未及时观看比赛直播的观众回看比赛录像，这也是传统电视无法灵活实现的一个功能。

（三）新媒体环境下的体育赛事传播发展多元化

新媒体赛事转播使得体育赛事直播传播速度快、范围广，人们可以通过手机客户端、网页搜索、社交媒体随时随地接受和发布信息，与他人进行实时互动，实时发表个人观点，通过朋友圈进行散发和传播，获得发布者自身的愉悦。

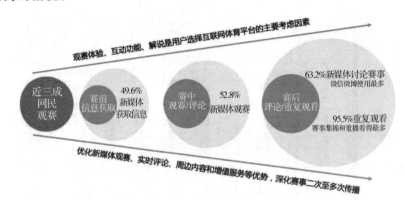

图 8 – 17　互联网体育用户观赛的行为特征

来源：艾瑞咨询。

统计显示，在通过互联网观看比赛的网民中，有 49.6% 的用户是赛前获取信息，52.8% 进行赛中观赛/评论，63.2% 通过新媒体赛后讨论赛事，95.5% 的用户会重复观看集锦和重播。

通过互联网新媒体进行赛事内容的传播，可以在内容、经营、用户互动等几个方面对体育赛事的价值产生深远的影响，主要表现在：

（1）在内容方面，互联网体育赛事直播给体育主播、评论员乃至一些娱乐主播广阔的发挥空间，通过专业或者花式的赛事解说，能够进一步提升赛事直播的观赏度，提升用户的观看体验。

（2）在商业开发方面，体育赛事直播能够围绕粉丝经济，通过挖掘重度体育用户的其他需求，比如为官方授权衍生商品进行销售导流，带动热门衍生产品的销售，这是极有潜力的互联网体育赛事直播变现渠道之一。

（3）在用户互动方面，竞猜、弹幕、打赏、评论等互动行为能够让用户充分参与到赛事中，从被动的观看到积极的交流，从看比赛转变为玩比赛，充分发挥互联网直播在用户互动方面的特性，使人们对其变现模式充满更多想象力。

四、体育赛事观众对体育赛事的收看偏好

影响体育赛事观众收视行为的因素有多方面，具体来说，主要包括体育赛事观众收视动机等内在因素以及体育赛事收视情境等外在因素。对于体育赛事节目来说，由于观众对体育项目的喜好程度有较大差异，再加上每个项目的普及程度不一，观众表现出不同的收视偏好。

（一）电视观众对体育赛事的收视偏好

首先，电视观众对传统体育优势项目具有收视偏好。中国运动员的成绩优劣一直是决定体育观众收视偏好的一个重要因素，在国内具有绝对优势的羽毛球、乒乓球、体操、跳水等项目一直是中国体育电视观众感兴趣的赛事项目。从北京奥运会、伦敦奥运会、里约奥运会三届奥运会期间的电视收视表现来看，收视率水平较高的赛事主要集中在中国传统优势项目或者说夺冠热门项目，如举重、体操、跳水、乒乓球、羽毛球等项目。在三大球中，除足球外，篮球和排球项目都有很大的吸引力，其中，里约奥运会期间国人的女排情结再次得到印证，收视率爆棚。可见，传统优势项目是体育电视观众收视选择最重要的因素。

其次，观众对普及程度高的体育项目具有收视偏好。目前足球和篮球项目是普及率与影响力最大的两个项目，也一直是中国体育电视观众收视选择最为偏好的两大项目。这一点从近几年央视体育赛事的播放量和收视率可以看出，随着赛事普及，中超和CBA在中国观众心中的普及程度逐渐提升，越来越多的中国球迷喜欢的足球俱乐部从国外转向了国内，而CBA的收视情况也逐渐提升。

表8-4　CCTV5 2016年里约奥运会收视率较高的赛事

比赛名称	播出日期	开始时间	收视率%	市场份额%
奥林匹克在里约：2016年第31届奥运会羽毛球男单决赛	2016/8/20	20：55：14	6.5	19.4
奥林匹克在里约：2016年第31届奥运会女排决赛/中国 vs 塞尔维亚	2016/8/21	9：12：08	6.1	40.5
奥林匹克在里约：2016年第31届奥运会羽毛球男单半决赛	2016/8/19	17：27：39	5.5	16.4
奥林匹克在里约：2016年第31届奥运会乒乓球男单半决赛	2016/8/11	20：59：26	5.2	19.5
奥林匹克在里约：2016年第31届奥运会乒乓球女单半决赛	2016/8/10	20：58：09	4.9	17
2016年第31届奥运会女排小组赛/中国 vs 意大利	2016/8/8	20：31：17	4.9	14.6
奥林匹克在里约：2016年第31届奥运会羽毛球男单1/4决赛	2016/8/17	20：22：08	4.5	15.8
奥林匹克在里约：2016年第31届奥运会羽毛球男单铜牌赛	2016/8/20	19：29：23	4.4	13.2
2016年第31届奥运会射击女子10米气手枪决赛	2016/8/7	22：00：19	4.2	16.1
奥林匹克在里约：2016年第31届奥运会乒乓球女团半决赛	2016/8/15	20：57：23	4.2	14.2

注：该排名不包括颁奖仪式及集锦。
来源：央视索福瑞。

表8-5　2017年CCTV5足球赛事TOP10

场次	对阵	日期	开始时间	平均收视
2018年世界杯亚洲区预选赛第三阶段A组第7轮	伊朗 vs 中国	2017/3/28	19：53：00	4.97
2018年世界杯亚洲区预选赛A组第6轮	中国 vs 韩国	2017/3/23	19：27：00	4.32
2018年世界杯亚洲区预选赛十二强赛	中国 vs 乌兹别克斯坦	2017/8/31	19：55：00	3.33
2018年世界杯亚洲区预选赛第三阶段A组第8轮	叙利亚 vs 中国	2017/6/13	7：39：00	2.84

场次	对阵	日期	开始时间	平均收视
2018 年世界杯亚洲区预选赛第三阶段 A 组第 10 轮	卡塔尔 vs 中国	2017/9/5	22：57：00	2.2
2017 年亚洲足联冠军联赛 1/4 决赛次回合	恒大 vs 上港	2017/9/12	19：55：00	1.92
2017 年亚洲足联冠军联赛 1/4 决赛首回合	上港 vs 恒大	2017/8/22	19：56：00	1.81
2017 年亚洲足联冠军联赛 G 组第 3 轮	恒大 vs 川崎前锋	2017/3/14	19：55：00	1.81
2017 年亚洲足联冠军联赛 1/8 决赛第一回合	恒大 vs 鹿岛鹿角	2017/5/23	19：54：00	1.76
2017 年亚洲足联冠军联赛 1/8 决赛第一回合	上港 vs 苏宁	2017/5/24	19：56：00	1.52

来源：央视索福瑞。

表 8-6　2017 年 CCTV5 篮球赛事 TOP10

场次	对阵	日期	开始时间	平均收视
2016/2017 赛季 NBA 总决赛第 4 场	勇士 vs 骑士	2017/6/10	8：59：54	1.3
2016/2017 赛季 CBA 联赛总决赛第 4 场	广东 vs 新疆	2017/4/7	19：32：51	1.21
2016/2017 赛季 CBA 联赛总决赛第 2 场	新疆 vs 广东	2017/4/2	19：33：58	1.14
2016/2017 赛季 CBA 联赛总决赛第 1 场	新疆 vs 广东	2017/3/31	19：33：38	1.09
2016/2017 赛季 CBA 联赛总决赛第 3 场	广东 vs 新疆	2017/4/5	19：34：44	1.02
2017 赛季 NBA 全明星周末扣篮大赛		2017/2/19	10：45：00	0.97
2019 年男篮世界杯预选赛	韩国 vs 中国	2017/11/26	18：00：00	0.94
2016/2017 赛季 NBA 西部总决赛第 3 场	勇士 vs 马刺	2017/5/21	9：04：00	0.91
2016/2017 赛季 CBA 联赛半决赛第 4 场	辽宁 vs 新疆	2017/3/17	19：30：00	0.88
2016/2017 赛季 CBA 联赛总决赛第 2 场	新疆 vs 辽宁	2017/3/12	19：33：00	0.87

来源：央视索福瑞。

　　再次，对本国参赛选手参与的比赛具有收视的偏好。虽说体育无国界，但体育最能激发爱国热情。对本国选手关注一方面是由体育的接近性特点决定的；另一方面也是体育观众的自我认同、释放爱国热情的一种重要手段。

随着中国体育逐渐融入世界，中国传统的优势体育项目陆续走出国门，一些曾经远离国人的弱势体育项目（像近年来受到欢迎的网球、斯诺克等）也渐渐在国内发展起来，成为中国体育赛事节目转播的必选赛事。中国运动员在国际赛场上的优异表现，使得这些曾经弱势的项目逐渐成为中国体育电视观众收视的重要内容。根据央视索福瑞（CSM）对 2017 年台球赛事收视情况的分析，排在前 10 收视率的比赛，几乎都是有中国选手丁俊晖参加的比赛。

表 8 - 7　2017 年 CCTV5 台球赛事 TOP10

场次	对阵	日期	开始时间	平均收视
2016/2017 年斯诺克世锦赛半决赛第一阶段	塞尔比 vs 丁俊晖	2017/4/27	20：09：19	1.09
2016/2017 年斯诺克世锦赛半决赛第四阶段	塞尔比 vs 丁俊晖	2017/4/29	21：33：54	0.98
2017 年斯诺克世锦赛半决赛第二阶段	塞尔比 vs 丁俊晖	2017/4/28	17：07：10	0.95
2017 年斯诺克中国公开赛第三轮	丁俊晖 vs 马克 - 乔伊斯	2017/3/30	19：30：57	0.88
2016/2017 年斯诺克世锦赛 1/4 决赛	丁俊晖 vs 奥沙利文	2017/4/26	22：16：58	0.86
2016/2017 年斯诺克世锦赛 1/4 决赛	傅家俊 vs 罗伯逊	2017/4/25	18：34：35	0.84
2016/2017 年斯诺克世锦赛半决赛第三阶段	塞尔比 vs 丁俊晖	2017/4/29	21：00：08	0.81
2017 年斯诺克中国锦标赛第二轮	麦克马努斯 vs 丁俊晖	2017/8/18	19：29：59	0.68
2016/2017 年斯诺克世锦赛第二轮	丁俊晖 vs 梁文博	2017/4/22	21：38：10	0.67
2017 年斯诺克世界公开赛决赛	丁俊晖 vs 威尔逊	2017/9/24	21：38：14	0.65

来源：央视索福瑞。

最后，就是对体育明星的收视偏好。体育明星以高超的运动竞技水平和个人魅力受到体育观众的追捧。观看自己喜欢的体育明星比赛是很多体育赛事观众收视的重要选择。随着中国许多体育项目在国际赛场上取得越来越好的成绩，在中国体育界也产生了越来越多的体育明星。从 2016 年里约奥运会开始，游泳名将孙杨、傅园慧，乒乓球国手马龙、张继科、丁宁、刘诗雯，羽毛球国手林丹、谌龙，特别是女排再夺冠军后，惠若琪、朱婷等年轻的女排运动员瞬间爆红，成为广大电视观众的焦点人物。根据央视索福瑞（CSM）

的研究数据显示，国乒选手马龙、丁宁、张继科、樊振东等的明星效应非常显著，收视率排在前 10 的赛事中都有他们的身影，从中也可以看出体育明星对体育电视观众收视选择的影响。

表 8 - 8   2017 年 CCTV5 乒乓球赛事 TOP10

场次	对阵	日期	开始时间
2017 年世界乒乓球锦标赛男单决赛	马龙 vs 樊振东	2017/6/5	20：30：56
2017 年世界乒乓球锦标赛女单决赛	丁宁 vs 朱雨玲	2017/6/4	19：54：03
2017 年世界乒乓球锦标赛女单半决赛	丁宁 vs 平野美宇	2017/6/3	18：36：26
2017 年世界乒乓球锦标赛男单 1/4 决赛	马龙 vs 波尔	2017/6/4	21：07：05
2017 年世界乒乓球锦标赛女双决赛	丁宁/刘诗雯 vs 朱雨玲/陈梦	2017/6/5	22：07：21
2017 年世界乒乓球锦标赛女单半决赛	朱雨玲 vs 刘诗雯	2017/6/3	19：49：00
2017 年世界乒乓球锦标赛男双决赛	樊振东/许昕 vs 森园政崇/大岛祐哉	2017/6/4	22：30：49
2017 年世界乒乓球锦标赛女双半决赛	刘诗雯/丁宁 vs 伊藤美诚/早田希娜	2017/6/5	17：58：33
2017 年世界乒乓球锦标赛男单第四轮	樊振东 vs 斐卢斯	2017/6/3	17：22：59
2017 年第 13 届全运会乒乓球男单决赛	马龙 vs 樊振东	2017/6/6	17：38：44

来源：央视索福瑞。

（二）互联网体育用户对体育赛事的偏好

根据艾瑞咨询对 2016 年互联网体育用户的行为研究，发现网民对大球中的足球、篮球，小球中的羽毛球和乒乓球关注度较高，这种与我们分析的电视观众体育赛事收视偏好基本相同，同样可以看到由于冰雪赛事尚处用户培育期，赛事观赛的渗透率较低。其他几项赛事的网民关注度也基本与电视端的电视观众关注度相近。近几年随着电子竞技的普及，电竞赛事近几年快速上升为热门赛事。

- 网民观看最多的赛事：大球中的篮球和足球，小球中的羽毛球和乒乓球。
- 冰雪赛事：尚处用户培育期，赛事渗透率较低，需加大赛事推广和大众的运动参与引导。
- 电竞赛事：近几年快速上升为热门赛事，有较好的观众基础，赛事IP有较大挖掘潜力。

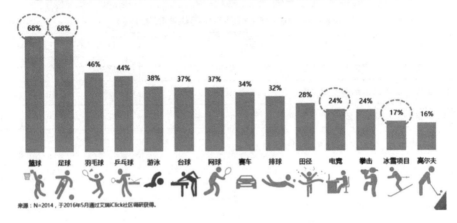

图 8 - 18　2016 年网民观看最多的体育赛事比例

来源：艾瑞咨询。

通过百度指数的分析，世界杯结束后中超联赛恢复比赛，互联网用户对中超的网络关注度成激增的趋势，百度指数陡然增长了 10 倍。可见，无论在电视端还是互联网端，体育赛事的观众关注度基本类似，区别主要还是收看和了解比赛直播和资讯的媒介不同而已。

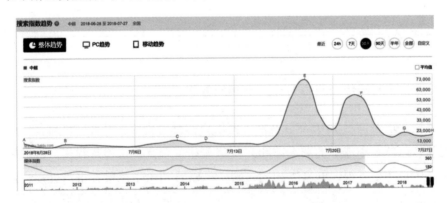

图 8 - 19　2018 年中超百度搜索指数（百度指数）

五、赛事举办者的媒体传播策略

观众观看体育比赛、了解体育比赛信息的途径丰富多样，除了传统的电视媒体，还有互联网新媒体以及社交媒体等多种手段。影响电视观众和互联网新媒体用户收视行为的因素也是多方面的，由于观众对体育项目的喜好程度有较大差异，再加上每个项目的普及程度不一，观众表现出不同的收视偏好是必然的。因此，在举办体育赛事时，认真分析和研究赛事与用户收视的习惯，对于做好赛事的传播具有相当重要的参考作用。

名词：

观众集中度：表示的是目标观众相对于参照观众的收视集中程度，以此来反映目标观众对特定频道（节目）的收视倾向，回答"谁更爱看这个频道（节目）"的问题。

集中度（％）＝目标观众收视率％/参考观众收视率％×100％

⋯⋯⋯⋯⋯⋯⋯⋯⋯⋯⋯⋯⋯ 参考文献 ⋯⋯⋯⋯⋯⋯⋯⋯⋯⋯⋯⋯⋯⋯

［1］于松涛．2017年全国体育节目收视分析．收视中国，730期．

［2］李金宝．中国体育电视受众收视偏好分析．电视研究，2014年第3期（总第292期）．

［3］郑国兵．新媒体下对体育赛事传播的分析研究．体育大视野，2017年（第7卷）第27期．

区域编

第九章　河北省休闲体育发展报告

张绰庵　张建会　谢凤玲　蔡　颖

摘要： 本章对河北省城市居民参加体育健身休闲活动进行了调研分析，主要研究发现：第一，大部分河北省城市居民都参与体育健身活动，受教育程度越高参与体育健身活动的人员比例越高。第二，年龄越大，参与健身休闲活动的频次就越高，充分说明了中老年人是河北省城市居民健身休闲活动频次最高的参与群体。第三，学历与健身休闲活动频次并不正相关。第四，河北省不同月收入城市居民参与体育健身休闲活动频度也不同。第五，健步走、跑步、羽毛球、篮球、排舞广场舞、乒乓球是河北省城市居民主要参加体育健身活动项目。

关键词： 河北省；城市居民；体育健身；休闲

注：本成果为科技创新服务能力建设—协同创新中心—京津冀体育发展协同创新基金（PXM2016_ 014206_ 000022）阶段性研究成果。

作者简介： 张绰庵，河北体育学院院长，教授。研究方向：休闲体育、青少年体育。

张建会，河北体育学院教授。研究方向：休闲体育、体育社会学。

谢凤玲，河北体育学院教授。研究方向：体育管理。

蔡　颖，河北体育学院讲师。研究方向：体育管理。

随着休闲时代的来临，河北省居民的休闲生活方式发生了很大变化，由过去单一的生活方式转向了多元化的休闲生活方式。近年来，立足早日实现"河北体育事业发展要与全省经济社会发展水平相匹配"的目标，河北省切实加大了对群众体育、竞技体育、体育产业等方面工作的推进力度，为河北由"体育大省"向"体育强省"转变迈出了坚实的一步，全民健身事业步入新的发展阶段。

一、河北省城市居民参加体育健身活动总体分析

2013—2017 年，全省累计投入场地设施建设资金超过 260 亿元，建成各类体育场地 7.8 万余个，总占地面积 26289 万平方米，总建筑面积 1351 万平方米，场地面积 9867 万平方米。本着就近、就便、小型、实用的建设原则，河北初步建立起了市县乡村四级公共体育健身场地设施网络，全省将近 60%的行政村和 70%以上的社区均已安装体育健身设施。河北深入开展以体育进社区、进农村、进机关、进学校、进企业、进家庭为主题的"六进"活动，大力培育"一地一品""一地多品"特色健身项目，保定空竹、秦皇岛轮滑、沧州武术等群众性特色品牌活动影响与日俱增，极大地激发了全省群众体育锻炼的热情。得益于全省人民生活水平的大幅提升、群众健身观念的普遍增强、城乡健身条件的明显改善以及互联网的全民普及等诸多利好因素，由各类体育健身达人、体育运动发烧友、体育项目爱好者等自发组织的民间草根网络健身社团、联盟、俱乐部、网络健身 QQ 群等如雨后春笋般在全省各地发展起来，太极热、乒羽热、骑行热、暴走热、户外热、广场舞热等风靡城乡，全省各地广大群众依托公园、广场、城乡空地等自行开辟设立的晨晚练点已达 20000 多个，并保持较快增长态势，极大提升了全省城乡基层健身组织的覆盖率。

（一）河北省城市居民参与体育活动情况

从表9-1可以看出，河北省城市居民大部分都参与过体育健身活动，不过仍然有28.6%的城市居民未参与过体育健身休闲活动，另有0.4%的城市居民说不清是否参与体育健身休闲活动。

表9-1　河北省城市居民近一年来参加过体育健身休闲活动

		频率	百分比	有效百分比	累积百分比
	是	751	71.1	71.1	71.1
	否	302	28.6	28.6	99.6
	说不清	4	0.4	0.4	100.0
	合计	1057	100.0	100.0	

从表9-2可以看出，近3/4的河北省男性城市居民参与过体育健身活动，有26.4%的男性城市居民未参与过体育健身休闲活动，另有0.2%的男性城市居民说不清是否参与体育健身休闲活动。女性城市居民中有68.9%参与体育健身活动，30.6%不参与体育健身活动，0.5%说不清。

表9-2　河北省男女城市居民近一年来参加过体育健身休闲活动情况

性别	是	否	说不清	合计
男	373	134	1	508
	73.4%	26.4%	0.2%	
女	378	168	3	549
	68.9%	30.6%	0.5%	

从表9-3可以看出，研究生教育程度的河北省城市居民全部参与过体育健身活动；大学教育程度的河北省城市居民有75.7%的城市居民参与过体育健身活动，23.6%未参与过体育健身休闲活动，另有0.7%说不清是否参与体育健身休闲活动；高中教育程度的河北省城市居民有72.3%的城市居民参与过体育健身活动，27.7%未参与过体育健身休闲活动；初中教育程度的河北省城市居民有66.7%的城市居民参与过体育健身活动，32.7%未参与过体育健身休闲活动，另有0.6%说不清是否参与体育健身休闲活动；小学教育程度的河北省城市居民有59.7%的城市居民参与过体育健身活动，40.3%未参与

过体育健身休闲活动；拒绝回答教育程度的河北省城市居民全部参与过体育健身活动；说不清教育程度的河北省城市居民参与过体育健身活动与未参与者各占50%，但其总量占调研对象的比例极低，可以忽略。

上述数据表明，受教育程度越高参与体育健身活动的人员比例越高。

表9-3 河北省不同受教育程度城市居民近一年来参加过体育健身休闲活动情况

受教育程度	是	否	说不清	合计
研究生	9	0	0	9
	100.0%	.0%	.0%	100.0%
大学（含大专）	209	65	2	276
	75.7%	23.6%	.7%	100.0%
高中（含中专）	240	92	0	332
	72.3%	27.7%	.0%	100.0%
初中	228	112	2	342
	66.7%	32.7%	.6%	100.0%
小学（含私塾）	46	31	0	77
	59.7%	40.3%	.0%	100.0%
文盲或识字不多	5	1	0	6
	83.3%	16.7%	.0%	100.0%
拒答	13	0	0	13
	100.0%	.0%	.0%	100.0%
说不清	1	1	0	2
	50.0%	50.0%	.0%	100.0%

从表9-4可以看出，河北省各地市城市居民平均每月活动频度不足1次的，秦皇岛市占比最大，达到18.2%，其次为唐山市占比为4.5%。平均每月活动1次以上，但每周不足1次的，衡水市占比最高，达到15.4%，其次是邢台市，占比14.8%，第三是秦皇岛市，占比13.6%，第四是沧州市，占比11.9%。平均每周活动1—2次的城市居民，衡水市占比最高，达到41%，其次是廊坊市，占比39.1%，第三是唐山市，占比36.4%，第四是沧州市，占比35.6%，其后依次为邢台市27.8%、保定市25.8%、张家口市25.6%、承德市23.6%、邯郸市23.5%、石家庄市21.8%、秦皇岛市4.5%。平均每周活动3—4次的居民城市占比依次为唐山市39.4%、秦皇岛市31.8%、石家

庄市 29.6%、廊坊市 29%、沧州市 25.4%、张家口市 16.3%、衡水市 15.4%、邯郸市 12.3%、邢台市 9.3%、保定市 8.1%、承德市 7.3%。平均每周活动频次在 5 次及以上的城市居民占比排位依次是石家庄 12.3%、唐山市 9.1%、衡水市 7.7%、邢台市 7.4%、沧州市 6.8%、邯郸市 6.2%、承德市 5.5%、保定市 4.8%、秦皇岛市 4.5%、廊坊市 4.3%、张家口市 2.3%。每天活动 1 次的城市居民占比依次为承德 52.7%、保定市 46.8%、张家口 44.2%、邯郸 43.2%、邢台 33.3%、石家庄市 26.3%、衡水 15.4%、廊坊 7.2%、秦皇岛 6.8%、沧州 6.8%、唐山 4.5%。每天活动两次及以上的城市居民占比承德 9.1%、保定 6.5%、邢台 5.6%、衡水 5.1%、邯郸 4.9%、石家庄 3.9%、唐山 1.5%、廊坊 1.4%。

从河北省各地市城市居民活动频次来看，石家庄居民活动平均每周 3—4 次占比最大，为 29.6%，其次为每天活动 1 次，占比 26.3%，第三位是每周活动 1—2 次，占比 21.8%。唐山市居民平均每周 3—4 次占比最大，为 39.4%，其次为平均每周活动 1—2 次，占比 36.4%，第三位是每周活动 5 次及以上，占比 9.1%。秦皇岛市居民活动平均每周 3—4 次占比最大，为 31.8%，其次为说不清，占比 20.5%，第三位是平均每月活动不足 1 次，占比 18.2%。邯郸市居民活动平均每天 1 次占比最大，为 43.2%，其次为每周活动 1—2 次，占比 23.5%，第三位是每周活动 3—4 次，占比 12.3%。邢台市居民活动每天 1 次占比最高 33.3%，其次为平均每周 1—2 次，占比 27.8%，第三位为平均每月 1 次以上但每周不足 1 次，占比 14.8%。保定市居民活动每天 1 次占比最高，达 46.8%，其次为平均每周活动 1—2 次，占比 25.8%，第三位为平均每周 3—4 次，占比 8.1%。张家口市居民活动每天 1 次占比最高，达 44.2%，其次为平均每周活动 1—2 次，占比 25.6%，第三位为平均每周 3—4 次，占比 16.3%。承德市居民活动每天 1 次占比最高，达 52.7%，其次为平均每周活动 1—2 次，占比 23.6%，第三位为每天两次以上，占比 9.1%。沧州市居民平均每周活动 1—2 次占比最高，达 35.6%，其次为平均每周 3—4 次，占比 25.4%，第三位为平均每月 1 次以上，但每周不足 1 次，占比为 11.9%。廊坊市居民平均每周活动 1—2 次占比最高，达 39.1%，其次为平均每周 3—4 次，占比 29%，第三位为平均每天 1 次，占比为 7.2%。衡水市居民平均每周活动 1—2 次占比最高，达 41%，其次为平均每月 1 次以上，但每周不足 1 次，占比为 15.4%，第三位为每天 1 次，占比为 15.4%。

表9-4 河北省各地市城市居民参加过体育健身休闲活动的频度情况

	平均每月不足1次	平均每月1次以上，但每周不足1次	平均每周1—2次	平均每周3—4次	平均每周5次及以上	每天1次	每天两次及以上	说不清	合计
石家庄市	3	7	39	53	22	47	7	1	179
	1.7%	3.9%	21.8%	29.6%	12.3%	26.3%	3.9%	.6%	100.0%
唐山市	3	3	24	26	6	3	1	0	66
	4.5%	4.5%	36.4%	39.4%	9.1%	4.5%	1.5%	.0%	100.0%
秦皇岛市	8	6	2	14	2	3	0	9	44
	18.2%	13.6%	4.5%	31.8%	4.5%	6.8%	.0%	20.5%	100.0%
邯郸市	0	8	19	10	5	35	4	0	81
	.0%	9.9%	23.5%	12.3%	6.2%	43.2%	4.9%	.0%	100.0%
邢台市	1	8	15	5	4	18	3	0	54
	1.9%	14.8%	27.8%	9.3%	7.4%	33.3%	5.6%	.0%	100.0%
保定市	1	4	16	5	3	29	4	0	62
	1.6%	6.5%	25.8%	8.1%	4.8%	46.8%	6.5%	.0%	100.0%
张家口市	1	3	11	7	1	19	0	1	43
	2.3%	7.0%	25.6%	16.3%	2.3%	44.2%	.0%	2.3%	100.0%
承德市	0	1	13	4	3	29	5	0	55
	.0%	1.8%	23.6%	7.3%	5.5%	52.7%	9.1%	.0%	100.0%
沧州市	2	7	21	15	4	4	0	6	59
	3.4%	11.9%	35.6%	25.4%	6.8%	6.8%	.0%	10.2%	100.0%
廊坊市	0	3	27	20	3	5	1	10	69
	.0%	4.3%	39.1%	29.0%	4.3%	7.2%	1.4%	14.5%	100.0%
衡水市	0	6	16	6	3	6	2	0	39
	.0%	15.4%	41.0%	15.4%	7.7%	15.4%	5.1%	.0%	100.0%

从表9-5可以看出，河北省城市居民男性参加休闲健身活动频次占平均每周1—2次，占比最高，达31.6%，其次是每天活动1次，占比22%，第三位是平均每周活动3—4次，占比21.2%，第四位是平均每月1次以上，但每周不足1次，占比为8.8%，第五位是平均每周活动5次及以上，占比7%。

女性每天活动 1 次的占比最高，达 30.7%，其次为平均每周 3—4 次，占比为 22.8%，第三位为平均每周活动 1—2 次，占比为 22.5%，第四位为平均每周活动 5 次及以上，占比为 7.9%，第五位为平均每月 1 次以上，但每周不足 1 次占比 6.1%。

表 9 - 5　河北省不同性别城市居民参加过体育健身休闲活动的频度情况

性别	平均每月不足 1 次	平均每月1 次以上，但每周不足 1 次	平均每周1—2 次	平均每周3—4 次	平均每周5 次及以上	每天1 次	每天两次及以上	说不清	合计
男	9	33	118	79	26	82	9	17	373
	2.4%	8.8%	31.6%	21.2%	7.0%	22.0%	2.4%	4.6%	100.0%
女	10	23	85	86	30	116	18	10	378
	2.6%	6.1%	22.5%	22.8%	7.9%	30.7%	4.8%	2.6%	100.0%

从表 9 - 6 可以看出，河北省不同年龄段居民参加体育健身休闲活动频度也不同，16—24 周岁的活动频次平均每周 1—2 次占比最高，达 39.1%；25—34 周岁居民活动频次也是平均每周 1—2 次占比最高，达 35.8%；35—44 周岁居民活动频次依然是平均每周 1—2 次占比最高，达 30.7%；45—59 周岁居民活动频次每天 1 次占比最高，达 36.8%；60 周岁及以上居民活动频次每天 1 次占比最高，达 54.8%。

由此可以看出，年龄越大，参与健身休闲活动的频次就越高，充分说明了中老年人是河北省城市居民健身休闲活动频次最高的参与群体。

表 9 - 6　河北省不同年龄段城市居民参加过体育健身休闲活动的频度情况

	平均每月不足 1 次	平均每月1 次以上，但每周不足 1 次	平均每周1—2 次	平均每周3—4 次	平均每周5 次及以上	每天1 次	每天两次及以上	说不清	合计
16—24周岁	2	11	36	28	5	8	1	1	92
	2.2%	12.0%	39.1%	30.4%	5.4%	8.7%	1.1%	1.1%	100.0%
25—34周岁	9	16	67	57	14	14	2	8	187
	4.8%	8.6%	35.8%	30.5%	7.5%	7.5%	1.1%	4.3%	100.0%

续表

	平均每月不足1次	平均每月1次以上，但每周不足1次	平均每周1—2次	平均每周3—4次	平均每周5次及以上	每天1次	每天两次及以上	说不清	合计
35—44周岁	3	15	50	32	10	40	4	9	163
	1.8%	9.2%	30.7%	19.6%	6.1%	24.5%	2.5%	5.5%	100.0%
45—59周岁	4	9	36	32	18	68	10	8	185
	2.2%	4.9%	19.5%	17.3%	9.7%	36.8%	5.4%	4.3%	100.0%
60周岁及以上	1	5	14	16	9	68	10	1	124
	.8%	4.0%	11.3%	12.9%	7.3%	54.8%	8.1%	.8%	100.0%

从表9-7可以看出，研究生学历的城市居民参与健身休闲活动的频次为平均每周1—2次占比最高，达55.6%；大学学历的城市居民参与健身休闲活动的频次为每周1—2次占比最高，达36.4%；高中学历的城市居民参与健身休闲活动的频次也是每周1—2次占比最高，达29.2%；初中学历的城市居民参与健身休闲活动的频次为每天1次占比最高，达39%；小学学历的城市居民参与健身休闲活动的频次为每天1次占比最高，达60.9%；文盲或识字不多的城市居民参与健身休闲活动的频次为每天1次占比最高，达60%。

由此看出，学历与健身休闲活动频次并不正相关，学历越高，参与休闲活动的频次并不高，反而是小学以及文盲或识字不多的城市居民参与健身休闲活动的频次最高。这种现象值得引起我们研究者的反思和重视。

表9-7 河北省不同学历城市居民参加过体育健身休闲活动的频度情况

	平均每月不足1次	平均每月1次以上，但每周不足1次	平均每周1—2次	平均每周3—4次	平均每周5次及以上	每天1次	每天两次及以上	说不清	合计
研究生	0	0	5	4	0	0	0	0	9
	.0%	.0%	55.6%	44.4%	.0%	.0%	.0%	.0%	100.0%
大学（含大专）	8	21	76	52	17	22	4	9	209
	3.8%	10.0%	36.4%	24.9%	8.1%	10.5%	1.9%	4.3%	100.0%
高中（含中专）	8	16	70	53	17	56	9	11	240
	3.3%	6.7%	29.2%	22.1%	7.1%	23.3%	3.8%	4.6%	100.0%

续表

	平均每月不足1次	平均每月1次以上，但每周不足1次	平均每周1—2次	平均每周3—4次	平均每周5次及以上	每天1次	每天两次及以上	说不清	合计
初中	2	16	38	47	18	89	13	5	228
	.9%	7.0%	16.7%	20.6%	7.9%	39.0%	5.7%	2.2%	100.0%
小学（含私塾）	1	0	8	7	2	28	0	0	46
	2.2%	.0%	17.4%	15.2%	4.3%	60.9%	.0%	.0%	100.0%
文盲或识字不多	0	1	0	0	1	3	0	0	5
	.0%	20.0%	.0%	.0%	20.0%	60.0%	.0%	.0%	100.0%
拒答	0	2	6	2	1	0	0	2	13
	.0%	15.4%	46.2%	15.4%	7.7%	.0%	.0%	15.4%	100.0%
说不清	0	0	0	0	0	0	1	0	1
	.0%	.0%	.0%	.0%	.0%	.0%	100.0%	.0%	100.0%

从表9-8可以看出，河北省不同职业城市居民参加过体育健身休闲活动的频度也不相同，所调查样本中具有高层管理职务的人员平均每周5次及以上；中层机关管理人员参与健身休闲活动的频次为平均每周1—2次占比最高，达60%；中层企业管理人员参与健身休闲活动的频次也是平均每周1—2次占比最高，达33.3%；机关普通办事人员参与健身休闲活动的频次为平均每周1—2次占比最高，达43.6%；企业普通办事人员参与健身休闲活动的频次仍是平均每周1—2次占比最高，达43.8%；高级专业技术人员参与健身休闲活动的频次是平均每周3—4次占比最高，达55.6%；中级专业技术人员参与健身休闲活动的频次是平均每周1—2次占比最高，达46.7%；初级专业技术人员参与健身休闲活动的频次是平均每周3—4次占比最高，达34.6%；自由职业人员参与健身休闲活动的频次是平均每周1—2次占比最高，达39.1%；普通技术人员参与健身休闲活动的频次是平均每周1—2次占比最高，达34.3%；各类企事业单位的体力劳动者参与健身休闲活动的频次是每天1次占比最高，达31.7%；服务人员参与健身休闲活动的频次是平均每周1—2次和每天1次占比最高，占比均为26.7%；自我雇佣者参与健身休闲活动的频次是平均每周1—2次、平均每周3—4次和每天1次占比最高，占比均

为 24.7%；军人/警察参与健身休闲活动的频次是每天 1 次占比最高，达 66.7%；离退休人员参与健身休闲活动的频次是每天 1 次占比最高，达 57.5%；农民参与健身休闲活动的频次是每天 1 次占比最高，达 64%；在校学生参与健身休闲活动的频次是平均每周 1—2 次占比最高，达 44.7%；家庭主妇参与健身休闲活动的频次是平均每周 3—4 次占比最高，达 30.8%；下岗/无业/失业人员参与健身休闲活动的频次是每天 1 次占比最高，达 37.9%。

表 9-8　河北省不同职业城市居民参加过体育健身休闲活动的频度情况

	平均每月不足 1 次	平均每月 1 次以上，但每周不足 1 次	平均每周 1—2 次	平均每周 3—4 次	平均每周 5 次及以上	每天 1 次	每天两次及以上	说不清	合计
高层管理人员	0	0	0	0	1	0	0	0	1
	.0%	.0%	.0%	.0%	100.0%	.0%	.0%	.0%	100.0%
中层管理人员：机关及事业单位	0	0	3	1	0	1	0	0	5
	.0%	.0%	60.0%	20.0%	.0%	20.0%	.0%	.0%	100.0%
中层管理人员：企业中层管理人员	0	2	10	10	0	6	0	2	30
	.0%	6.7%	33.3%	33.3%	.0%	20.0%	.0%	6.7%	100.0%
普通办事员：机关及事业单位	2	3	17	9	4	3	0	1	39
	5.1%	7.7%	43.6%	23.1%	10.3%	7.7%	.0%	2.6%	100.0%
普通办事员：企业	3	7	39	20	8	8	3	1	89
	3.4%	7.9%	43.8%	22.5%	9.0%	9.0%	3.4%	1.1%	100.0%
高级专业技术人员	0	1	3	10	1	1	0	2	18
	.0%	5.6%	16.7%	55.6%	5.6%	5.6%	.0%	11.1%	100.0%
中级专业技术人员	0	2	14	9	1	2	1	1	30
	.0%	6.7%	46.7%	30.0%	3.3%	6.7%	3.3%	3.3%	100.0%

续表

	平均每月不足1次	平均每月1次以上，但每周不足1次	平均每周1—2次	平均每周3—4次	平均每周5次及以上	每天1次	每天两次及以上	说不清	合计
初级专业技术人员	3	2	8	9	1	3	0	0	26
	11.5%	7.7%	30.8%	34.6%	3.8%	11.5%	.0%	.0%	100.0%
自由职业者等	1	1	9	5	3	4	0	0	23
	4.3%	4.3%	39.1%	21.7%	13.0%	17.4%	.0%	.0%	100.0%
普通技术工人	2	3	12	6	4	5	0	3	35
	5.7%	8.6%	34.3%	17.1%	11.4%	14.3%	.0%	8.6%	100.0%
各类企事业单位的体力劳动者	1	7	15	9	5	19	1	3	60
	1.7%	11.7%	25.0%	15.0%	8.3%	31.7%	1.7%	5.0%	100.0%
服务人员	0	6	16	13	3	16	1	5	60
	.0%	10.0%	26.7%	21.7%	5.0%	26.7%	1.7%	8.3%	100.0%
自我雇佣者	2	7	20	20	7	20	2	3	81
	2.5%	8.6%	24.7%	24.7%	8.6%	24.7%	2.5%	3.7%	100.0%
军人/警察等	0	0	0	0	1	2	0	0	3
	.0%	.0%	.0%	.0%	33.3%	66.7%	.0%	.0%	100.0%
离退休人员	1	5	9	11	8	69	12	5	120
	.8%	4.2%	7.5%	9.2%	6.7%	57.5%	10.0%	4.2%	100.0%
农民	0	1	4	1	1	16	2	0	25
	.0%	4.0%	16.0%	4.0%	4.0%	64.0%	8.0%	.0%	100.0%
在校学生	2	4	17	11	0	2	1	1	38
	5.3%	10.5%	44.7%	28.9%	.0%	5.3%	2.6%	2.6%	100.0%
家庭主妇	2	4	7	12	3	10	1	0	39
	5.1%	10.3%	17.9%	30.8%	7.7%	25.6%	2.6%	.0%	100.0%
下岗/无业/失业	0	1	0	9	5	11	3	0	29
	.0%	3.4%	.0%	31.0%	17.2%	37.9%	10.3%	.0%	100.0%

从表9-9可以看出，河北省不同月收入城市居民参与体育健身休闲活动频度也不同。个人月收入小于4000元的城市居民平均每周1—2次的健身活动参与率最高，占比为30.25%，其次为平均每周3—4次健身活动，占比为23.57%；个人月收入在4000元以上的城市居民，平均每周1—2次的健身活动参与率最高，占比为38.17%，其次为平均每周3—4次健身活动，占比为25.27%。

表9-9　河北省不同月收入城市居民参加过体育健身休闲活动的频度情况

	平均每月不足1次	平均每月1次以上，但每周不足1次	平均每周1—2次	平均每周3—4次	平均每周5次及以上	每天1次	每天两次及以上	说不清	合计
个人月收入小于4000元	9	27	95	74	27	67	8	7	314
	2.87%	8.60%	30.25%	23.57%	8.60%	21.34%	2.55%	2.23%	100.00%
个人月收入4000元以上	5	14	71	47	12	23	0	14	186
	2.69%	7.53%	38.17%	25.27%	6.45%	12.37%	0.00%	7.53%	100.00%

从表9-10可以看出，河北省11个地市居民参与体育健身休闲活动的时间情况主要集中在31—60分钟。

表9-10　河北省各地市城市居民参加过体育健身休闲活动的时间情况

	30分钟及以下	31—60分钟	61—90分钟	91—120分钟	120分钟以上	拒答	说不清	合计
石家庄市	37	113	24	5	0	0	0	179
	20.7%	63.1%	13.4%	2.8%	.0%	.0%	.0%	100.0%
唐山市	8	45	9	0	2	1	1	66
	12.1%	68.2%	13.6%	.0%	3.0%	1.5%	1.5%	100.0%
秦皇岛市	8	25	6	0	0	0	5	44
	18.2%	56.8%	13.6%	.0%	.0%	.0%	11.4%	100.0%
邯郸市	16	51	7	6	1	0	0	81
	19.8%	63.0%	8.6%	7.4%	1.2%	.0%	.0%	100.0%
邢台市	8	36	8	1	0	0	1	54
	14.8%	66.7%	14.8%	1.9%	.0%	.0%	1.9%	100.0%
保定市	5	36	18	3	0	0	0	62
	8.1%	58.1%	29.0%	4.8%	.0%	.0%	.0%	100.0%

	30 分钟及以下	31—60分钟	61—90分钟	91—120分钟	120 分钟以上	拒答	说不清	合计
张家口市	2	22	12	5	2	0	0	43
	4.7%	51.2%	27.9%	11.6%	4.7%	.0%	.0%	100.0%
承德市	6	33	10	6	0	0	0	55
	10.9%	60.0%	18.2%	10.9%	.0%	.0%	.0%	100.0%
沧州市	5	39	10	4	1	0	0	59
	8.5%	66.1%	16.9%	6.8%	1.7%	.0%	.0%	100.0%
廊坊市	0	44	14	9	2	0	0	69
	.0%	63.8%	20.3%	13.0%	2.9%	.0%	.0%	100.0%
衡水市	6	28	4	0	1	0	0	39
	15.4%	71.8%	10.3%	.0%	2.6%	.0%	.0%	100.0%

从表 9 – 11 可以看出，河北省不同性别城市居民参与健身休闲活动时间情况为：男性和女性均集中在 31—60 分钟。

表 9 – 11　河北省不同性别城市居民参加过体育健身休闲活动的时间情况

	30 分钟及以下	31—60分钟	61—90分钟	91—120分钟	120 分钟以上	拒答	说不清	合计
男	45	236	61	22	5	0	4	373
	12.1%	63.3%	16.4%	5.9%	1.3%	.0%	1.1%	100.0%
女	56	236	61	17	4	1	3	378
	14.8%	62.4%	16.1%	4.5%	1.1%	.3%	.8%	100.0%

从表 9 – 12 可以看出河北省城市居民不同年龄阶段参与体育健身休闲活动的时间主要集中在 31—60 分钟，这个时间段在各个年龄段占比都是最高。

表 9 – 12　河北省不同年龄段城市居民参加过体育健身休闲活动的时间情况

	30 分钟及以下	31—60分钟	61—90分钟	91—120分钟	120 分钟以上	拒答	说不清	合计
16—24周岁	11	58	13	7	2	1	0	92
	12.0%	63.0%	14.1%	7.6%	2.2%	1.1%	.0%	100.0%
25—34周岁	23	112	36	10	5	0	1	187
	12.3%	59.9%	19.3%	5.3%	2.7%	.0%	.5%	100.0%

续表

	30分钟及以下	31—60分钟	61—90分钟	91—120分钟	120分钟以上	拒答	说不清	合计
35—44周岁	22	107	26	7	0	0	1	163
	13.5%	65.6%	16.0%	4.3%	.0%	.0%	.6%	100.0%
45—59周岁	27	121	25	6	2	0	4	185
	14.6%	65.4%	13.5%	3.2%	1.1%	.0%	2.2%	100.0%
60周岁及以上	18	74	22	9	0	0	1	124
	14.5%	59.7%	17.7%	7.3%	.0%	.0%	.8%	100.0%

从表9-13中可以看出，不同学历城市居民参加体育健身休闲活动的时间占比最高的为31—60分钟。

表9-13 河北省不同学历城市居民参加过体育健身休闲活动的时间情况

	30分钟及以下	31—60分钟	61—90分钟	91—120分钟	120分钟以上	拒答	说不清	合计
研究生	0	7	1	0	1	0	0	9
	.0%	77.8%	11.1%	.0%	11.1%	.0%	.0%	100.0%
大学（含大专）	23	138	35	8	3	1	1	209
	11.0%	66.0%	16.7%	3.8%	1.4%	.5%	.5%	100.0%
高中（含中专）	30	149	39	14	3	0	5	240
	12.5%	62.1%	16.3%	5.8%	1.3%	.0%	2.1%	100.0%
初中	42	133	38	13	1	0	1	228
	18.4%	58.3%	16.7%	5.7%	.4%	.0%	.4%	100.0%
小学（含私塾）	5	30	7	4	0	0	0	46
	10.9%	65.2%	15.2%	8.7%	.0%	.0%	.0%	100.0%
文盲或识字不多	1	3	1	0	0	0	0	5
	20.0%	60.0%	20.0%	.0%	.0%	.0%	.0%	100.0%
拒答	0	11	1	0	1	0	0	13
	.0%	84.6%	7.7%	.0%	7.7%	.0%	.0%	100.0%
说不清	0	1	0	0	0	0	0	1
	.0%	100.0%	.0%	.0%	.0%	.0%	.0%	100.0%

从表9-14可以看出，不同职业城市居民参加体育健身休闲活动的时间也不同。具有高层管理职务的人员锻炼时间为61—90分钟；中层机关管理人

员健身时间30分钟及以下和31—60分钟这两个时间段占比最高，达40%；除此之外，其他职业人员的健身时间均为31—60分钟占比最高。

表9-14 河北省不同职业段城市居民参加过体育健身休闲活动的时间情况

	30分钟及以下	31—60分钟	61—90分钟	91—120分钟	120分钟以上	拒答	说不清	合计
高层管理人员	0	0	1	0	0	0	0	1
	.0%	.0%	100.0%	.0%	.0%	.0%	.0%	100.0%
中层管理人员：机关及事业单位	2	2	1	0	0	0	0	5
	40.0%	40.0%	20.0%	.0%	.0%	.0%	.0%	100.0%
中层管理人员：企业中层管理人员	2	18	7	3	0	0	0	30
	6.7%	60.0%	23.3%	10.0%	.0%	.0%	.0%	100.0%
普通办事员：机关及事业单位	3	28	4	3	0	0	1	39
	7.7%	71.8%	10.3%	7.7%	.0%	.0%	2.6%	100.0%
普通办事员：企业	9	55	16	7	2	0	0	89
	10.1%	61.8%	18.0%	7.9%	2.2%	.0%	.0%	100.0%
高级专业技术人员	4	7	5	2	0	0	0	18
	22.2%	38.9%	27.8%	11.1%	.0%	.0%	.0%	100.0%
中级专业技术人员	3	18	7	1	1	0	0	30
	10.0%	60.0%	23.3%	3.3%	3.3%	.0%	.0%	100.0%
初级专业技术人员	2	14	5	3	1	0	1	26
	7.7%	53.8%	19.2%	11.5%	3.8%	.0%	3.8%	100.0%
自由职业者等	1	14	4	3	1	0	0	23
	4.3%	60.9%	17.4%	13.0%	4.3%	.0%	.0%	100.0%
普通技术工人	2	23	9	0	0	0	1	35
	5.7%	65.7%	25.7%	.0%	.0%	.0%	2.9%	100.0%

续表

	30 分钟及以下	31—60 分钟	61—90 分钟	91—120 分钟	120 分钟以上	拒答	说不清	合计
各类企事业单位的体力劳动者	10	41	8	0	1	0	0	60
	16.7%	68.3%	13.3%	.0%	1.7%	.0%	.0%	100.0%
服务人员	10	44	5	0	0	1	0	60
	16.7%	73.3%	8.3%	.0%	.0%	1.7%	.0%	100.0%
自我雇佣者	15	48	12	2	2	0	2	81
	18.5%	59.3%	14.8%	2.5%	2.5%	.0%	2.5%	100.0%
军人/警察等	1	2	0	0	0	0	0	3
	33.3%	66.7%	.0%	.0%	.0%	.0%	.0%	100.0%
离退休人员	16	79	14	9	0	0	2	120
	13.3%	65.8%	11.7%	7.5%	.0%	.0%	1.7%	100.0%
农民	4	14	6	1	0	0	0	25
	16.0%	56.0%	24.0%	4.0%	.0%	.0%	.0%	100.0%
在校学生	6	24	6	1	1	0	0	38
	15.8%	63.2%	15.8%	2.6%	2.6%	.0%	.0%	100.0%
家庭主妇	9	21	7	2	0	0	0	39
	23.1%	53.8%	17.9%	5.1%	.0%	.0%	.0%	100.0%
下岗/无业/失业	2	20	5	2	0	0	0	29
	0	0	1	0	0	0	0	1

从表 9 - 15 可以看出，个人月收入小于 4000 元的城市居民和个人月收入 4000 元以上的城市居民参加体育健身休闲活动时间均主要集中在 31—60 分钟。

表 9 - 15　河北省不同月收入城市居民参加过体育健身休闲活动的时间情况

	30 分钟及以下	31—60 分钟	61—90 分钟	91—120 分钟	120 分钟以上	拒答	说不清	合计
个人月收入小于 4000 元	45	196	51	14	6	1	2	315
	14.29%	62.22%	16.19%	4.44%	1.90%	0.32%	0.63%	100.00%
个人月收入 4000 元以上	19	119	33	10	2	0	3	186
	10.22%	63.98%	17.74%	5.38%	1.08%	0.00%	1.61%	100.00%

从表9-16可以看出，河北省各地市参加体育健身休闲活动感受情况也不同。石家庄市、唐山市、秦皇岛市、保定市、张家口市、沧州市、廊坊市、衡水市居民主要感觉到呼吸、心跳加快，微微出汗，这部分感觉的居民占比最高；邯郸市、邢台市、承德市居民主要感觉呼吸急促、心跳明显加快，出汗较多，有这种感觉的居民在上述城市中占比最高。

表9-16　河北省各地市城市居民参加过体育健身休闲活动的感受情况

	呼吸、心跳与不锻炼时比，变化不大	呼吸、心跳加快，微微出汗	呼吸急促、心跳明显加快，出汗较多	拒答	说不清	合计
石家庄市	23	91	51	1	13	179
	12.8%	50.8%	28.5%	.6%	7.3%	100.0%
唐山市	19	33	13	0	1	66
	28.8%	50.0%	19.7%	.0%	1.5%	100.0%
秦皇岛市	5	29	8	0	2	44
	11.4%	65.9%	18.2%	.0%	4.5%	100.0%
邯郸市	6	33	42	0	0	81
	7.4%	40.7%	51.9%	.0%	.0%	100.0%
邢台市	4	23	27	0	0	54
	7.4%	42.6%	50.0%	.0%	.0%	100.0%
保定市	6	38	18	0	0	62
	9.7%	61.3%	29.0%	.0%	.0%	100.0%
张家口市	4	28	10	0	1	43
	9.3%	65.1%	23.3%	.0%	2.3%	100.0%
承德市	10	18	27	0	0	55
	18.2%	32.7%	49.1%	.0%	.0%	100.0%
沧州市	3	33	23	0	0	59
	5.1%	55.9%	39.0%	.0%	.0%	100.0%
廊坊市	3	35	31	0	0	69
	4.3%	50.7%	44.9%	.0%	.0%	100.0%
衡水市	4	20	15	0	0	39
	10.3%	51.3%	38.5%	.0%	.0%	100.0%

从表9-17可以看出，河北省城市居民参加体育健身休闲活动感受在性别上并无差异，大部分居民均感觉呼吸、心跳加快，微微出汗。

表9-17　河北省不同性别城市居民参加过体育健身休闲活动的感受情况

	呼吸、心跳与不锻炼时比，变化不大	呼吸、心跳加快，微微出汗	呼吸急促、心跳明显加快，出汗较多	拒答	说不清	合计
男	35	175	157	0	6	373
	9.4%	46.9%	42.1%	.0%	1.6%	100.0%
女	52	206	108	1	11	378
	13.8%	54.5%	28.6%	.3%	2.9%	100.0%

从表9-18可以看出，河北省不同职业城市居民体育健身休闲活动后的感受也略有不同，具有高层管理职务、中层企业管理人员、普通企业办事人员、高级中级技术人员、自由职业、企事业单位体育劳动者、服务人员、自我雇佣者、军人/警察、离退休人员、农民、下岗失业人员运动后感觉呼吸急促、心跳明显加快，出汗较多；中层机关管理人员、在校学生运动后主要感觉呼吸急促、心跳明显加快，出汗较多；普通机关办事人员、初级技术人员、家庭主妇运动后感觉呼吸、心跳加快，微微出汗以及呼吸急促、心跳明显加快，出汗较多的比例较高。

表9-18　河北省不同职业城市居民参加过体育健身休闲活动的感受情况

	呼吸、心跳与不锻炼时比，变化不大	呼吸、心跳加快，微微出汗	呼吸急促、心跳明显加快，出汗较多	拒答	说不清	合计
高层管理人员	0	0	1	0	0	1
	.0%	.0%	100.0%	.0%	.0%	100.0%
中层管理人员：机关及事业单位	1	3	1	0	0	5
	20.0%	60.0%	20.0%	.0%	.0%	100.0%
中层管理人员：企业中层管理人员	0	9	21	0	0	30
	.0%	30.0%	70.0%	.0%	.0%	100.0%
普通办事员：机关及事业单位	5	17	17	0	0	39
	12.8%	43.6%	43.6%	.0%	.0%	100.0%
普通办事员：企业	14	40	35	0	0	89
	15.7%	44.9%	39.3%	.0%	.0%	100.0%

	呼吸、心跳与不锻炼时比,变化不大	呼吸、心跳加快,微微出汗	呼吸急促、心跳明显加快,出汗较多	拒答	说不清	合计
高级专业技术人员	0	13	5	0	0	18
	.0%	72.2%	27.8%	.0%	.0%	100.0%
中级专业技术人员	2	17	11	0	0	30
	6.7%	56.7%	36.7%	.0%	.0%	100.0%
初级专业技术人员	5	10	10	0	1	26
	19.2%	38.5%	38.5%	.0%	3.8%	100.0%
自由职业者等	2	17	2	0	2	23
	8.7%	73.9%	8.7%	.0%	8.7%	100.0%
普通技术工人	3	11	21	0	0	35
	8.6%	31.4%	60.0%	.0%	.0%	100.0%
各类企事业单位的体力劳动者	5	32	22	0	1	60
	8.3%	53.3%	36.7%	.0%	1.7%	100.0%
服务人员	8	31	17	0	4	60
	13.3%	51.7%	28.3%	.0%	6.7%	100.0%
自我雇佣者	9	42	28	0	2	81
	11.1%	51.9%	34.6%	.0%	2.5%	100.0%
军人/警察等	0	2	1	0	0	3
	.0%	66.7%	33.3%	.0%	.0%	100.0%
离退休人员	15	77	23	1	4	120
	12.5%	64.2%	19.2%	.8%	3.3%	100.0%
农民	3	16	5	0	1	25
	12.0%	64.0%	20.0%	.0%	4.0%	100.0%
在校学生	5	14	19	0	0	38
	13.2%	36.8%	50.0%	.0%	.0%	100.0%
家庭主妇	6	16	16	0	1	39
	15.4%	41.0%	41.0%	.0%	2.6%	100.0%
下岗/无业/失业	4	14	10	0	1	29
	13.8%	48.3%	34.5%	.0%	3.4%	100.0%

（二）河北省城市居民参加体育健身活动的类型

从表9－19可以看出，健步走、跑步、羽毛球、篮球、排舞广场舞、乒乓球是河北省城市居民参加体育健身活动的主要项目。

表9－19 河北省城市居民最经常参加的体育健身休闲活动项目

	频率	百分比	有效百分比	累积百分比
1 足球	15	2.0	2.0	2.0
2 篮球	69	9.2	9.2	11.2
3 排球（气排球）	2	.3	.3	11.5
4 保龄球	3	.4	.4	11.9
6 羽毛球	88	11.7	11.7	23.6
7 乒乓球	35	4.7	4.7	28.2
8 网球	8	1.1	1.1	29.3
12 其他	8	1.1	1.1	30.4
13 健步走（含快步走）	237	31.6	31.6	61.9
14 长跑（含马拉松）	5	.7	.7	62.6
15 跑步（不含马拉松）	122	16.2	16.2	78.8
16 游泳	15	2.0	2.0	80.8
19 跳绳	4	.5	.5	81.4
20 健身路径（路边的健施）	21	2.8	2.8	84.2
21 自行车	12	1.6	1.6	85.8
22 登山	2	.3	.3	86.0
24 户外运动	3	.4	.4	86.4
26 轮滑	1	.1	.1	86.6
28 赛车	2	.3	.3	86.8
30 其他	3	.4	.4	87.2
34 雪橇（有舵/无舵/俯式）	1	.1	.1	87.4
42 拳击	1	.1	.1	87.5
45 瑜伽	9	1.2	1.2	88.7
46 健美操	3	.4	.4	89.1
47 排舞、广场舞	47	6.3	6.3	95.3
48 交际舞体育舞蹈民间舞蹈	2	.3	.3	95.6
50 其他	1	.1	.1	95.7

续表

	频率	百分比	有效百分比	累积百分比
51 毽球	4	.5	.5	96.3
53 太极拳/剑	8	1.1	1.1	97.3
54 空竹	1	.1	.1	97.5
63 陀螺	1	.1	.1	97.6
74 健身气功（易筋经、八段锦、五禽戏、六字诀）	1	.1	.1	97.7
75 其他	2	.3	.3	98.0
76 动感单车	1	.1	.1	98.1
77 跑步机练习	3	.4	.4	98.5
78 拉力器练习	1	.1	.1	98.7
82 划船机练习	1	.1	.1	98.8
83 其他	7	.9	.9	99.7
99 说不清	2	.3	.3	100.0
合计	751	100.0	100.0	

（三）河北省城市居民参加体育健身活动的方式

由表9-20可以看出，河北省城市居民参加体育健身活动方式主要选择和朋友、同事一起健身；其次是选择和家人一起进行锻炼；第三是选择个人锻炼。

表9-20 河北省城市居民参加体育健身活动方式

	响应		个案百分比
	N	百分比	
个人锻炼	315	25.7%	42.0%
和家人一起	382	31.1%	50.9%
和朋友、同事一起	486	39.6%	64.8%
社区组织	19	1.5%	2.5%
单位组织	19	1.5%	2.5%
网络自发体育组织	7	.6%	.9%
总计	1228	100.0%	163.7%

从表9-21可以看出，河北省城市居民参加体育健身活动的时间主要集中在晚上，占比达61.9%；其次为早晨，占比为40.2%。因此，早晨和晚上

是居民健身的主要时间段。

表 9 – 21　河北省城市居民参加体育健身活动时间

		响应		个案百分比
		N	百分比	
	早晨	278	31.1%	40.2%
	上午	43	4.8%	6.2%
	中午	15	1.7%	2.2%
	下午	115	12.9%	16.6%
	晚上	428	47.9%	61.9%
	不参加	14	1.6%	2.0%
总计		893	100.0%	129.2%

从表 9 – 22 可以看出，河北省城市居民周末时间参加体育健身活动仍然是晚上和早晨，选择这两个时间段进行锻炼的人群比例最高。

表 9 – 22　河北省城市居民参加体育健身活动周末时间安排比例

		响应		个案百分比
		N	百分比	
	早晨	233	25.9%	34.3%
	上午	58	6.4%	8.5%
	中午	15	1.7%	2.2%
	下午	154	17.1%	22.6%
	晚上	424	47.1%	62.4%
	不参加	16	1.8%	2.4%
总计		900	100.0%	132.4%

二、河北省城市居民参加体育健身活动原因分析

（一）河北省城市居民参加体育健身活动原因分析

根据走访调查发现，河北省城市居民参加体育健身休闲活动的主要原因是强身健体、结交朋友。

（二）河北省城市居民没有参加体育健身活动原因分析

从表9-23可以看出，河北省城市居民近一年不参加体育健身休闲活动的首要原因是工作繁忙、没有时间。

表9-23 河北省城市居民近一年没有参加体育健身休闲活动的首要原因

	频率	百分比	有效百分比	累积百分比
没兴趣	85	27.8	27.8	27.8
惰性	17	5.6	5.6	33.3
身体好，不用参加	16	5.2	5.2	38.6
身体弱，不宜参加	19	6.2	6.2	44.8
体力劳动多，没有体力锻炼	20	6.5	6.5	51.3
家务繁忙，缺少时间	32	10.5	10.5	61.8
工作繁忙，缺少时间	92	30.1	30.1	91.8
缺乏场地设施	1	.3	.3	92.2
缺乏锻炼知识或健身技能	4	1.3	1.3	93.5
没人组织，缺少同伴	6	2.0	2.0	95.4
怕受伤	2	.7	.7	96.1
拒答	1	.3	.3	96.4
说不清	11	3.6	3.6	100.0
合计	306	100.0	100.0	

（三）河北省城市居民不参加体育健身活动的意愿分析

从表9-24可以看出，63.4%的城市居民并未考虑未来继续参加体育健身休闲活动，这在一定程度上说明，城市居民对于未来体育健身并没有一个非常好的个人规划。

表9-24 河北省城市居民考虑未来参加体育健身休闲活动的意愿

	频率	百分比	有效百分比	累积百分比
未来3个月内参加体育健身休闲活动	6	2.0	2.0	2.0
未来3到6个月内参加体育健身休闲活动	10	3.3	3.3	5.2
未来6个月到1年内参加体育健身休闲活动	15	4.9	4.9	10.1
未来1年以后参加体育健身休闲活动	26	8.5	8.5	18.6

	频率	百分比	有效百分比	累积百分比
没有考虑在未来参加体育健身休闲活动	194	63.4	63.4	82.0
拒答	2	.7	.7	82.7
说不清	53	17.3	17.3	100.0
合计	306	100.0	100.0	

三、河北省城市居民参加体育健身活动状态分析

（一）河北省城市居民参加体育健身活动持续情况分析

从表9－25可以看出，河北省城市居民持续2年参加体育健身休闲活动的人群比例最高，占比为20.2%；其次为5年，占比为15.6%；第三位为3年，占比15.4%；第四位为1年，占比15%；第五位为10年，占比为7.9%；第六位为4年，占比为6.7%；第七位为6年，占比为5.2%；第八位为8年，占比为4.1%。

表9－25　河北省城市居民参加体育活动状态持续年限

	频率	百分比	有效百分比	累积百分比
0	1	.1	.1	.1
0.5	1	.1	.1	.3
1	113	15.0	15.0	15.3
1.5	1	.1	.1	15.4
2	152	20.2	20.2	35.7
3	116	15.4	15.4	51.1
4	50	6.7	6.7	57.8
5	117	15.6	15.6	73.4
6	39	5.2	5.2	78.6
7	13	1.7	1.7	80.3
8	31	4.1	4.1	84.4

续表

	频率	百分比	有效百分比	累积百分比
9	2	.3	.3	84.7
10	59	7.9	7.9	92.5
11	1	.1	.1	92.7
12	4	.5	.5	93.2
13	1	.1	.1	93.3
14	1	.1	.1	93.5
15	14	1.9	1.9	95.3
20	20	2.7	2.7	98.0
23	1	.1	.1	98.1
25	5	.7	.7	98.8
30	8	1.1	1.1	99.9
40	1	.1	.1	100.0
合计	751	100.0	100.0	

（二）河北省城市居民参加体育健身活动中断情况分析

从表9－26可以看出，河北省城市居民体育活动没有中断过的人群比例达到89.1%，说明大部分居民坚持锻炼，坚持参加体育健身休闲活动。

表9－26　河北省城市居民体育活动状态是否中断

	频率	百分比	有效百分比	累积百分比
是	39	5.2	5.2	5.2
否	669	89.1	89.1	94.3
说不清	43	5.7	5.7	100.0
合计	751	100.0	100.0	

从表9－27可以看出，河北省城市居民体育活动中断参加体育健身活动的年龄出现在40岁，说明这个年龄阶段，正好处于工作、生活的成熟期和任务压力期，容易造成居民中断参与体育健身休闲活动。

表 9 – 27　河北省城市居民体育健身休闲活动出现最长一次中断时的年龄

年龄	频率	百分比	有效百分比	累积百分比
15	1	. 1	2. 6	2. 6
16	1	. 1	2. 6	5. 1
18	2	. 3	5. 1	10. 3
20	1	. 1	2. 6	12. 8
21	1	. 1	2. 6	15. 4
22	1	. 1	2. 6	17. 9
23	1	. 1	2. 6	20. 5
24	3	. 4	7. 7	28. 2
25	1	. 1	2. 6	30. 8
27	1	. 1	2. 6	33. 3
28	3	. 4	7. 7	41. 0
29	1	. 1	2. 6	43. 6
30	2	. 3	5. 1	48. 7
32	1	. 1	2. 6	51. 3
33	1	. 1	2. 6	53. 8
35	2	. 3	5. 1	59. 0
36	2	. 3	5. 1	64. 1
37	1	. 1	2. 6	66. 7
38	1	. 1	2. 6	69. 2
40	4	. 5	10. 3	79. 5
41	1	. 1	2. 6	82. 1
42	1	. 1	2. 6	84. 6
45	1	. 1	2. 6	87. 2
46	2	. 3	5. 1	92. 3
55	1	. 1	2. 6	94. 9
57	1	. 1	2. 6	97. 4
70	1	. 1	2. 6	100. 0
合计	39	5. 2	100. 0	
缺失	系统	712	94. 8	
合计	751	100. 0		

从表 9-28 可以看出，河北省城市居民体育活动中断参加体育健身活动的最主要原因是工作或家务繁忙。

表 9-28　河北省城市居民中断参加体育健身休闲活动的最主要原因

	频率	百分比	有效百分比	累积百分比
运动损伤	3	.4	7.7	7.7
工作或家务繁忙	19	2.5	48.7	56.4
得了重病	1	.1	2.6	59.0
惰性	2	.3	5.1	64.1
怀孕生育	6	.8	15.4	79.5
失去锻炼场地	2	.3	5.1	84.6
对体育健身休闲活动失去兴趣	1	.1	2.6	87.2
认为没必要了	1	.1	2.6	89.7
学业负担重	1	.1	2.6	92.3
说不清	3	.4	7.7	100.0
合计	39	5.2	100.0	
缺失	系统	712	94.8	
合计	751	100.0		

四、主要结论与走向

（一）主要结论

从河北省城市居民参加体育健身休闲活动数据分析结果来看，可以得出以下结论：

第一，河北省城市居民大部分居民都参与过体育健身活动，受教育程度越高参与体育健身活动的人员比例越高。

第二，从河北省各地市城市居民活动频次来看，石家庄市、唐山市、秦皇岛市居民活动平均每周 3—4 次占比最大；邯郸市、邢台市、保定市、张家口市、承德市居民活动平均每天 1 次占比最大；沧州市、廊坊市、衡水市居民平均每周活动 1—2 次占比最高。

第三，河北省城市居民男性参加休闲健身活动频次占平均每周 1—2 次，占比最高，达 31.6%；女性每天活动 1 次的占比最高，达 30.7%。

第四，河北省 45—59 周岁、60 周岁及以上居民活动频次每天 1 次占比最高。研究表明年龄越大，参与健身休闲活动的频次就越高，充分说明了中老年人是河北省城市居民健身休闲活动频次最高的参与群体。

第五，河北省具有小学学历、文盲或识字不多的城市居民参与健身休闲活动的频次为每天 1 次占比最高。由此而言，学历与健身休闲活动频次并不正相关，学历越高，参与休闲活动的频次并不高，反而是小学以及文盲或识字不多的城市居民参与健身休闲活动的频次最高。这种现象值得引起我们研究者的反思和重视。

第六，河北省不同职业城市居民参加过体育健身休闲活动的频度也不相同，所调查样本中具有高层管理职务的人员平均每周 5 次及以上；中层机关管理人员、中层企业管理人员、机关普通办事人员、企业普通办事人员、中级专业技术人员、自由职业人员、普通技术人员、自我雇佣者、在校学生参与健身休闲活动的频次为平均每周 1—2 次；高级专业技术人员、初级专业技术人员、家庭主妇参与健身休闲活动的频次是平均每周 3—4 次占比最高，达 55.6%；各类企事业单位的体力劳动者、军人/警察、离退休人员、农民、下岗、无业、失业人员、服务人员参与健身休闲活动的频次是每天 1 次。

第七，河北省不同月收入城市居民参与体育健身休闲活动频度也不同。个人月收入小于 4000 元的城市居民和个人月收入在 4000 元以上的城市居民，平均每周 1—2 次的健身活动参与率最高；参加体育健身休闲活动时间均主要集中在 31—60 分钟。

第八，河北省 11 个地市居民参与体育健身休闲活动的时间情主要集中在 31—60 分钟；河北省不同性别城市居民参与健身休闲活动时间情况为：男性和女性均集中在 31—60 分钟；河北省城市居民不同年龄阶段参与体育健身休闲活动的时间主要集中在 31—60 分钟；不同学历城市居民参加体育健身休闲活动的时间占比最高的为 31—60 分钟；不同职业城市居民参加体育健身休闲活动的时间也不同，具有高层管理职务的人员锻炼时间为 61—90 分钟；中层机关管理人员健身时间 30 分钟及以下和 31—60 分钟这两个时间段占比最高，除此之外，其他职业人员的健身时间均为 31—60 分钟占比最高。

第九，河北省各地市参加体育健身休闲活动感受情况也不同。石家庄市、唐山市、秦皇岛市、保定市、张家口市、沧州市、廊坊市、衡水市居民主要感觉到呼吸、心跳加快、微微出汗，这部分感觉的居民占比最高；邯郸市、邢台市、承德市居民主要感觉呼吸急促、心跳明显加快、出汗较多，有这种感觉的居民在上述城市中占比最高。

第十，健步走、跑步、羽毛球、篮球、排舞、广场舞、乒乓球是河北省城市居民参加体育健身活动的主要项目；羽毛球、乒乓球、健步走、跑步、游泳、篮球是河北省城市居民今后还希望继续参加的体育健身活动项目；健步走、跑步、羽毛球、排舞、广场舞是河北省城市居民今后最希望参加的体育健身活动项目。

第十一，河北省城市居民参加体育健身活动方式主要选择和朋友、同事一起健身；其次是选择和家人一起锻炼；第三是选择个人锻炼。

第十二，河北省城市居民参加体育健身活动的时间主要集中在早晨和晚上。

第十三，河北省城市居民近一年不参加体育健身休闲活动的首要原因和次要原因均是由于工作繁忙、没有时间。而且大多数城市居民并未考虑未来继续参加体育健身休闲活动，这在一定程度上说明，城市居民对于未来体育健身并没有一个非常好的个人规划。

第十四，河北省城市居民持续 2 年参加体育健身休闲活动的人群比例最高，且河北省城市居民体育活动没有中断过的人群比例达到 89.1%，说明大部分居民坚持锻炼，坚持参加体育健身休闲活动。

第十五，河北省城市居民体育活动中断参加体育健身活动的年龄出现在40 岁，说明这个年龄阶段，正好处于工作、生活的成熟期和任务压力期，容易造成居民中断参与体育健身休闲活动。河北省城市居民体育活动中断参加体育健身活动的最主要原因是工作或家务繁忙。

（二）发展走向

新时代，发展河北省休闲体育，需要在如下方面做出更多努力：

第一，加强河北省城市休闲体育基本公共服务体系建设，满足城市居民体育健身休闲活动的场地需求。

第二，培育休闲体育健身活动指导志愿者，加强对河北省城市居民体育健身休闲的活动指导。重视引导和宣传城市居民对休闲体育健身活动的认识，尤其是增加针对青年人参与体育健身休闲活动的宣传。

第三，对城市居民开设运动健身处方的过程管理和监测，为城市居民提供体育场地及普及科学健身知识方面的服务。

第四，引导城市居民体育消费，由基本的生活服务类需求转为休闲体育健身和赛事等中高端的消费，加强对体育健身休闲项目文化的传播力度。

第五，积极推进居民周边学校等健身场馆的开放，为居民提供便利的健身休闲活动场地，积极挖掘和整理具有河北省地域特色和文化传统的体育健身休闲活动。

第六，开展体育健身休闲活动赛事体系和品牌塑造活动，依托河北省6个运动休闲特色小镇的建设优势，积极推广建设经验。

第七，深度挖掘张家口特色滑雪小镇的发展优势，做好做强具有燕赵文化特色的国际滑雪度假休闲区。

·+·+·+·+·+·+·+·+·+·+·+·+·+·+·+· 参考文献 ·+·+·+·+·+·+·+·+·+·+·+·+·+·+·+·

［1］卢锋．休闲体育学［M］．北京：人民体育出版社，2005.10.

［2］李相如，凌平，卢峰．休闲体育概论（第二版）［M］．北京：高等教育出版社，2016.

［3］周兵．休闲体育［M］．桂林：广西师范大学出版社，2005.7.

［4］岳冠华．解读休闲体育［M］．北京：中国社会科学出版社，2012.9.

［5］钱利安．休闲体育理论与实践调查研究［M］．杭州：浙江大学出版社，2008.12.

［6］克里斯·格拉顿，彼得·泰勒著，晏学宁，凡红，熊欢，吴平，刘涛译．体育休闲经济学［M］．北京：人民体育出版社，2009.5.

［7］杨铁黎，苏义民．休闲体育产业概论［M］．北京：高等教育出版社，2011.8.

［8］朱寒笑．中国城市体育休闲服务组织体系研究［M］．北京：北京体育大学出版社，2009.6.

［9］俞金英，张启明．休闲体育经营与管理（第二版）［M］．厦门：厦门大学出版社，2011.1.

第十章 江苏省休闲体育发展报告

于翠兰 唐芒果 孙艳芳 邬代玉 王龙飞

摘要： 江苏作为文化大省、经济大省、体育大省，其休闲体育发展在我国具有较强的代表性。本章以江苏休闲体育为研究对象，运用文献法、调查法、观察法等研究方法对江苏省休闲体育的发展现状、特征、趋势进行研究，认为江苏省休闲体育发展态势迅猛、活动内容丰富、产业化发展趋势明显。今后，江苏省休闲体育发展应加强休闲体育活动的内容设计、加强休闲体育场地供给、完善人才培养体系、大力发展休闲体育产业。

关键词： 江苏省；休闲体育；发展

作者简介： 于翠兰，南京体育学院教授，研究生导师。研究方向：民族传统体育学。

唐芒果，南京体育学院副教授，研究生导师。研究方向：民族传统体育学。

孙艳芳，南京体育学院助教。研究方向：休闲体育学。

邬代玉，南京体育学院助教。研究方向：休闲体育学。

王龙飞，南京体育学院教授，研究生导师。研究方向：体育人文社会学。

一、江苏省休闲体育发展现状

江苏省文化历史悠久、自然地理条件得天独厚，居民的休闲方式和传统观念深受以静养生的休闲哲学和"琴棋书画"娱乐观念的影响。根据居民参与休闲体育活动的目的，可大致将江苏省的休闲体育活动分为健身娱乐、竞赛表演、户外极限运动、体育欣赏等类型。近几年随着江苏经济的迅猛发展，人们对体育健身、娱乐的消费需求逐渐上升。在健身、娱乐项目的选择上，作为文化大省的江苏省可谓是中西合璧。既有中国传统的武术、石锁等运动，也有现代的健身、球类等西方运动项目。随着我国社会经济的发展，医疗技术水平的提高，人的寿命越来越长，人们对健康也越来越关注。党的十九大报告中更是将健康中国战略提升至国家发展战略。江苏省的休闲活动人群老年和小孩所占的比例高，在年龄分布上呈现出两边高、中间低的态势。其中，18—49岁的成年人作为家庭和工作的主力，参与休闲体育的基数相对较小。江苏省是体育大省，休闲时代，人们对体育的需求高涨，江苏省体育产业初具规模。由表10-1可见，2016年江苏省体育产业规模已经达到3154.09亿元。其中，体育场馆服务、体育赛事、体育用品制造业、体育彩票等体育主体产业已颇具规模。

表10-1 2016年江苏省体育产业总规模与增加值

体育产业类别名称	总量（亿元）		结构（%）	
	总产出	增加值	总产出	增加值
江苏省体育产业	3154.09	1049.54	100.0	100.0
体育管理活动	51.63	27.80	1.6	2.6
体育竞赛表演活动	38.07	21.63	1.2	2.1
体育健身休闲活动	56.87	29.53	1.8	2.8
体育场馆服务	108.57	61.76	3.4	5.9
体育中介服务	16.65	6.68	0.5	0.6
体育培训与教育	53.20	27.43	1.7	2.6
体育传媒与信息服务	32.88	17.44	1.0	1.7

续表

体育产业类别名称	总量（亿元）		结构（%）	
	总产出	增加值	总产出	增加值
其他与体育相关服务	124.10	49.24	3.9	4.7
体育用品及相关产品销售	754.38	347.95	23.9	33.2
体育用品及相关产品制造	1868.33	448.21	59.2	42.7
体育场地设施建设	49.41	11.86	1.6	1.1

　　江苏省体育赛事活动相当丰富。2017 年南京市举办了全项目轮滑世锦赛。2017 年江苏省举办 A 类认证的马拉松赛达 31 场，15 条赛道被评为"魅力江苏最美体育"跑步线路。众多的体育赛事，培养了稳定的"球迷"群体。江苏省拥有苏宁足球球迷社团组织、篮球 CBA 江苏南钢、南京同曦等球迷社团组织。欣赏体育比赛已经成为江苏省大众休闲的重要形式。户外运动是江苏的特色体育运动项目，尤其是一些追求极限、刺激的极限体育项目吸引了众多的体育爱好者。例如，轮滑项目在南京发展较好，南京市有 70 多家轮滑俱乐部，每年参加轮滑活动的人次近 50 万。南京居民的休闲活动场所，大致分为公园景点、社区活动点、单位设施及体育场馆。各活动场所所占的比例如表 10 - 2 所示。

表 10 - 2　南京市休闲体育活动场地情况

活动场所	所占比例
公园景点	48.3%
社区活动点	40.6%
单位设施	38.5%
体育场馆	35.4%
自己家里	22.4%
其他	18.5%

　　由表 10 - 2 可见，江苏省休闲体育活动的场所以公园景点与社区活动点为最，分别占到了 48.3% 与 40.6%。在一个集体进行体育锻炼的地方，居民会不自觉地参与到体育锻炼的行列中；相对而言，在其他地方进行体育锻炼的人数较少，占了 18.5%。江苏省休闲体育的发展离不开体育彩票业的发展。

2017 年江苏省共销售体育彩票 2013007.88 万元，按国家规定的比例筹集体育彩票公益金 519102.71 万元。其中，上缴中央 255797.43 万元，省级留成 74013.49 万元，市县留成 189291.79 万元（见表 10 – 3）。彩票资金的支出主要用于省内群众体育与竞技体育的发展。其中，群众体育发展是重点，占总体的 70.14%（见表 10 – 4）。

表 10 – 3　2017 年江苏省按国家规定的比例筹集体育彩票公益金收入分配

项目	金额（万元）
上缴中央	255797.43
省级留成	74013.49
市县留成	189291.79
总计	519102.71

表 10 – 4　2017 年省级体育彩票公益金支出结构

项目	金额（万元）	所占比例
实施群众体育工作	42610.10	70.14%
实施竞技体育工作	18142.61	29.86%
总计	60752.71	100%

二、江苏省特色休闲活动项目

江苏省南北差异明显，风情韵味各异，各地民风民俗众多。由表 10 – 5 所见，江苏省历史传承下了许多特色的民俗休闲体育活动。其中，有纪念伍子胥和屈原的水乡龙舟竞渡，还有民间喜闻乐见的空竹、举石担石锁、武术、龙狮等传统体育活动。随着时代发展，江苏还兴起了轮滑、瑜伽、自行车、体育舞蹈、皮划艇等具有现代化气息的休闲体育项目。

表 10 – 5　江苏省部分城市特色休闲体育项目一览

城市	特色休闲体育项目
南京	武术、轮滑、健身气功、石锁、广场舞、户外运动、空竹
苏州	龙舟、皮划艇、体育舞蹈、户外运动

城市	特色休闲体育项目
无锡	自行车、瑜伽运动、龙舟
常州	龙狮、体育舞蹈、无人机
泰州	铁人三项、国际象棋
淮安	掼蛋、钓鱼
盐城	冬泳、健身气功、钓鱼

（一）民族传统体育项目

1. 石锁运动

石锁运动是我国优秀的民族传统体育项目，历史文化悠久，运动方式独特，集力量、技巧、协调于一体，2008 年被列入国家级非物质文化遗产名录。石锁运动在江苏省拥有良好的群众基础，近年来经过培育、开发、组织等实践探索，石锁运动已成为江苏省特色健身项目之一。江苏省开展的石锁运动形式多样，既有单人、双人练习，也有多人组合、团体表演，常用技术动作多达 40 余种，极大丰富了石锁运动的表现形式。新时代，在健康中国的国家战略指引下，石锁运动以其独特的价值与魅力，广受大众欢迎。2017 年 6 月，江苏省在全国率先成立"江苏省石锁运动协会"。截至 2017 年年底，江苏省市级石锁协会 12 个，区县级石锁协会 23 个，习练人群包括不同阶层、不同性别和不同年龄，特别是女性习练人群不断上升。除了日常习练外，江苏省每年还会举办区域性的石锁邀请赛，传统节假日举办各地石锁爱好者的表演、展示等多种多样的赛事、节庆活动。经过多年的发展，石锁运动已经成为江苏省全民健身活动重要的组成部分，受到了地方政府的重视与支持。在高等院校中，南京体育学院率先开设"石锁运动"课程，成功研发"智能 e 石锁"，开展产品效能科学试验、理论与技术的研究探索等。江苏省石锁运动的蓬勃发展，体现在依托区域优势，借助现代科学技术，把传统石锁运动打造成集健身休闲、时尚娱乐于一体的特色运动项目。

2. 龙舟运动

龙舟运动作为中国重要的民族传统体育文化在我国南方广为流传。当前，龙舟运动在江苏省得到了较好的传承。龙舟运动不仅在江苏省民间传承态势良好，在江苏高校也受到学生的热捧。当前，江苏省开展龙舟运动的高校多达20余所。每年端午节期间，江苏省在南京市羊山湖还会定期举行高校龙舟比赛。

3. 国际瑜伽节

无锡灵山在2017年6月21日承办了首届中国国际瑜伽节，瑜伽节以"融胜境·舒身心"为主题，活动吸引了来自澳大利亚、印度、日本、新加坡等国家和港澳台等地区以及北京、上海、浙江等省市的瑜伽爱好者积极参与，产生了极大的社会反响。有统计显示，截至2017年年底无锡市参与瑜伽练习的人多达十几万人，各种与瑜伽文化相关的瑜伽场馆、健身会所多达数百家，为瑜伽的宣传和普及提供了场地条件。截至2017年年底，无锡已连续三年举办国际瑜伽节。无锡国际瑜伽节受到了政府的大力支持，主办方希望借助政策东风，依托瑜伽场馆和广泛的群众基础将瑜伽运动打造成无锡新名片，将无锡打造成中国的"瑜伽之都"。

（二）户外运动

1. 马拉松运动

马拉松运动作为当今中国休闲体育活动最为炙手可热的项目，在江苏省的发展态势也非常迅猛。2017年江苏省举办A类认证的马拉松赛达31场，15条赛道被评为"魅力江苏最美体育"跑步线路。其中，2017无锡马拉松比赛参赛人数达到3万人，2017南京马拉松比赛的参赛人数也达到了2.8万人。

2. 轮滑运动

2016年2月1日，南京被国际轮滑联合会授予了"世界轮滑之都"的光荣称号，这使南京成为世界上第一个，也是唯一一个被授予该荣誉的城市。2017年8月27日至9月10日，南京成功举办了全项目轮滑世锦赛。轮滑世锦赛让南京以"世界轮滑之都"的崭新姿态走上世界体育舞台，也让轮滑项目在南京落地生根，让轮滑项目走进了千家万户。为推动轮滑运动在南京市开展，提升其作为"世界轮滑之都"的国际影响力，南京市政府出台了《市政府关于加快发展体育产业促进体育消费的实施意见》。文件出台为轮滑项目的发展提供了政策支持。在全项目轮滑世锦赛的推动下，在实施意见的指引下，南京涌现出一批轮滑特色中小学，轮滑俱乐部如雨后春笋般在南京涌现。全项目轮滑世锦赛的成功举办传承了奥运精神，借助"世界轮滑之都"的巨大影响力推动了休闲体育产业和其他产业的协同发展，为南京市世界体育名城建设助力。

3. 攀岩运动

江苏省攀岩运动的发展已日渐成熟，南京和苏州先后承办了攀岩世界杯分站赛，在苏州举办的全国青少年攀岩锦标赛也圆满落幕，极大地推动了攀岩运动在江苏乃至全国的发展。截至 2017 年年底，江苏省已建成了一大批完备的攀岩场地设施：包括紫金山自然岩壁、南京青奥会体育实验室（攀岩）等，为攀岩运动的开展提供了场地条件。同时，攀岩运动也开始走进校园，南京师范大学、苏州刘常忠攀岩学校、玄武湖水上运动学校、南京体育学院等学校均开设了攀岩课程，为攀岩运动的普及提供了充足的后备人才。

4. 铁人三项运动

铁人三项赛是奥运会、亚运会和全运会的正式比赛项目。泰州市从 2015 年开始每年举办一届比赛，截至 2017 年年底已经连续三年成功举办铁人三项赛。经过三年的苦心经营，泰州铁人三项赛由业余比赛升级为专业赛事，由单项赛事升级为综合赛事，由全国性赛事升级为国际性赛事。实现了赛事等级的连续提升。随着赛事水平的不断提升，自 2016 年起泰州铁人三项赛升级为洲际赛事，成为奥运会的积分赛事。泰州市在 2016 年将"泰铁"注册商标，泰州也成为当前唯一拥有自主知识产权的地级城市体育赛事。泰州市将"泰铁"的举办场地确定在了溱湖风景区，两者相辅相成，景区知名度不断提升，赛事影响力也不断扩大，体育和旅游产业实现了有机结合、协同发展。

5. 自行车运动

无锡市依山傍水，地理位置优越，是一座现代化的滨水花园城市，无锡又是一座富有朝气，健康活力的城市。近年来国家大力发展体育事业，将全民健身列为国家战略，无锡积极响应国家政策，创建公共体育服务体系示范区，大力推进体育事业与体育产业发展，成功举办了一系列有影响力的重大体育赛事。环太湖国际公路自行车赛是无锡市举办的具有代表性的精品体育赛事，赛事路线围绕太湖进行，以"太湖"命名。赛事自 2010 年开始举办，致力于打造国内第一、国际知名的百年体育赛事。环太湖赛将无锡市的地域文化、水文特征和赛事完美融合，全面展现了改革开放以来，"一带一路"倡议引领下，江浙两省和太湖沿岸城市新形象、新风貌。赛事突出了生态文明建设和公益宣传的主题，宣传了绿色、循环和低碳的发展理念，也是竞技体育与群众体育结合、体育赛事与休闲旅游融合、职业赛与业余赛相呼应的现代社会赛事特征的完美展现。作为赛事的发起城市，无锡市在完善和提升赛事水平的同时，还应该依托赛事加强无锡市与其他城市的体育交流，推动城市体育产业发展，强化城市形象和宣传城市文化。努力为赛事提供全方位的保障和服务，提升城市形象，推动自行车项目的发展。

6. 户外运动赛事与展览

基于良好的休闲体育基础，2017 年江苏省户外运动赛事与展览活动丰富多彩。如表 10 - 6 所示，2017 年江苏省相继举办了轮滑世锦赛、亚洲自行车展、亚洲户外展、中国户外帐篷大会、国际瑜伽节、全国青少年攀岩锦标赛等赛事与展览活动。

表 10 - 6　江苏省主要休闲体育赛事一览

赛事	举办时间	举办地点
轮滑世锦赛	2017 年 8 月 27 日—9 月 10 日	南京
南京·亚洲自行车展	2017 年 9 月 14—16 日	
南京·亚洲户外展	2017 年 6 月 29 日—7 月 2 日	
中国户外帐篷大会	2014 年 5 月 1—2 日	
国际瑜伽节	2017 年 6 月 25 日	无锡
泰州铁人三项赛	2017 年 6 月 3 日	泰州
中国宿迁骆马湖户外挑战赛	2014 年 9 月 5 日	宿迁
中国淮安·丝绸之路户外运动挑战赛	2017 年 9 月 26 日	淮安
第一届 IMSA 智力精英运动会	2016 年 2 月 25 日	
全国青少年攀岩锦标赛	2017 年 11 月 27 日	苏州

（1）中国淮安·丝绸之路户外运动挑战赛

户外运动是一项综合性的体育运动项目，它实现体育、文化和旅游等项目的完美融合。户外运动因为其能拥抱自然，又能休闲娱乐因而具有广泛的群众基础。淮安市地处长江以南，四季分明，风光秀美，水文丰富，淮安市辖区内有京杭大运河、里运河、洪泽湖和白马湖等，被人们称为"漂浮在水面上的城市"，这也为淮安市户外体育运动的发展提供了独特的条件。江苏省淮安市于 2017 年 11 月 7 日成功举办了"丝绸之路户外运动挑战赛"，比赛吸引了数百位来自国内外的户外运动爱好者。此次比赛共分为三个组别，分别是竞技组、公开组和体验组，赛段设立了迷你马拉松、皮划艇和自行车三项比赛项目，这些项目对参赛者的体力和精神都是严峻的挑战。"丝绸之路户外运动挑战赛"依托"一带一路"和"体育强国"两大国家发展战略，将古代丝绸之路、"一带一路"节点城市与比赛完美融合，整个比赛中融合了体育、文化、旅游、娱乐、贸易等元素。其宗旨是亲近自然，保护地球家园；强健体魄，尽享运动快乐；携手共进，重振丝路精神。该赛事的举办传播了健康运动的理念，推动了户外运动的发展。

（2）南京·亚洲自行车展

2017 亚洲自行车展 9 月 16 日在南京落幕。此次会展是亚洲范围内规模最大、规格最高的自行车展览之一，它是自行车骑行运动和自行车行业发展的"风向标"。自行车作为代步工具，其生存空间受到共享单车和其他交通工具的挤压，车展不仅为自行车制造商提供了展示自身产品的平台，同时通过展商的相互交流学习，为自行车生产厂商指明发展方向。近几年，自行车市场不景气，企业压力巨大，但新形势也为自行车企业的发展提供了新的发展机遇。受自行车骑行运动和赛事运动的影响，自行车行业呈现了强势反弹的态势，各自行车企业纷纷加大高端车型的研发。一些自行车生产和销售商也纷纷参加展会来了解行业动态，推广企业研发的新产品。

（3）南京·亚洲户外展

亚洲户外展创立至 2017 年已有 12 年的时间，经过不断改善和提升，展会已经日渐成熟。展会成为全国首个获得 UFI 认证的户外行业贸易展，也成为世界范围内第三大户外用品行业贸易展览会。全球化、信息化时代，全球旅游行业发展势头较好，2017 年的亚洲户外展顺势而为，将旅游与户外运动有机整合，会展分为户外、旅游、露营地和房车自驾 4 个板块。与此同时，会展还推出了户外旅行主题馆，启用 12000 平方米展厅面积 +3000 平方米帐篷区，以户外、露营、旅行为中心，配备帐篷专区、水上运动专区、俱乐部专区相关主题活动。同时，还开展了户外与露营主题日，主题日活动包括露营地行业公开课、户外露营论坛、商务配对—户外露营专场，聚焦露营行业，解决发展中的实际问题。大会为缓慢前行中的中国户外运动产业搭建了相互交流的平台，为中国户外运动的发展指明了方向。

（4）南京户外帐篷大会

户外帐篷大会是全国首创的大型群众性户外活动，自 2003 年首届帐篷大会在南京举办以来，因其丰富多彩且又新颖的活动内容（狂欢、集体扎帐露营等）吸引了人们眼球。鉴于大型户外运动带来的商机和巨大影响力，江苏省积极承办户外帐篷大会，借助大会向全社会宣传户外运动。大会通过展示、交流、研讨、推广、评选、体验等多种多样的形式宣传和推广户外运动。大会还将宣传和推广与全民健身相结合，使更多的群众能够认识户外运动项目，为户外从业者、户外爱好者和广大市民提供广阔的交流平台，在一定程度上促进了江苏省户外运动的发展。

三、江苏省休闲体育的发展特征

（一）休闲体育活动内容丰富

江苏省位于华中地区，省内风土人情各异，民风民俗众多。受各种地理、文化的影响，许多传统休闲体育活动方式被传承下来。如表 10 – 5 所示，江苏省休闲体育活动内容多样，既有中国民族传统体育项目，也有西方现代休闲体育项目。"健康中国"战略背景下，江苏地区户外运动产业迎来发展机遇，依托水土人文优势，紧跟国家方针政策，江苏省户外运动的发展态势良好。江苏省先后承办了国家户外安全讲座、国家户外指导员培训班、国家攀岩指导员培训班、国家营地建设培训班、国家青少年攀岩教练培训班、国家山地救援班、国家攀岩裁判班等，为江苏乃至全国培养了一大批优秀的户外运动人才，推动了江苏户外运动的发展。其中，南京市作为江苏省的省会，是全省政治、经济、文化、科技、人才、商业、交通通信、对外交往中心，健身气功、石锁、空竹等传统项目的发展态势良好。

（二）休闲体育向产业化发展

2014 年出台的《关于加快体育产业发展促进体育消费的若干意见》中指出，2025 年，我国的体育产业总规模达到 5 万亿元人民币，人均体育场地面积将达到 2 平方米，经常参加体育锻炼的人口将达到 5 亿人。体育人口的增加，势必会引起体育消费的增加，体育产业也将迎来发展的高峰。根据相关文献的记载，世界发达国家在 2015 年前后将要进入"休闲时代"，休闲将成为人类社会活动的重要组成部分。2016 年体育产业总规模已经达到 3154 亿元人民币，从产业结构来看，体育主体产业已经形成。江苏省人口众多，经济发达，休闲体育产业近年来得到蓬勃发展。江苏省作为文化古都，人们的文化素养较高，对生活方式的选择有较高的要求。休闲体育是集时尚、愉悦、健康、新颖为一体的体育运动，成为人们休闲活动的首选。巨大的社会需求自然也带动了江苏省休闲体育产业的发展。

四、江苏省休闲体育管理体制及运行机制

（一）政府出台多项举措，助力休闲体育产业发展

江苏省体育局局长陈刚表示：体育产业是国家经济的新一轮增长点，而要实现新一轮的经济增长，"体育 +"则是发展的庇佑之路。所谓的"体育 +"是指"体育产业 + 相关产业"，休闲体育产业也应该是其中的组成部分之一。如表 10 - 7 所示，为推动江苏省体育产业的发展，引领江苏省休闲体育产业前行，政府出台了多项举措，提出了休闲体育产业和相关产业协同发展的方针策略。2015 年，江苏省出台了《关于加快发展体育产业促进体育消费的实施意见》，文件中将发展体育产业、促进体育消费摆上重要位置。2017 年5 月，江苏省印发了《关于加快发展健身休闲产业的实施意见》，文件中指出健身休闲体育产业是体育产业的核心和基础，也是社会大众能够进行体育参与的最直接的领域。江苏省政府在《意见》中提出了到 2020 年实现江苏省健身休闲体育产业产值达 3000 亿元的目标，到 2025 年达到 4500 亿元的目标。

为推动休闲健康产业的发展，江苏省体育局于 2016 年启动了体育健康特色小镇建设项目，确定了包括溧阳别桥小镇、江阴市新桥镇等共计 8 家特色小镇，同时提出要在 2020 年打造 20 个体育特色小镇。除此之外，江苏省还规划创建一批国家和省级的体育产业基地。当前，江苏省已经建成了一批规范化的国家和省级体育产业示范基地，例如苏南、宜兴、常州等国家体育产业示范基地。体育特色小镇和体育产业基地的创建丰富了江苏省健身休闲体育产业，推动了江苏省健身休闲体育产业的发展。

表 10 – 7　2014—2018 年江苏省发布的相关政策法规

年份	颁布政策法规
2014	《国家体育总局江苏省人民政府建设公共体育服务体系示范区合作协议》
2015	《江苏省体育局财政专项资金管理办法》 《2015 年省体育局党风廉政建设工作要点》 《2015 年度全省县级体育重点工作督查办法》
2016	《关于开展全省职工健身健康促进活动的指导意见》 《关于加快发展健身休闲产业的指导意见》 《江苏省体育设施向社会开放管理办法》 《江苏省体育产业基地管理办法（修订稿）》 《江苏省"十三五"体育产业发展规划》 《江苏省体育设施向社会开放管理办法》
2017	《关于加快发展健身休闲产业的实施意见》 《江苏省全民健身实施计划（2011—2015 年）》
2018	《公共文化体育设施条例》 《江苏省全民健身条例》 《经营高危险性体育项目许可管理办法》 《江苏省体育经营活动监督管理规定》（江苏省人民政府令第 16 号） 《江苏省体育设施管理办法》（江苏省人民政府令第 91 号） 《全民健身条例》

（二）休闲体育项目落地生根，休闲体育产业繁荣发展

江苏省体育休闲产业得到了政府大力支持。政府出台了《江苏省体育设施管理办法》，文件要求体育行政部门和其他有关行政部门应当为体育设施向社会开放提供服务。此外，为促进江苏省健身休闲体育活动的开展，增强居民体质，适应社会物质文明和精神文明建设的需要，江苏省政府出台了《江

苏省全民健身条例》。另外，政府也落实了一系列的健身休闲体育活动和体育项目。以南京市为例：全民健身路径打造、"元旦健身长跑"和"全民健身节"等群众体育品牌活动的开展，长三角都市圈民间石锁邀请赛、阳光体育节暨阳光体育联赛等的举办，丰富了南京市健身休闲体育活动内容。玄武湖、莫愁湖、新街口工人文化宫广场和各类市民广场等场所是居民休闲健身的重要场所，政府依托这些场地资源举办了多种多样的全民健身活动，吸引了社会各阶层人群的参与，促进了江苏省休闲体育产业的发展进步。

（三）企业间竞争激烈，产业欣欣向荣

竞争是社会发展的动力，企业要生存就要学会在竞争中汲取经验，取得进步。行业要发展需要企业竞争给行业带来生机与活力。当前江苏省休闲体育产业竞争激烈，产业发展势头良好。企业间的竞争有效整合了休闲体育资源，使企业更具有行业竞争力，提高了工作效率和企业收益，通过竞争也促进了休闲体育产品的更新升级。

五、江苏省休闲体育发展的对策

（一）加强休闲体育活动的内容设计

当前，江苏省休闲体育活动的内容较为丰富，既有石锁、太极拳等传统的体育运动，也有轮滑、攀岩、马拉松、自行车等现代体育运动项目。但是，从项目内容来看，休闲体育活动的内容设计还较为单一。体验经济时代，更为注重对人性的关怀，参与者往往通过心理感受来评价体验活动的好坏。休闲体育活动作为一项体验活动，其内容设计决不能简单地停留在对活动自身的关注，而应聚焦于参与者的感受。必须以参与者为中心，在分析其需求的前提下，设计出适合其个性化的体验产品。

（二）加大休闲体育场地的供给

近些年，江苏省休闲体育发展速度迅猛。新时代，在人们休闲体育需求增长的同时，休闲体育的供给却存在着一定的不足。其中，体育场地是休闲体育活动开展的前提条件。当前，江苏省休闲体育活动主要在依赖传统的社区、学校、户外场地进行开展。针对休闲体育活动的运动场地相对缺乏。虽然江苏已经建成了一些户外运动基地，南京市也在一些校园建设了轮滑场地，但是这远远不能满足社会整体的需求。据调查，截至2017年，江苏省冰场仅有16个（见表10-8），雪场也不过15家（见表10-9）。

表10-8　2017江苏省冰场规模

地市	数量（个）
南京市	7
苏州市	3
无锡市	2
南通、镇江、徐州、连云港（各一个）	4
总计	16

表10-9　2017江苏省雪场规模

地市	数量（个）
淮安市	3
苏州、无锡、连云港、徐州、盐城各2个	10
扬州、宿迁各1个	2
总计	15

因此，江苏省应加大休闲体育运动场地的供给。政府应加大对休闲体育运动场地的财政投入，在此基础上，也应调动社会力量参与休闲体育运动场地的建设。通过政府与社会协同促进江苏省休闲体育场地的发展。

（三）完善休闲体育人才培养体系

随着我国休闲体育在21世纪得到跨越性的发展，国内诸多专业院校相继开设了休闲体育专业。江苏省高校以南京体育学院、南京晓庄学院为首，开设了休闲体育专业，完善了江苏省高校专业建设的体系，也成为江苏省休闲体育专业发展的摇篮，为休闲体育的发展提供了后备人才。

（四） 大力发展休闲体育产业

江苏是体育大省，体育产业的发展一直位居全国前列，体育产业在江苏省经济中所处的地位逐年提高。近年来，全省围绕公共体育、竞技体育、体育产业等方面开展工作，开展健身休闲示范区的创建工作，实施项目振兴计划。规划创建的公共体育服务体系示范区，在一定程度上提升了全省体育的均衡协调发展水平；游泳、羽毛球、乒乓球等项目振兴计划和联办省优秀运动队的政策，带动了竞技体育项目整体发展；推行体育产业专项资金、体育健康特色小镇、体育服务综合体、体育健身俱乐部、体育消费券等组合政策，推动体育与相关行业的融合，拉动了相关业态发展。

+·+·+·+·+·+·+·+·+·+·+·+·+·+·+·+·+·+·+· **参考文献** ·+·+·+·+·+·+·+·+·+·+·+·+·+·+·+·+·+·

［1］施学莲. 从特惠到普惠：公共服务视野下江苏省老年人体育需求研究——基于江苏十三个市县的实证调查［J］. 南京体育学院学报（社会科学版）：2012, 26 (4)：68 – 71.

［2］徐鑫. 全球体育影响力百强城市南京首超上海仅次于北京［EB/OL］. http：//sports. jschina. com. cn/jrtt/201712/t20171221_ 4953101. shtm

［3］南京"体育影响力"城市排名全国第二，仅次于北京！［EB/OL］.
https：//www. sohu. com/a/214855401_ 349948

［4］李岩飞. 南京都市圈城市居民休闲体育开展现状的调查与研究［J］. 南京体育学院学报（自然科学版），2013, 12 (3)：156 – 158.

［5］于翠兰. 江苏石锁运动蓬勃发展［N］. 中国体育报，2018 – 01 – 11 (002)．

［6］2016 年中国南京高校大学生龙舟比赛（玄武湖站）成功举办［EB/OL］.
http：//jsstyj. jiangsu. gov. cn/

［7］南京成世界首个"轮滑之都" 2017 年举办世界锦标赛［EB/OL］. http：//news. ifeng. com/a/20160202/47334108_ 0. shtml

［8］让"泰铁"成为城市新名片［EB/OL］. http：//tyj. taizhou. gov. cn/

［9］星光. 2017 第八届环太湖国际公路自行车赛在锡开幕［N］. 无锡日报，2017 – 10 – 12 (001)．

［10］2017 中国·淮安丝绸之路户外运动挑战赛即将鸣枪［EB/OL］. http：//tyj. huaian. gov. cn/

［11］2017 年江苏体育产业大会在南京召开［EB/OL］. http：//jsnews. jschina. com. cn/jqhz/jq_ focus/201803/t20180329_ 1488815. shtml

［12］王龙飞，金龙. 体验经济下我国武术产业的升级研究［J］体育文化导刊，2017，（11）：107：109.

第十一章　上海市休闲体育发展报告

郭修金　张　慧

摘要： 上海市地处长江三角洲东部，是国家中心城市，以金融、贸易、科技创新国际化大都市为发展目标，也是海纳百川的移民城市。上海市民的休闲体育方式深受海派文化的影响，既注重休闲方式的多样性和包容性，又注重休闲生活的国际化和时尚化。上海市从 2000 年起相继出台 20 多部与休闲体育相关的政策法规，从发展体育产业、全民健身、场馆设施与管理等方面对休闲体育的发展做出指引与保障。近年来，上海市政府创新公共服务提供方式，包括市民运动会、市民体育大联赛、城市业余联赛在内的各种休闲运动丰富多彩，参与人次逐年创新高。健身休闲设施建设也逐步完善，建成健身苑点、健身步道、市民球场、体育公园等一大批体育设施与场馆。崇明、奉贤、金山三个区有四个小镇入选全国首批运动休闲特色小镇，分别以体育旅游、马拉松、生态休闲、帆船为特色。上海市将深入推进健身休闲产业发展，从丰富体育产品种类、完善场地设施、加快集聚市场主体等方面促进休闲体育的发展。

关键词： 休闲体育；上海城市业余联赛；运动休闲特色小镇

作者简介： 郭修金，上海体育学院教授，博士生导师。研究方向：休闲体育。

张慧，上海体育学院副编审，博士研究生。研究方向：休闲体育。

一、上海市的基础条件

（一）自然状况

1. 气候特征

上海全市总面积 6340 平方公里，下辖徐汇、黄浦、静安、虹口、长宁、杨浦、普陀、宝山、嘉定、浦东、闵行、金山、青浦、松江、崇明、奉贤 16 个市辖区。上海市位于东亚季风盛行的北亚热带地区，地处江海交汇的长江三角洲东部，属北亚热带季风气候。主要气候特征是：春天温暖，夏天炎热，秋天凉爽，冬天阴冷，四季分明；全年雨热同季，温和湿润，降水充沛，变率较大；光温协调，日照较多，年际多变。每年 6 月，会有江南地区特有的多雨闷热潮湿的梅雨天气。作为超大城市，上海有干岛、湿岛、热岛、混池岛、雨岛等现象，城市气候特征明显。

2. 地理位置

上海市地处东经 121°，北纬 31°，位于亚欧大陆东端、北太平洋西岸、中国南北海岸中心点、长江与黄浦江入海汇合之处。北界长江，东濒东海，南临杭州湾，西接江苏、浙江两省。上海是长江三角洲冲积平原的一部分，平均高度为海拔 4 米左右，境内江、河、湖、塘相间，主要水域和河道有长江口、黄浦江及其支流等。

3. 生态环境

上海市近年来城市环境持续良好。全市 6 个郊野公园（一期）建成运行，城市公园总数达到 243 座，包括延安中路绿地、太平桥绿地、黄兴公园、炮台湾湿地公园、金山廊下郊野公园、长兴岛郊野公园、青西郊野公园等开放式生态景观绿地。2017 年环境空气质量指数（AQI）优良率为 75.3%，在全国 367 个监测城市中排名第 30 位，击败了全国 92% 的城市，在全国直辖市的4 个监测城市中排名第 1 位。2017 年，上海完成新造林 6.5 万亩，新建绿地1358.5 公顷，其中公园绿地 830.8 公顷；完成绿道 224 公里，立体绿化 40.9

万平方米，全市森林覆盖率达 16.2%，人均公园绿地面积 8.02 平方米，湿地保有量 46.46 万公顷。生活垃圾全程分类体系进一步完善，绿色账户累计覆盖 400 余万户。2017 年，上海用于环境保护的资金投入为 923.53 亿元，相当于全市生产总值的 3.1%。

（二）文化与经济

1. 城市文化

上海是海纳百川的移民城市，2017 年全市常住人口总数为 2418.33 万人，人口密度每平方公里 3814 人，少数民族人口总数超过 42 万人，外国常住人口超过 17 万人。上海人的思想观念、生活方式在许多方面开全国风气之先，较早接受西方的恋爱观、婚姻观、家庭观。海派文化一方面融合了吴越文化，另一方面将欧美文化兼收并蓄，在当代影响深远。上海的包容性，使不同国家、不同民族的文化又成就了独特的上海城市品格。

上海市民的休闲体育方式深受海派文化的影响，既注重休闲方式的多样性和包容性，又注重休闲生活的国际化和时尚化。由于这种时代性与传统性、世界性与地方性并存的文化特征，上海在近代诞生了包括扯铃子、抽陀子、打弹子、滚圈子等弄堂民间休闲游戏，同时，西方的网球、乒乓、足球、篮球、棒球、板球等运动也最早传入上海。新中国成立后到改革开放，溜旱冰、打台球、打桥牌、舞会、旅游逐渐成为重要的消闲方式。如今，上海拥有上海体育场、上海体育馆、上海国际赛车场、上海虹口足球场、东方体育中心、旗忠网球中心、梅赛德斯奔驰文化中心、东方绿舟、中国乒乓球博物馆、中国武术博物馆等大型体育文化场所。

2. 经济状况

上海市 2017 年生产总值（GDP）为 30133.86 亿元，比 2016 年增长 6.9%（见图 11-1）。其中第三产业增加值 20783.47 亿元，增长 7.5%，增加值占上海市生产总值的比重为 69.0%。按常住人口计算的上海市人均生产总值为 12.46 万元。上海居民 2017 年人均可支配收入 58988 元，比 2016 年增长 8.6%，扣除价格因素，实际增长 6.8%（见图 11-2）。

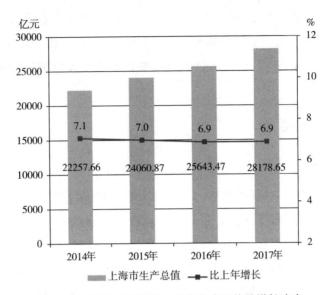

图 11 – 1　2014—2017 年上海市生产总值及增长速度

来源：上海市统计局。

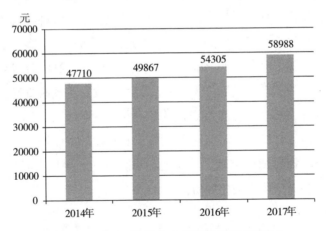

图 11 – 2　2014—2017 年上海市居民可支配收入

来源：上海市统计局。

　　2010 年，第 41 届世界博览会（EXPO2010）在上海举行，这是中国首次举办的世界博览会。2013 年，中国（上海）自由贸易试验区成立，是中国第一个自由贸易试验区。2016 年，位于上海国际旅游度假区核心区内的上海迪士尼度假区开幕，是中国大陆首个、亚洲第三个、全球第六个迪士尼度假区。

2017 年，上海接待国际旅游入境者 873.01 万人次，比 2016 年增长 2.2%；接待国内旅游者 31845.27 万人次，比 2016 年增长 7.5%。全年入境旅游外汇收入 68.10 亿美元，国内旅游收入 4025.13 亿元。全年实现旅游产业增加值 1888.24 亿元，比上年增长 9.1%。2016 年，上海体育产业总规模达到 1045.87 亿元，同比增长 14.9%，实现增加值 421.27 亿元，占当年全市 GDP 比重达 1.5%；上海主营从事体育类经济活动的单位数量共计 8910 个，同比增长 12.2%。2017 年，全市推荐申报并获批 1 个国家示范基地、2 个示范单位、2 个示范项目，以及 2 个市级示范基地、4 个示范单位、5 个示范项目。

作为太平洋西岸的一颗明珠，上海作为长三角城市群的代表迅速崛起，正以国际经济、金融、贸易、航运、科技创新中心和国际文化大都市为目标，向卓越的全球城市迈进。根据《上海市城市总体规划（2016—2040）》所描绘的蓝图："未来的上海，建筑是可以阅读的，街道是可以漫步的，公园是可以品味的，天际是可以瞭望的，上海的表情是大气而谦和、优雅而温馨、令人愉悦的。"

二、上海市休闲体育相关政策法规

（一）总体概要

从 2000 年至 2018 年上海市先后出台的休闲体育的相关政策法规如表 11－1 所示。

表 11－1　2000—2018 年上海市发布的相关政策法规

颁布年份	政策法规
2000	《上海市市民体育健身条例》
2002	《关于进一步加快上海体育事业发展的决定》
2003	《上海市民"人人运动"三年行动计划》 《上海市建设健康城市三年行动计划（2003—2005 年）》
2004	《上海市全民健身发展纲要（2004—2010 年）》
2006	《上海市建设健康城市 2006—2008 年行动计划》

颁布年份	政策法规
2007	《上海体育发展"十一五"规划》
2008	《上海市建设健康城市2009年—2011年行动计划》
2011	《上海市全民健身实施计划（2011—2015）》
2012	《上海市建设健康城市2012—2014年行动计划》 《上海市市民体育健身条例》（修订版） 《上海市体育事业与体育产业发展"十二五"规划》 《上海市信鸽活动管理规定》
2013	《上海市公共体育设施布局规划（2012—2020）》 《上海市高危险性体育项目（游泳）经营许可实施办法》 《上海市高危险性体育项目（攀岩）经营许可实施办法》
2014	《上海市建设健康城市2015—2017年行动计划》 《上海市社区公共体育设施建设与管理办法（试行）》
2015	《上海市人民政府关于加快发展体育产业促进体育消费的实施意见》（沪府发〔2015〕26号）
2016	《上海市全民健身实施计划（2016—2020年）》 《上海市体育改革发展"十三五"规划》 《上海市社区体育健身设施建设和管理办法》 《上海市各类社区公共体育健身设施建设相关要求》
2017	《上海市体育场所管理办法（修订）》
2018	《上海市体育设施管理办法》（沪府令1号） 《上海市高危险性体育项目（游泳）经营许可实施办法》 《上海市高危险性体育项目（攀岩）经营许可实施办法》

（二）法规与规划

2000年，上海颁布了全国第一部有关全民健身的地方性体育法规《上海市市民体育健身条例》，使上海市体育管理体制、运行机制和管理手段逐步走上规范化、科学化的轨道。该条例于2012年进行修订，将"举办市民运动会"以立法的形式予以明确，引导、鼓励市民经常、持久地参加体育健身活动，同时规定社区文化活动中心的体育健身活动场地与设施、公共体育场馆每周累计开放时间至少56个小时。

2007年，上海市政府颁布《上海体育发展"十一五"规划》，明确提出将上海建设成为"国际体育知名城市"的现代化体育大都市目标，具体落实在打造一张上海"体育名片"，作为世界瞩目的展示上海形象、扩大影响及辐射功能的重要方式。

2012年，《上海市体育事业与体育产业发展"十二五"规划》提出要打造若干富有特色的运动休闲和健身服务示范园区，积极推进百姓足球场、健身房、游泳池等公共体育设施惠民工程建设；在大型绿地、公园建设300条健身步道。在浦东、松江、崇明等5个区县建成有运动休闲功能的体育公园。规划还专门强调要大力发展休闲体育，积极规划布局航空运动、汽车运动、冰雪运动、马术运动、极限运动以及网球、游艇、露营等新兴、时尚体育项目，形成有规模的休闲运动集聚区，提供高水平的休闲、时尚体育服务。积极推进"生态崇明、绿色运动"自行车主题公园等项目、奉贤郊野体育休闲公园、宝山顾村时尚体育主题公园、马术赛事中心、临港新城体育休闲基地、长兴生态健身公园、东方体育中心滨江体育休闲区、嘉定汽车运动区、长风船艇运动区、苏州河体育休闲带、青浦淀山湖体育休闲带、黄浦江滨江运动休闲带、新江湾城极限运动示范区、松江汽车运动休闲基地、枫泾体育公园、佘山市民登高基地和房车露营基地等体育休闲集聚区建设。鼓励和引导市民体育消费，扶持、发展社会力量兴办体育健身休闲产业。重点开发集运动休闲、竞赛表演为一体的体育旅游线路和产品，积极培育品牌赛事观赛旅游、体育休闲主题旅游，将上海打造成全国著名的体育休闲旅游目的地。

2013年，《上海市公共体育设施布局规划（2012—2020）》出台，以满足城乡居民多层次的体育需求为目标，依照"以人为本、融合发展、集约节约、综合利用和近远期结合"的原则建设全市"30分钟体育生活圈"，鼓励公共体育与公共文化、休闲功能复合。计划到2020年，上海市人均公共体育用地面积（不含康体用地）超过0.5平方米，全市范围内布局区级体育中心23个，区级单项体育设施3个，区级体育主题公园约20个，体育休闲基地17个。

2016年，《上海市体育改革发展"十三五"规划》提出要积极培育体育健身休闲产业。打造若干各具特色、功能复合、高度发达的体育产业功能集聚区，重点规划体育产业总部基地、体育用品研发基地、体育创新创业孵化基地。支持开发、规划布局、评定建设集运动、康体、养生、商业、娱乐、体验等于一体的多样化、综合性体育休闲产品和体育旅游休闲基地，满足广大市民个性化体育旅游、体育休闲需求。支持各区根据当地自然人文资源特色举办各类体育活动，丰富体育活动内容，提升大众体育消费。重点打造上海体育场商业圈、徐汇滨江带、黄浦滨江带、浦东滨江带、杨浦滨江带、崇明户外运动休闲、青浦淀山湖帆船、奉贤滨海体育休闲、浦东滴水湖水上休闲等具有地域特色的品牌项目。在保证公益属性的前提下，将公共体育场馆打造为以体育健身服务为主的功能多元的综合体和体育产业集群。

（三）配套规定与实施计划

1. 休闲体育产业

2002 年，《关于进一步加快上海体育事业发展的决定》提出把上海建成亚洲一流体育中心城市的发展战略目标，并于次年推出《上海市民 "人人运动" 三年行动计划》，提出体育生活化理念，表明市民体育活动向休闲情趣方向转变。

2015 年，《上海市人民政府关于加快发展体育产业促进体育消费的实施意见》指出到 2025 年要基本实现全球著名体育城市的建设目标，健身休闲等服务业蓬勃发展。要鼓励开发适合不同人群特点的休闲运动项目，大力发展路跑、自行车、网球、游泳、帆船、击剑、赛车、航空、冰雪、马术、射击、射箭、极限、房车露营、电子竞技、智力运动等具有前沿、时尚和消费引领特征的运动项目。同时也要大力推广龙舟、武术、舞龙舞狮等传统体育项目。还要发挥体育产业的综合效应和拉动作用，推动体育与旅游、文化等相关产业良性互动，鼓励旅游、文化、传媒、科技等企业向体育领域拓展，宣传上海城市形象，吸引国内外游客来沪观赛并观光休闲。

2. 全民健身

2003 年，上海市政府发出《上海市建设健康城市三年行动计划（2003—2005 年)》，提出以开展城市居民日常体育活动为目标，为市民开展休闲健身运动创造良好的自然与社会环境。这一行动计划截至目前已经历了四轮延续与更新（2006—2008 年、2009—2011 年、2012—2014 年、2015—2017 年)。

2004 年，上海市政府颁布《上海市全民健身发展纲要（2004—2010 年)》，确定建设 "136 工程"，构筑日常、双休日、节假日 3 个体育生活圈，创建科学、健康、文明的体育生活环境。

2011 年,《上海市全民健身实施计划（2011—2015)》提出要完善公共体育设施建设和管理,基本实现社区公共运动场全覆盖,人均体育场地面积达到 2.6 平方米,基本满足市民体育健身需求。鼓励和引导市民体育消费,扶持和发展社会力量兴办体育健身休闲产业,为各种人群提供多种需求的健身服务。规划并建设运动休闲聚集区,大力发展体育旅游业和健身休闲用品。加快体育健身休闲专业人才培养,推行职业社会体育指导员资格证书制度、高危险性体育项目行政审批制度和体育健身服务质量认证制度。

2016 年发布的《上海市全民健身实施计划（2016—2020 年)》提出,到2020 年,新建市民健身活动中心 50 个、市民多功能运动场 150 个、市民足球场 100 个、市民健身步道 300 公里。将体育设施融入生态发展,重点建设环崇明岛"一环五圈"、环淀山湖、外环绿带、郊野公园自行车健身绿道等项目,自行车健身绿道达到 600 公里。推进徐家汇、崇明自行车、长兴岛、前滩、南桥、松江、罗店、长宁等体育主题公园,以及沿江、沿河、沿湖体育休闲设施建设。

3. 场馆设施与管理

上海市体育局于 2014 年制定实施《上海市社区体育健身设施建设和管理办法》,于 2016 年加以修改完善,形成并出台《上海市各类社区公共体育健身设施建设相关要求》,继而在 2017 年制定《上海市体育场所管理办法（修订)》。

2018 年,上海市政府公布施行《上海市体育设施管理办法》（沪府令 1号),要求各级政府按照国家规定的公共体育设施用地定额指标和本市公共体育设施规划,建设公共体育设施,在旧城改造和规划建设新城、大型居住区时根据人口结构、环境条件,同步配套建设相应的公共体育设施,在新建、改建和扩建公园、绿地等公共场所时配套建设健身步道、健身苑点、市民球场等公共体育设施。公共体育场馆应当全年向市民开放,并通过政府购买服务方式支持经营性体育设施向社会公益性开放。

《上海市信鸽活动管理规定》于 2012 年出台、2017 年经评估继续实施,其有效期延长至 2021 年。《上海市高危险性体育项目（游泳）经营许可实施办法》和《上海市高危险性体育项目（攀岩）经营许可实施办法》于 2013年公布,并于 2018 年发布新版。

三、上海市休闲体育发展现状与特征

改革开放 40 年来，休闲已经成为社会发展的文明标志，休闲体育也逐渐走入人们日常生活，"文明健康的生活方式"和"文化生活方式"等全新体育理念已经成为上海市民日常生活必不可少的重要内容。

（一）休闲体育赛事如火如荼

近年来，上海市政府全面开展全民健身活动，不断创新公共服务提供方式，旨在调动市民参与体育的热情、满足公众多样化的公共服务需求、培养扩大体育人口的数量、推动群众体育蓬勃发展（见表 11 – 2）。

表 11 – 2 上海市全民健身活动赛事

举办年份	赛事名称
2012	第一届市民运动会
2013	上海市民体育大联赛
2014	上海市民体育大联赛
2015	上海市民体育大联赛
2016	第二届市民运动会
2017	上海城市业余联赛
2018	上海城市业余联赛

2012 年举办的第一届市民运动会，包括各类各级赛事活动 3812 场，吸引 631 万多人次参与，共有 102 个代表团参加了 50 个大项 2399 个小项的各级竞赛。

2013—2015 年连续三年举办的上海市民体育大联赛，在"美丽上海、人人运动、幸福生活"理念指导下，以在上海工作、学习、居住的人员为主要参赛对象，促进市民对群众体育的归属感，营造群众体育文化氛围，全面提升市民的身体素质和幸福指数。2013 年共举办各类各级赛事 2669 场，吸引 128 万多人参加，实现了"百万市民大联赛"的办赛初衷；2014 年各级各类赛事增加到 3810 场，吸引 148 万多名市民参赛，竞赛单项总数达 38 个，市级竞赛 100 余场；2015 年，各级赛事总量达到 5000 余场，参与市民达到 238 余万人，共开展 50 项 176 个市级竞赛赛事和 5 类 66 个主题赛事，市级以上赛事数量达 242 个。

2016 年 4 月 23 日—11 月 27 日召开的第二届市民运动会以"上海动起来"为主题，以"全民参与、全民运动、全民健康、全民欢乐"为宗旨，历时 8 个月，设立 65 个竞赛项目、十二大主题活动。开展各级各类赛事 9703 场，群众体育活动 8052 场。共有 154 个代表团参与，覆盖青少年、在职职工、老年人、军人、少数民族以及在沪外国友人等人群。全程举办各级各类赛事 9778 次，参赛 146.15 万人次，参与 788.99 万人次；举办各类活动 7000 余场次，参与 378 万人次。赛事及活动数量、参与人次、竞赛参赛人次均超过第一届。

2017 年，上海市政府全新创办上海城市业余联赛，将体育融入市民生活、走到市民身边，三大板块为项目联赛、项目系列赛和品牌特色赛事活动。项目联赛包括足、篮、排等 10 个群众基础好、市场前景广、市民参与度高的项目。35 个项目系列赛多为新兴、时尚的休闲项目，如路跑、城市定向、飞镖等。此外还有 11 个品牌特色赛事活动。共举办各级各类赛事活动 1528 个，参与人次超百万。2018 年，上海城市业余联赛三大板块赛事进一步拓展，发展为 10 个项目联赛、37 + X 个项目联赛、13 + X 个品牌特色赛事活动（见表 11 - 3）。每年从 1 月 1 日联赛启动开始，每个月几乎都有 100 余场赛事举行，不同年龄、不同水平的市民都能找到适合的赛事，掀起了上海市新的全民健身赛事热潮。

表 11 - 3　上海城市业余联赛

赛事板块	2017 年赛事项目	2018 年赛事项目
项目联赛	足球、篮球、排球、乒乓球、羽毛球、围棋、轮滑、排舞、击剑、跆拳道	5 人制足球、篮球、排球、乒乓球、羽毛球、游泳、围棋、轮滑、击剑、跆拳道
项目系列赛	路跑、城市定向、铁人三项、自行车、健身瑜伽、游泳、帆船、极限运动、电子竞技、射箭、滑冰、健身健美、剑道、板球、台球、攀岩、橄榄球、壁球、龙舟、舞龙舞狮、花样跳绳、汽车、高尔夫球、风筝、门球、钓鱼、健身操舞、飞镖、网球、木兰拳、练功十八法、体育舞蹈、皮划艇、搏击、健身气功	足球（5 人制除外）、路跑、城市定向、自行车、网球、台球、健身瑜伽、电子竞技、柔力球、健身操舞、帆船、极限运动、射箭、剑道、攀岩、橄榄球、壁球、龙舟、舞龙舞狮、健身健美、铁人三项、花样跳绳、汽车、高尔夫球、风筝、门球、钓鱼、飞镖、木兰拳、练功十八法、体育舞蹈、皮划艇、健身气功、搏击、滑冰、冰球、冰壶、+ X[1]

续表

赛事板块	2017 年赛事项目	2018 年赛事项目
品牌特色赛事活动	上海科技体育嘉年华、上海智力运动会、中国上海国际大众体育节、世界著名在华企业健身大赛、上海军民系列赛、上海市民武术节、上海市民足球节、上海市民篮球节、五星运动汇、上海开发区运动会、社区亲子运动会	上海市民足球节、上海市民篮球节、上海市民武术节、上海市民网球节、上海自行车嘉年华、上海科技体育嘉年华、上海社区健康跑嘉年华、上海军民系列赛、上海智力运动会、亲子运动会、世界著名在华企业健身大赛、五星运动汇、活力滨江全民健身大联动、+ X^2

1. "X" 指 37 个项目之外的所有群众性体育项目。
2. "X" 指区级品牌特色赛事活动和行业特色赛事活动。

（二）休闲体育场地设施稳步增加

2016 年，上海市围绕建设健康城市和全球著名体育城市目标，全面完成市政府实事工程项目，进一步改善市民休闲健身环境，在公园、绿地及大型居住区等处新建市民健身步道 65 条，新（改）建市民球场 56 片。全市共有社区健身苑点 10040 个、市民球场 446 处（942 片各类球场）、农民体育健身工程 1064 个、市民健身房 143 家、市民健身步道 382 条、市民游泳池 35 座，社区体育健身俱乐部创建街镇覆盖率 80%。8 月 8 日全民健身日，全市免费开放体育场地、设施 600 余处。夏季游泳场所开放期间，671 处游泳场所接待泳客 849 万人次。各项体育基础设施重大项目建设也得以推进：崇明体育训练基地项目整体推进，浦东专业足球场项目完成选址和国际方案征集，徐家汇体育公园、临港帆船帆板基地、崇明自行车馆等重大项目建设按节点推进。2016 年上海体育产业总规模 1045.87 亿元，同比增长 14.9%，占当年全市GDP 比重达 1.5%。

2017 年，上海市健身休闲设施更加完善，超额完成市政府体育实事项目建设任务，黄浦江滨江两岸贯通并建成一大批体育设施，全市共新建、改建市民益智健身苑点 210 个、市民健身步道 75 条、市民球场 65 个。徐家汇体育公园、浦东专业足球场、崇明体育训练基地等重大体育设施建设扎实推进，合力打造一批城市体育新地标。2017 年年底，上海市体育局联合发改委、规土局、旅游局出台了《上海市体育产业集聚区布局规划》（2017—2020），规划重在引领申城体育产业实现集群化、高端化、融合化、特色化和品质化发展，推动上海全球著名体育城市建设。

（三）运动休闲特色小镇应运而生

2017年5月9日，国家体育总局办公厅下发《关于推动运动休闲特色小镇建设工作的通知》，正式启动了运动休闲特色小镇建设工作。运动休闲特色小镇是在全面建成小康社会进程中，助力新型城镇化和健康中国建设，促进脱贫攻坚工作，以运动休闲为主题打造的具有独特体育文化内涵、良好体育产业基础，融运动休闲、文化、健康、旅游、养老、教育培训等多种功能于一体的空间区域、全民健身发展平台和体育产业基地。建设运动休闲特色小镇是实施全民健身和健康中国战略背景下发展全民健身事业、供给侧结构性改革背景下发展体育产业、脱贫攻坚背景下推动体育扶贫的重要举措。建设运动休闲特色小镇，有利于促进运动休闲与健康、旅游等服务业发展良性互动，推动产业集聚，形成辐射带动效应，促进城镇经济社会发展。

2017年8月10日，国家体育总局正式公布首批96个运动休闲特色小镇，上海有4个小镇榜上有名，分别是：崇明区陈家镇体育旅游特色小镇、崇明区绿华镇国际马拉松特色小镇、奉贤区海湾镇运动休闲特色小镇、青浦区金泽帆船运动休闲特色小镇。按照要求，这些运动休闲小镇将在3年内建成，投资达20亿元以上，体育产业投资占比要达到50%。

1. 崇明区"一东一西"两个小镇

崇明区有两镇入选首批运动休闲特色小镇，东部的陈家镇定位为体育旅游特色小镇，西部的绿华镇定位为国际马拉松特色小镇。根据规划，每个小镇将会设置30个以上运动项目，并配套相关休闲娱乐配套设施。这两个体育特色小镇到2020年将进行初步展示，每个小镇力争每年吸引到200万游客。

陈家镇拥有东滩湿地、长江口中华鲟保护区和东滩候鸟保护区等优质旅游资源，生态环境及空气质量十分优越，非常适宜开展各类户外休闲运动。同时，陈家镇具备发展体育产业和相关产业的良好基础，已经建成全长65公里的自行车绿道，基本建成总建筑面积19万平方米的上海崇明国家体育训练基地（一期工程）。近几年陈家镇重点围绕路跑、自行车等运动组织开展活动，为岛内外市民提供了丰富多样的体育产品，在上海乃至长三角具有广泛影响力，如每年举办或承办环崇明岛国际自盟女子公路世界巡回赛（崇东赛段）、2014年和2015年崇明东滩国际半程马拉松赛、2016年马尚崇明马术耐力赛以及2017"奔跑中国"上海崇明国际马拉松赛等，上海市第二届市民运动会首届崇明休闲体育大会、第九届全球健康促进大会崇明分会等也都在陈家镇举行。根据陈家镇体育旅游特色小镇总体规划，陈家镇将将依托瀛湖、郊野公园等，围绕辖区内北部上海崇明体育训练基地、南部高尔夫运动基地、中部自行车运动基地、东部水上和马术运动基地等四大运动区域，逐步建成以"体育旅游、体育培训"为特色，集职业训练、体育旅游、体育培训、群体活动、运动康复等为一体的，与教育、旅游、养生、文化等互通融合，业态多样、功能复合、经济发展、社会文明的运动休闲特色小镇，成为"中国运动之城"。

绿华镇是崇明户外休闲运动开展最为发达的区域，近几年重点围绕路跑、水上等运动组织开展活动，为岛内外市民提供了丰富多样的体育产品。曾举办中欧24小时马拉松精英挑战赛、长三角城市龙舟邀请赛、铁人三项赛、PDM自行车全国精英赛、550乡村马拉松赛和全国蟋蟀大赛等体育运动赛事。绿华镇国际马拉松特色小镇首期规划建设面积5平方公里，以明珠湖景区为核心，配合崇明西部37平方公里的郊野公园项目，将建设半程马拉松智能赛道及配套设施，建成国家中长跑训练基地，初步形成体育特色城镇风貌。绿华镇还将配合崇明环岛生态景观大道项目、南横引河拓宽项目和西沙明珠湖5A级景区改造项目等，建成以路跑运动为主，自行车、水上运动等项目为辅，具有体育培训、体育服务、运动康复、观光农业、休闲旅游等多功能的复合型产业小镇，为崇明区经济社会及绿色产业发展提供新动能，将崇明打造成中国田径事业及体育产业的示范基地。

2. 奉贤区海湾镇运动休闲特色小镇

海湾镇位于上海市南部郊区奉贤区的最南端，区位条件优越，发展前景广阔。在提升产业、城市、生态、生活四个品质的同时，海湾着力营造"一城绿色半城海、上风上水上海湾"的城市意象。2017年11月，海湾区域被列为22个市级体育产业集聚区之一，运动休闲城市特色日益彰显。

天然丰富的海岸、滩涂资源是海湾镇的特色和亮点。坐拥 25 公里黄金海岸线，海湾镇拥有海湾国家森林公园、碧海金沙、都市菜园、松声马术俱乐部等诸多旅游景点，是奉贤区旅游资源最具特色、最为集中的镇。随着各类体育文化项目的落地，海湾镇也在不断丰富四季休闲活动的内容，并确定了"户外运动健康湾、生态休闲养生地"的整体运动休闲城市定位。精耕上海市梅花节、海湾赶海乐、上海国际马拉松奉贤站、中国旅游风筝会等重点休闲活动，做强马拉松、水上极限运动、国际象棋、马术、汽车越野五大运动品牌，做精都市菜园蔬菜节、小木屋龙虾啤酒节、亚洲音乐节嘉年华、索道滑水世界杯等特色项目，逐渐形成并完善"春季赏花、夏季赶海、秋季漫游、冬季酷跑"四季运动休闲慢生活格局。

海湾镇将依托海湾国家森林公园、碧海金沙、松声马术等生态休闲资源，大力发展航空飞行、赛车体验、马术运动、路跑探险、帆船帆板等各类海陆空运动休闲项目，积极推动"体育＋休闲、体育＋文化、体育＋旅游"等"文体商旅"融合发展；以"时尚运动活力湾、生态休闲魅力地"为定位，以"国际著名的户外露营胜地、长三角知名的时尚运动体验目的地、'湾区＋上海'生态休闲度假的首选地"为发展愿景，优化对农垦文化的传承，整合全域旅游资源，形成以"绿水青山为骨，农垦文化为魂，运动休闲为媒，体育产业为特"的发展理念，综合形成海湾世界级湾区生态名片、"海·陆·空"时尚运动名片、城市个性化文化名片、轻奢式休闲旅游名片四大发展名片，推进海湾运动休闲小镇发展。

3. 青浦区金泽帆船运动休闲特色小镇

青浦区金泽帆船运动休闲特色小镇是国家首批 96 个运动小镇中唯一以帆船为主要特色的小镇，拥有两支国家帆船职业队、一家国家体育产业示范单位，坐拥淀山湖 64 平方天然水上运动场，已经形成成熟的滨水运动休闲商业模式。

2016 年被国家体育总局评为"国家体育产业示范单位"的上海美帆游艇俱乐部正位于青浦区金泽帆船体育运动小镇。从 2004 年起，上海美帆游艇俱乐部立足长三角水源核心地段，有计划地针对家庭会员水上休闲方式开展帆船运动，经过 10 多年的努力，成为国际化程度和家庭参与度高、各类赛事频繁（累计超过 230 场专业及业余赛事）、拥有两支奥运职业队伍的帆船运动平台型服务。

从 2004 年至 2017 年，金泽镇区域已经集聚大小近 20 家各种水上运动俱乐部，帆船运动氛围渐成气候。金泽运动休闲小镇成为众多注重户外运动亲子沟通的家庭的周末度假首选。淀山湖畔的"上海国际帆船港"拥有各式船只 260 余组，每年向长三角乃至全国超过万名青少年爱好者普及帆船运动知识，满足和体现了国际化大都市市民的多样性文化体育生活和获得感，成为 2040 年上海西部世界级湖区建设的重点核心项目。

四、上海市休闲体育发展趋势与路径

《上海市体育产业发展实施方案（2016—2020 年）》明确指出，上海市将深入推进健身休闲产业供给侧结构性改革，增强健身休闲的社交性、趣味性和娱乐性，鼓励社会资本进入健身休闲服务领域，加强健身休闲业的标准化、规范化建设。到 2020 年，上海经常参加体育锻炼的人数占常住人口的比例争取达到 45% 左右。要让健身休闲市场活力进一步激发、市民参与健身休闲的意识和素养普遍增强，具体需要从三方面路径实现。

第一，休闲体育产品种类进一步丰富。上海休闲体育今后将重点发展的运动项目应该能体现城市特色、具有广泛群众基础，具体包括：（1）普及性广、关注度高、市场空间大的项目：足球、篮球、乒乓球、羽毛球、网球、游泳、路跑、徒步、健身舞自行车等；（2）新兴健身休闲项目：棋牌、飞盘、跑酷、地板球、波沙球、彩弹游戏、街头篮球、极限运动、花式足球、电子竞技等；（3）户外休闲项目：水上运动、航空运动、冰雪运动、山地户外运动、汽车摩托车运动等；（4）代表中国传统体育文化、具有国际影响力的民族传统体育项目：太极拳、气功、武术等；（5）具有黄浦江及苏州河区域特色或趣味性强的民间体育项目：龙舟、风筝、珍珠球、舞龙、舞狮等。

第二，健身休闲场地设施进一步完善。加快推进企事业单位等体育设施向社会开放，鼓励社会力量建设健身设施，全面提升公共体育设施和学校体育场地的开放率和满意度。加快中小型、社区型健身场馆建设，充分合理利用公园绿地、城市空置场所、建筑物屋顶、地下室等区域，重点建设一批便民利民的社区健身休闲设施，推动各区构建"15 分钟体育生活圈"，形成多样化的健身休闲圈层体系。

第三，休闲体育市场主体加快集聚。实施健身服务精品工程，打造一批优秀健身休闲俱乐部、场所和品牌活动。支持引导健身俱乐部规范化、标准化、品质化发展，大力发展"互联网＋健身休闲"市场，鼓励各类健身休闲企业、俱乐部强化特色经营、特色产品和特色服务。通过政府购买服务等多种方式，积极支持群众健身休闲消费，引导经营主体提供公益性健身休闲服务。

++++++++++++++++++++++++++++ 参考文献 +++++++++++++++++++++++++++++++

［1］上海市地方志办公室．上海通志［EB/OL］．http：//www. shtong. go

［2］上海年鉴 2017［M］. http：//www. shanghai. gov. cn/nw2/nw2314/nw24651/nw43437/index. html

［3］上海市体育局．2016 上海体育年鉴［R］．http：//www. shsports. gov. cn/General/YearBookWordDetail/557f9d59 － e7ad － 4ae6 － a868 － 5f64098c6c33

［4］上海市统计局．2017 年上海市国民经济和社会发展统计公报［R］．http：//www. stats － sh. gov. cn/html/sjfb/201803/1001690. html

［5］柏慧敏．上海休闲体育文化解析［J］．上海体育学院学报，2010；34（1）：34－37.

［6］上海市城市总体规划编制工作领导小组．上海市城市总体规划（2016—2040）［M］.

［7］上海城市业余联赛办公室．2018 年上海城市业余联赛工作手册［M］. http：//www. sagsh. cn//IISUpload/CmsSystem. Web/Self/FileUpload/2018/05/11/5dd8a756 － 4976 － 49b3 － 86d7 － 2fc95cea85f4. pdf

［8］郭修金．休闲城市建设中休闲体育时空的调控设计与规划整合——以杭州、上海、成都为例［J］．上海体育学院学报，2013；37（2）：30－33.

［9］郭修金，单凤霞，陈德旭．生态文明视域下城市休闲体育发展研究——以上海、成都、杭州为例［J］．武汉体育学院学报，2016；50（4）：40－45.

［10］冯晓丽，郭帅．政府购买公共服务下体育社会组织承接购买服务研究——基于上海市体育社会组织承办市民体育大联赛［J］．沈阳体育学院学报，2015. 34.

［11］吴卅，常娟．政府购买公共体育服务研究——基于上海市民体育大联赛个案调查［J］．体育文化导刊.2016；（1）：3 - 6.

［12］体育特色小镇扶贫工程启动［N］．中国体育报，http：//sports. people. com. cn/n1/2017/0511/c412458 - 29267613. html

［13］奉贤海湾等 4 镇入选首批运动休闲特色小镇试点项目［EB/OL］. http：//city. eastday. com/gk/20170815/u1a13195159_ K31721. html

［14］崇明两镇入选首批运动休闲特色小镇［EB/OL］. http：//city. eastday. com/eastday/city/gk/20170816/u1ai10789211. html

［15］吴利春：打造国象之乡建设"海湾特色"运动休闲小镇［EB/OL］. http：//qipai. people. com. cn/n1/2018/0327/c47626 - 29892230. html

［16］上海市体育产业发展实施方案（2016—2020 年）［EB/OL］. http：//www. shanghai. gov. cn/nw2/nw2314/nw2319/nw12344/u26aw51128. html

第十二章 湖北省休闲体育发展报告

刘勇 史文文

摘要： 随着我国经济的快速发展和人们对健康娱乐的不断追求，休闲已成为人们追求高品质生活的一种表现。国家政策对休闲体育的支持，极大地提升了休闲体育产业的发展空间。本报告运用文献资料法、问卷调查法和访谈法对湖北省城乡居民和体育部门管理者进行调研，解读 2017 年湖北省休闲体育产业发展现状，发现存在的问题，并提出针对性的发展策略。

关键词： 休闲体育；休闲体育产业；运动休闲特色小镇；融合

作者简介： 刘勇，湖北大学体育学院院长，教授，博士生导师。研究方向：体育产业、休闲体育。

史文文，湖北大学体育学院副教授，博士。研究方向：体育产业、休闲体育。

进入 21 世纪，休闲已成为人们追求高品质生活的一种表现，在人类生活中扮演着重要角色，也在改变着人们的生活方式。与竞技体育、社会体育和学校体育相比，休闲体育更加侧重体育的休闲性、体验性和精神愉悦性，具有时间自由、体验快乐、身体活动、最佳心态、主动参与和非功利性等特征。随着我国经济社会的不断发展变化，人们的闲暇时间和可支配收入也在逐年增长，人们对于精神文化的需求也逐渐递增，为休闲体育的发展提供了有利的机会。休闲体育产业是社会各部门提供的与休闲体育相关的一切产品、服务以及有关经营活动的总和，其外延通常包括竞赛表演、健身休闲、体育旅游等业态。

一、湖北省休闲体育产业发展概况

（一）出台休闲体育政策

2017 年，为推动休闲体育产业在湖北省的发展，在《国务院办公厅关于加快发展健身休闲产业的指导意见》《国务院办公厅关于进一步扩大旅游文化体育健康养老教育培训等领域消费的意见》《全民健身计划（2016—2020年）》等文件的基础上，湖北省也出台了系列政策文件，对休闲体育发展提出了规划目标。例如，《湖北省关于加快健身休闲产业发展的实施意见》《关于加快转变发展方式推进体育强省建设的意见》《湖北省体育产业发展引导资金管理办法》等。除了湖北省出台的相关文件外，国家发改委、国土资源部、环境保护部、住房城乡建设部联合出台的《关于规范推进特色小镇和特色小镇建设的若干意见》和国家旅游局、国家体育总局联合发布的《"一带一路"体育旅游发展行动方案（2017—2020 年）》都有关于休闲体育发展的指导性意见。

（二）举办休闲体育赛事

2017 年，湖北省成功举办了马拉松、登山、徒步、漂流、钓鱼等休闲体育赛事，赛事的举办不仅优化了湖北省体育设施和环境建设，还创造了良好的文化氛围，提升了举办城市知名度，带动了全民健身运动的快速发展。体育赛事具有媒体关注度高和市场吸引力大的特点，因而受到各大城市的青睐。2017 年，湖北省各地举办的休闲体育赛事具有以下特点：

（1）马拉松赛事成城市亮点。2017 年湖北省各地共举办 22 场马拉松赛，不仅展示了湖北省各城市的地域特点，还体现了湖北省的文化底蕴。如在东湖举办的"首届水上马拉松"、神农架的高山湿地国际马拉松、咸宁的国际温泉马拉松、主打"三国文化"的襄阳马拉松和荆州马拉松。在 2018 年 1 月举行的中国马拉松年度盛典颁奖晚会上，神农架国际马拉松被评为最美赛道特色赛事，宜昌马拉松和黄石磁湖国际半程马拉松被评为自然生态特色赛事，襄阳马拉松被评为红色文化特色赛事，武汉马拉松被评为金牌赛事。

（2）打造"一城一品"赛事。根据自身地域特点，湖北省各地大力培育并打造"一城一品"赛事。如武汉市打造的"水马""汉马""赛马""天马"（世界飞行者大会），武汉的赛事活动呈现"四马奔腾"之势。还有神农架滑雪比赛、武汉黄陂区的风筝邀请赛、咸宁的温泉马拉松、荆门爱飞客飞行大会、宜昌朝天吼自然水域国际龙舟漂流大赛等。这些赛事涵盖"水域、山地、高空"等空间区域，且各具特色，既能反映城市地理地貌特点，又凸显荆楚文化特色。

（3）赛事与城市景观融合。在挖掘体育赛事功能的基础上，对城市特有的景观资源也合理有效地利用。如武汉马拉松的路线中穿越"一城两江三镇四桥五湖"，让参赛选手不仅参加马拉松赛事，还能领略黄鹤楼、东湖、长江大桥等秀美风景。

表 12 - 1　2017 年湖北省举办的部分休闲体育赛事

赛事名称	赛事时间	赛事地点	参与人数
2017 远安国际田野马拉松赛	2017 年 3 月	湖北远安	8000 人
2017 武汉木兰草原杯第二届国际风筝邀请赛	2017 年 4 月	湖北武汉	200 人

赛事名称	赛事时间	赛事地点	参与人数
2017 湖北省老年人体育健身大会钓鱼交流比赛	2017 年 4 月	湖北宜都	100 人
2017 武汉新洲第三届问津之路徒步大赛	2017 年 4 月	湖北武汉	6000 人
"锦鲲杯" 2017 年中国体育舞蹈公开系列赛武汉站	2017 年 4 月	湖北武汉	3000 人
2017 年武汉马拉松	2017 年 4 月	湖北武汉	22000 人
2017 极目楚天舒—荆楚露营大会	2017 年 5 月	湖北长阳	1000 人
2017 全国徒步大会第四届江夏徒步大赛	2017 年 5 月	湖北武汉	30000 人
2017 中国山地自行车公开赛—湖北	2017 年 5 月	湖北蕲春	750 人
2017 年中国山地马拉松系列赛	2017 年 6 月	湖北利川	3000 人
中国·宜昌自然水域国际漂流大赛	2017 年 6 月	湖北宜昌	1000 人
2017 第 43 届武汉 "7·16" 渡江节	2017 年 7 月	湖北武汉	5309 人
湖北恩施建始县首届 "景阳杯" 清江江钓大赛	2017 年 7 月	湖北建始	60 支队伍 180 人
中国来凤垂钓大赛——"全能王" 全国钓鱼锦标赛	2017 年 7 月	湖北来凤	360 人
2017 神农架国际大学生自行车赛	2017 年 8 月	湖北神农架	400 人
2017 武汉网球公开赛	2017 年 9 月	湖北武汉	13 场
第三届中国（京山）绿林网球·英雄会	2017 年 9 月	湖北京山	480 人
2017 "谁是舞王" 孝感广场舞大赛	2017 年 9 月	湖北孝昌	17 支队
2017 年 "邮爱生活，舞动生命" 第四届全国广场舞大赛湖北赛区	2017 年 9 月	湖北武汉	100 支队
2017 年湖北群众广场舞展演赛	2017 年 9 月	湖北武汉	45 支队
2017 年神农架国际马拉松赛	2017 年 10 月	湖北神农架	2000 人
2017 全国姚记万盛达扑克大赛湖北赛区	2017 年 10 月	湖北武汉	60 人
2017 年荆州国际马拉松赛	2017 年 10 月	湖北荆州	10000 人
第九届中国武汉木兰山登山节	2017 年 10 月	湖北武汉	10000 人
2017 年第一届湖北省 "极目楚天舒" 全民健身系列赛事名山攀登挑战赛	2017 年 10 月	湖北神农架	700 人
2017 襄阳市老年人第 19 届钓鱼比赛	2017 年 10 月	湖北襄阳	42 支队
2017 襄阳马拉松入围 "奔跑中国"	2017 年 10 月	湖北襄阳	15000 人
2017 武汉首届水上马拉松	2017 年 11 月	湖北武汉	1030 人
2017 咸宁国际温泉马拉松赛	2017 年 11 月	湖北咸宁	12000 人
2017 年宜昌国际马拉松赛	2017 年 11 月	湖北宜昌	20000 人

续表

赛事名称	赛事时间	赛事地点	参与人数
2017 年"贝蒂杯"湖北省体育舞蹈公开赛——宜昌市第十二届体育舞蹈锦标赛	2017 年 11 月	湖北宜昌	4500 人
2017 首届通用航空国际航联飞行者大会	2017 年 11 月	湖北武汉	40 个国家
2017 年黄石磁湖国际半程马拉松	2017 年 12 月	湖北黄石	15000 人
2017 湖北省第二届滑雪比赛	2017 年 12 月	湖北神农架	20 支队

（三）获批国家级运动休闲特色小镇

在国家体育总局公布的首批运动休闲特色小镇中，湖北省获批 6 个试点项目，分别是荆门市漳河镇爱飞客航空运动休闲特色小镇、宜昌市兴山县高岚户外运动休闲特色小镇、孝感市孝昌县小悟乡运动休闲特色小镇、孝感市大悟县新城镇运动休闲特色小镇、荆州松滋市洈水运动休闲小镇、荆门市京山县网球特色小镇。

其中，洈水运动休闲小镇是集户外运动、观光旅游、休闲养生和度假居住为一体的全国首个五星级汽车自驾运动营地，是"汽车营地 + 核心景区 + 体育运动"的特色小镇。荆门漳河新区爱飞客航空运动休闲特色小镇主打航空运动休闲，以特种飞行器和通用航空器研发制造为基础，集聚发展通航全产业链，打造以航空为特色的运动休闲小镇。京山县网球特色小镇主打网球主题公园，是中国网球协会授予的"中国网球特色城市"。

（四）参与休闲体育活动

1. 全民健身活动的开展

2017 年，湖北省体育局共举办国家级全民健身赛事活动 48 次，省级全民健身赛事活动约 200 场，参与者达 300 多万人。在广泛开展全民健身活动中，湖北省以赛事活动引领场馆建设，为老百姓提供更多更好的健身场所和运动平台。全民健身活动涵盖球类运动、水上运动、智力运动、传统体育、休闲时尚、户外拓展、航空运动、冰雪运动等休闲体育项目，构建了省、市、县逐级办赛的全民健身赛事体系，精心打造一批具有影响力的自主品牌赛事。此外，全民健身活动中还发掘和推广了摆手舞、龙舟、武术等民族传统体育项目，加大了体育文化传承与传播力度。

2. 参与休闲体育的目的

调查显示，有69%的人参与休闲体育的目的是"增进健康"；29.7%的被调查者参与休闲体育有"消遣娱乐"的目的；19.8%和18.9%的被调查者参与休闲体育目的是"减轻压力"和"减肥瘦身"；"增进社交"和"提高运动技能"的目的分别占有10.2%和8.3%。对湖北省居民参与休闲体育目的的调查结果来看，一方面，说明人们的健康意识很强；另一方面，也说明了休闲体育的功能不断被人们认识和发现。值得一提的是，在众多的目的当中，选择"消遣娱乐"的排在第二位，这说明了除了追求身体的健康之外，人们开始更多地把休闲体育活动当成丰富生活、享受生活的手段。

3. 影响参与休闲体育活动的因素

通过对影响居民参与休闲体育活动的因素调查统计发现，被调查者认为影响程度从大至小依次为：首先是空余时间，占58.8%；其次是个人兴趣，占35.6%；第三位是身体健康状况，占26%；第四位是工作状况，占19.3%。显然，空余时间、个人兴趣、身体健康状况和工作状况已经成为影响人们参与休闲体育活动的四大主要因素。

4. 居民对政府提供休闲体育活动的满意度

（1）对体育场地数量的满意度

调查显示，28.9%的被调查居民对体育场地数量表示满意，43.4%的居民表示一般，23.5%的居民表示不满意，4.2%的居民表示很不满意。

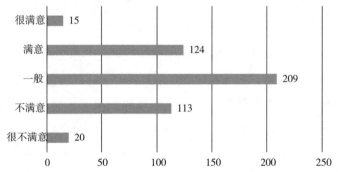

图12-1　湖北省居民对体育场地数量的满意度

（2）对体育场地配套设施的满意度

调查显示，31%的被调查居民对体育场地配套设施表示满意，40.7%的居民表示一般，24.9%的居民表示不满意，3.3%的居民表示很不满意。

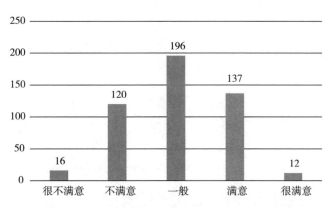

图12-2　湖北省居民对体育场地配套设施的满意度

（3）对体育场地收费标准的满意度

调查显示，33.5%的被调查居民对体育场地收费标准表示满意，52.6%的居民表示一般，12.3%的居民表示不满意，1.7%的居民表示很不满意。

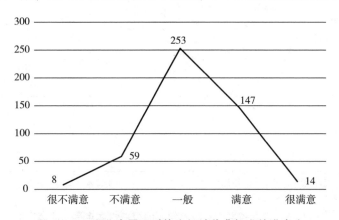

图12-3　湖北省居民对体育场地收费标准的满意度

（4）对现有公共体育设施管理的满意度

调查显示，38.2%的被调查居民对体育场地数量表示满意，40.8%的居民表示一般，18.5%的居民表示不满意，2.5%的居民表示很不满意。

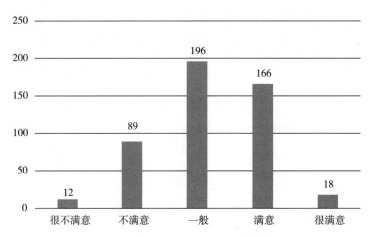

图 12 – 4　湖北省居民对公共体育设施管理的满意度

（5）对政府组织的公益性体育活动满意度

调查显示，43.5%的被调查居民对体育场地数量表示满意，40.1%的居民表示一般，14.6%的居民表示不满意，1.9%的居民表示很不满意。

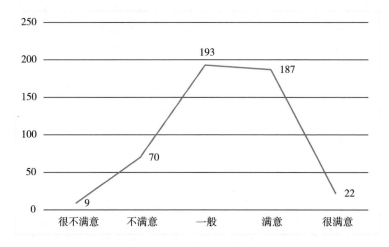

图 12 – 5　湖北省居民对政府组织的公益性体育活动的满意度

（6）对体育场地免费开放使用情况的满意度

调查显示，48.2%的被调查居民对体育场地数量表示满意，36.8%的居民表示一般，13.1%的居民表示不满意，1.9%的居民表示很不满意。

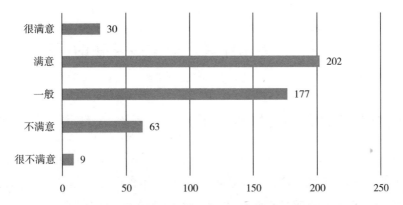

图 12 – 6 湖北省居民对体育场地免费开放使用情况的满意度

（7） 对免费开放的场地设施满意度

调查显示，46.7％的被调查居民对体育场地数量表示满意，37.4％的居民表示一般，14.6％的居民表示不满意，1.2％的居民表示很不满意。

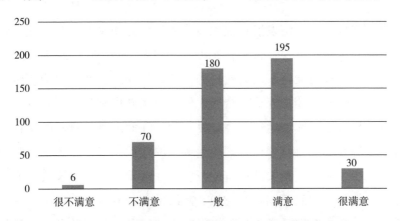

图 12 – 7 湖北省居民对免费开放的场地设施满意度

此次调查采用 Likert 5 级计分，从 "1 – 很不满意" —— "5 – 很满意"，得分越高说明满意度越高。对所有样本的平均值分析结果来看，7 项满意度调查从高至低的排序为：体育场地免费开放使用情况满意度 （3.37）、免费开放的场地设施满意度 （3.36）、政府组织的公益性体育活动满意度 （3.30）、体育场地收费标准满意度 （3.21）、公共健身设施管理满意度 （3.19）、体育场地配套设施满意度 （3.02）、体育场地数量满意度 （3.00）。

二、湖北省休闲体育产业发展存在的问题

（一）休闲体育产业总体规模仍待提高

总体而言，湖北省休闲体育产业对湖北省经济发展的贡献还偏小，发展空间仍然很大。与发达省份及发达国家的休闲体育产业规模相比，湖北省休闲体育产业所占比例明显偏低，对湖北省经济的带动作用明显不足。因此，进一步提升休闲体育产业在国民经济中的比重和地位是湖北体育产业发展的重要目标之一。

（二）区域休闲体育发展不平衡

从湖北省各城市经济发展情况来看，武汉市处于绝对优势地位，各地经济发展差别较大。经济发展的不平衡也使得休闲体育产业发展产生较大差异。如鄂西北地区虽有得天独厚的自然资源优势，但受地方政府财力所限，纵使政府竭尽全力开发山地户外运动资源，但终因基础设施较差、开发资金短缺等突出问题导致休闲体育运动资源开发不力。除此之外，目前湖北省各地在休闲体育资源开发方面还存在缺乏产业融合的现象，没有将体育产业与相关产业有机结合，缺乏对相关产业链的开发。在休闲体育赛事发展方面，武汉市也是独占鳌头，如武汉国际马拉松、武汉网球公开赛、渡江节、木兰山登山节等休闲体育赛事都已形成品牌，也成为武汉市对外宣传的重要资料，但其他城市在品牌赛事打造和运行方面仍有待提高。

（三）休闲体育赛事的品牌效应亟待提升

近年来，湖北省休闲体育赛事种类繁多，为居民提供了观赏和参与体验的机会。然而，大多数赛事活动的运营仅限于赛事本身，各部门之间缺乏联动与协作，赛事的营销推广工作也有待提升。总体而言，人们对赛事难以形成深度记忆，对赛事认知度不高。此外，赛事主办方对于赛事可能产生的经济效益与社会效益的理解还处于赛事层面，这使得大量的赛事无形资源没有

得到充分的利用。这就导致大多数赛事本身的回报率不够高，社会效益的开发缺乏能动性，赛事外部活动效应难以释放。

三、湖北休闲体育产业发展策略

（一）体育旅游产业与文化创意产业深度融合

产业融合是我国现阶段经济结构调整与居民消费水平提升的必然趋势。体育旅游业是体育产业与旅游产业交叉渗透的结果，是近年来在我国产业结构调整的背景下产生的新型产业。文化创意产业以创造力为核心，通过技术、创意和产业化的方式开发及营销知识产权，是一个内涵和外延都十分丰富的产业业态。体育旅游业与文化创意产业的深度融合不仅可以有效地优化服务产业结构和产品供应，还能满足消费者多层次的精神文化需求。因此，"体育＋旅游＋文化"能将体育项目背后蕴含的文化通过旅游体现出来，使得人们在"体育＋旅游"中也能感受到湖北省厚重的文化底蕴与内涵，推动体育旅游产业与文化创意产业的融合发展。

湖北省拥有深厚的历史文化底蕴，文化资源丰富，有5座国家历史文化名城。湖北省可将丰富的文化资源与体育资源结合起来，大力促进道教文化、巴蜀文化、荆楚文化、红色文化等文化资源与体育旅游产业融合发展，如道教文化与民族传统体育的融合，打造武当武术产业链；红色文化与赛事旅游的融合，打造以"红色"主题的马拉松、徒步、登山等休闲体育赛事。

（二）开发特色休闲体育项目

湖北省自然资源丰富，可借助资源优势，大力发展特色休闲运动项目。首先是鄂西北地区山峰资源类型众多，有武陵山、巫山、大巴山、武当山和荆山。鄂西北地区可以借助山地资源优势，推广徒步、登山、攀岩、露营等户外休闲运动的发展，打造独具鄂西北特色的户外运动项目集群。

其次，湖北省山地水系发达，峡谷溪流、瀑潭、高山湖泊、河流等水资源星罗棋布，适合开展溯溪、漂流、龙舟、游泳、垂钓等多种水上休闲项目。

同时，借助 2022 年北京冬季奥运会为契机，积极推动冰雪运动的设施建设，提升冰雪运动在湖北省的普及程度和产业发展水平。

最后，湖北省有 55 个少数民族，占全省总人口的 4.5%。民族传统体育项目的开发也是湖北省休闲体育项目发展的重要环节之一，如健身气功、舞龙舞狮、摆手舞、太极拳等传统体育项目的传承与发展。加强体育类非物质文化遗产的保护和开发。

（三）培育休闲体育品牌赛事

湖北省在积极开展已有各项休闲体育赛事基础上，还要重点打造地方特色的赛事，打造湖北省品牌赛事，着力培育竞赛表演市场。积极探索体育赛事运作机制和资源整合方式，构建以武汉国际马拉松为核心的系列马拉松赛事活动，且各城市根据自身文化与地理特点，组织开展有地域特色和文化特点的马拉松赛事，如体现以荆楚文化和三国文化为主题的文化之旅马拉松，以红色精神为主题的红色马拉松等。鼓励各地开展品牌赛事"一城一品"创建活动，将赛事举办与旅游、文化交流等相互融合，形成具有本地区特色的品牌赛事。充分发挥品牌赛事对城市发展和体育服务业的带动作用，把赛事办成品牌赛事、效益赛事、规范赛事，通过赛事引导市民体育消费，推动湖北省休闲体育产业的发展。

（四）打造运动休闲特色小镇

运动休闲特色小镇建设的关键之处在于如何将项目落地，"落地生根"的重点在于建立完善运动休闲特色小镇建设保障体系。目前，湖北省有 6 个国家级运动休闲特色小镇，湖北省应以国家级运动休闲特色小镇试点项目为契机，探寻体育特色小镇的"体育 + 文化 + 旅游"发展之路，并以 6 个特色小镇为示范点，引导湖北省其他地区开展特色小镇的申报和建设工作。如钟祥市以旗鼓台清平乐露营地为基础，依托黄仙洞、娘娘寨、八折河、葛文化风情园等旅游景观地，打造"钟祥市客店户外运动休闲特色小镇"。

（五）加快休闲体育设施建设

休闲体育设施建设是满足人们日益增长的健身需求的基础，湖北省各地需要加快休闲体育设施建设，进一步推动休闲体育的发展。首先是新建体育设施，各级政府可采取财政资金投入和民间资本参与相结合的方式推动休闲体育设施建设，进一步完善各市（州）、县（区）、乡镇（街道）的休闲体育设施的种类、规模、数量和布局建设。其次是改造现有休闲体育设施，如在公园绿地基础上，建设一批健身步道、自行车道等健身休闲设施。最后是盘活现有休闲体育设施，如体育部门与教育部门联合制定学校体育场馆对外开放相关政策，推动学校体育场馆向社会开放。

（六）深入开发休闲体育市场

休闲体育产业市场的开发与消费者息息相关，由于不同类型消费者具有各自的消费心理特征和消费行为特征，因此，在休闲体育市场开发过程中需针对不同地域、年龄、性别、职业、收入、社会阶层的群体开发相应的产品和服务。如针对老年群体的消费特点，开展"体育＋康养"产业的融合发展。针对中青年群体的消费特点，开展"互联网＋体育"产业的融合发展。针对地域特点，开展有地域特色的"文化＋体育"产业的融合发展。总体而言，根据不同群体的需要，开发出多类型和多层次的休闲体育产品，推动休闲体育市场的深度开发。

附录：湖北省 2017 年休闲体育大事记

1. 2017 年 4 月 9 日，第二届武汉马拉松赛于上午 7 时 30 分在汉口沿江大道青岛路口准时起跑。来自国际和国内约 2.2 万名运动员和马拉松爱好者一同出发。本届汉马共有 5264 名志愿者、900 余名医疗工作者、670 名医疗志愿者、100 名医师跑者全程投入医疗保障中。最终，摩洛哥选手获得男子马拉松冠军，埃塞俄比亚选手获得女子组冠军。

2. 2017 年亚洲羽毛球锦标赛于 4 月 25 日至 30 日在武汉体育中心体育馆举行。作为亚洲顶级羽毛球赛事，羽毛球亚锦赛将成为羽坛高手云集的舞台，来自日本、韩国、泰国、马来西亚、印度等亚洲 20 多个国家和地区近 300 人参赛。中国赢得三项冠军。

3. 2017 年 4 月 30 日，湖北省人民政府办公厅正式对外发布《湖北省关于加快健身休闲产业发展的实施意见》，此实施意见是在国发办〔2016〕77 号文件的基础上，结合湖北实际，就进一步加快全省健身休闲产业发展提出的实施意见。

4. 2017 年 6 月 16—17 日在中国自然水域漂流之都兴山县朝天吼国家级漂流赛区隆重举行中国·宜昌自然水域国际漂流大赛，来自 52 个国家的 117 支专业代表队及 1000 多名龙舟和漂流爱好者分别进行了专业和业余两个组别的比赛。

5. 2017 年 7 月 16 日上午 9 点，第 43 届武汉"7·16"渡江节在武汉举行。51 支方队的 5309 名选手参赛。其中年龄最大的 73 岁，年龄最小的 14 岁，除此之外还有 10 名外籍运动员参赛。本次活动分为个人抢渡赛和群众方队横渡。

6. 2017 年 9 月 22 日至 30 日，2017 年第四届武汉网球公开赛在光谷国际网球中心开战。作为级别仅次于大满贯和皇冠赛 WTA"超五"赛事，武网吸引了全世界的顶尖女子选手，有 7 位大满贯得主参赛。

7. 2017 年 9 月 23 日，第三届中国（京山）绿林网球·英雄会 22 号晚上开幕，赛事持续一周时间，来自全国 19 个省市区的 32 支网球代表队，480 多名运动员相约中国·京山网球特色小镇，参与多个项目的角逐。

8. 2017 年 10 月 28 日，中国（湖北）汽车驾游集结赛暨第二届湖北省汽车运动嘉年华首站集结大洪山。来自全国各地的 100 辆自驾游车辆分成 10 个小组，以麻竹高速大洪山出口处为起点、大洪山游客服务中心为终点。本次活动由国家体育总局汽车摩托车运动管理中心、湖北省体育局、湖北省旅游发展委员会、湖北省鄂西生态文化旅游圈投资有限公司联合主办。

9. 2017 年 11 月 4 日，为期 4 天的 2017 年首届通用航空国际航联飞行者大会（WFE）在武汉汉南通用机场盛大开幕。大会吸引了世界六大洲 40 多个国家的参与和关注，其中，体育赛事项目包含了中国国际热气球公开赛、动力伞国际邀请赛、跳伞国际邀请赛三项国际赛事和全国无人机职业技能大赛、创意飞行器挑战赛两项国内赛事。

10. 2017 年 11 月 5 日，2017 武汉首届水上马拉松在武汉市东湖风景区郭郑湖水域举行。本次赛事由国家体育总局游泳运动管理中心、中国游泳协会、武汉市人民政府和湖北省体育局主办，武汉东湖生态旅游风景区管委会等承办，设置有 10 公里百人专业竞技游和千人方队健康游两项活动。

第十三章　浙江省休闲体育产业发展报告

周丽君　陈　琳

摘要：随着国民收入水平稳健增长和闲暇时间的日益增多，在健康中国战略的背景下，人们越来越注重生活品质和生命质量。休闲体育活动已成为人们对美好生活需求的重要部分。浙江省的休闲体育产业发展一直位于全国前列。本章节通过界定休闲体育产业来明确休闲体育产业的组成部分，并以此为依据来考察2017年浙江省休闲体育产业发展现状，对浙江省各辖市体育产业发展及浙江省休闲体育产业发展进行分析。

关键词：休闲体育产业；产业机构；产业基础；发展展望

作者简介：周丽君，浙江大学教育学院副院长，教授，博士研究生导师。研究方向：休闲体育。

陈琳，浙江大学教育学院研究生。研究方向：休闲体育。

一、休闲体育产业

休闲体育产业生产的产品通常包括有形产品和无形产品。有形产品一般包括运动服饰、体育场、体育馆、游泳池和相关设施等；无形产品通常包括体育健身娱乐、体育竞赛表演、体育旅游等。关于休闲体育产业的定义很多，郑桂凤（2010）在《休闲体育产业界定刍议》中，将直接提供体育休闲产业或服务的产业称为体育休闲产业本体产业；将体育休闲产业的前向关联产业和后向关联产业并称为体育休闲产业相关产业。两者合并称为体育休闲产业，即以开发具有休闲体育价值功能的经济活动的企业集合或系统。该定义基本涵盖了休闲体育产业的外延和内涵，所以本研究中休闲体育产业的界定引用该定义。

根据这个定义，结合浙江省休闲体育产业的实际情况，本研究把休闲体育产业分为体育竞赛表演业、体育健身娱乐业、体育旅游业、体育休闲用品制造业、体育彩票业等。其中，体育竞赛表演业是指以运动竞技和运动表演为主要形式向社会提供服务性产品的组织与活动的集合（骆雷，2013）；体育健身娱乐业指利用各种体育设施，为健身健美活动参与者提供组织管理、体育知识传授、运动技术指导，帮助其增进身心健康，增强体质，收取相应酬金的经营性行业（卢元镇等，2001）；根据《关于大力发展体育旅游的指导意见》，体育旅游是旅游产业和体育产业深度融合的新兴产业形态，是以体育运动为核心，以现场观赛、参与体验及参观游览为主要形式，以满足健康娱乐、旅游休闲为目的，向大众提供相关产品和服务的一系列经济活动；体育休闲用品制造业是直接从事体育竞赛、体育健身与娱乐等一切与体育活动相关的体育用品以及与之密切相连的辅助体育用品生产经营活动的单位的集合（李建设，2004）；根据《国家体育产业统计分类（2015）》的划分，体育彩票业包括体育彩票管理、发行、分销等服务。

二、浙江省体育休闲产业发展现状

近几年来，浙江省体育休闲产业整体发展快速，规模与业态不断升级，体育竞赛表演业与体育健身服务业发展卓有成效，体育用品制造业与体育彩票业发展稳中有升，体育旅游业等新兴产业迅速崛起。

浙江省地处东南沿海地区，是中国经济最活跃的省份之一。2017 年，浙江省以 51768 亿元的全省生产总值排名全国第四，以 7.8% 的增长率快于全国 0.9 个百分点。从城乡居民人均可支配收入来看，浙江省在 2017 年突破人均 4 万元大关，并连续 5 年位列全国前三。从居民整体消费水平来看，整体发展趋势与人均可支配收入同步。

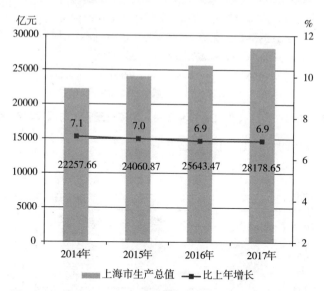

图 13－1　2012—2017 年浙江省全省生产总值、增长率情况

资料来源：根据 2017 浙江省统计年鉴数据整理绘制。

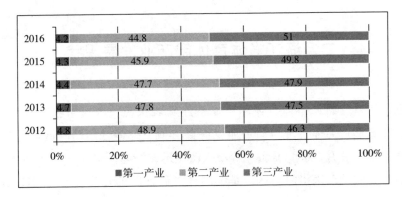

图 13 - 2 2012—2017 年浙江省全省生产总值构成情况

资料来源：根据 2017 浙江省统计年鉴数据整理绘制。

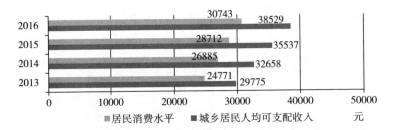

图 13 - 3 2013—2016 年浙江省城乡居民人均可支配收入与居民消费水平情况

资料来源：根据 2017 浙江省统计年鉴数据整理绘制。

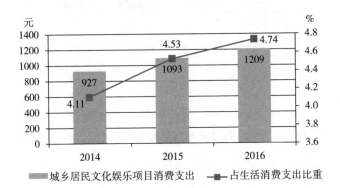

图 13 - 4 2014—2016 年浙江省城乡居民文化娱乐项目

消费支出与占居民生活消费支出比重情况

资料来源：根据 2017 浙江省统计年鉴数据整理绘制。

体育行业固定资产投资、新增固定资产可以用来体现体育产业业内资金流大小。根据近 5 年统计信息，体育行业投资额在 2016 年出现较大程度的增长，这表明越来越多的资本在政策扶持下开始关注投资体育产业；新增固定资产整体呈现较为稳定的增长，体育产业自身的资本不断壮大，如表 13 - 1所示。

表 13 - 1　2012—2016 年浙江省体育行业固定资产投资和新增固定资产情况

年份	体育行业投资额（亿元）	投资额增长率（%）	新增固定资产（亿元）	固定资产交付使用率（%）
2012	46.91	/	5.78	12
2013	69.52	48.20	22.88	33
2014	60.42	- 13.09	35.34	58
2015	56.34	- 6.75	27.06	48
2016	101.25	79.71%	53.24	53

资料来源：根据历年浙江省统计年鉴数据整理绘制。

体育行业施工与投产项目个数可以直观体现出目前浙江省内市场上活跃的体育项目规模，是企业生产与资本投资"落地"的结果，能够反映出浙江省体育行业的活跃度。

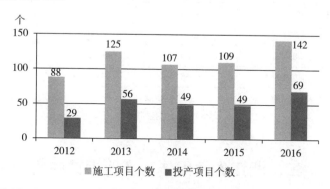

图 13 - 5　2012—2016 年浙江省体育行业施工项目与投产项目情况

资料来源：根据历年浙江省统计年鉴数据整理绘制。

浙江省城乡体育设施日臻完善，社区、行政村实现体育设施全覆盖，人均体育场地面积达到 1.97 平方米。各级体育社会组织日趋健全，全省拥有体育社会组织 3240 个（省级 98 个、市级 621 个、县级 2521 个），体育总会实现省市县三级全覆盖，专业体育社会组织工作站和老年体协实现街道（乡镇）

全覆盖。群众性健身活动蓬勃开展，呈现"群众天天有锻炼、乡村（社区）月月有活动、乡镇（街道）年年有赛事"的局面，经常参加体育锻炼人数占总人口的38.1%。浙江省级体育强县（市、区）创建、学校体育设施开放利用等经验做法在全国推广。

表13 - 2　2012—2016 年浙江省群众体育活动情况

年份	省级（次）	省级参加人数（万人）	市级（次）	市级参加人数（万人）	县级（次）	县级参加人数（万人）
2012	211	13	1319	51	7616	298
2013	494	145	2446	204	11747	1818
2014	650	44	2771	190	13017	684
2015	519	2841	2370	209	13704	911
2016	564	18	3747	302	18572	1182

资料来源：根据2017浙江省统计年鉴数据整理绘制。

表13 - 3　2012—2016 年浙江省体育俱乐部相关情况

年份	体育俱乐部个数（个）	教练员人数（名）	会员人数（万人）	年组织活动参加人数（万人）
2012	1944	2685	17.4	36.6
2013	2886	4928	54.0	128.4
2014	771	5584	65.6	152.6
2015	854	3529	67.0	162.0
2016	2077	6965	114.3	313.9

资料来源：根据2017浙江省统计年鉴数据整理绘制。

三、浙江省休闲体育产业相关政策

2014 年国务院办公厅颁布《关于加快发展体育产业促进体育消费的若干意见》，拉开了国家发展体育产业的序幕。之后《关于加快发展健身休闲产业的指导意见》《关于进一步扩大旅游文化体育健康养老教育培训等领域消费的意见》等国家层面体育产业政策意见陆续发布。浙江省也出台了相应配套的地方政策，为浙江省发展休闲体育产业提供了政策支持。

（一）《浙江省体育发展"十三五"规划》

该规划提出实施"公共体育服务惠民计划"，围绕着"四提升四覆盖"惠及全省人民。一是要加强体育场地设施规划建设与管理利用；二是要巩固和健全体育社会组织网络；三是打造全民健身活动平台；四是健全全民健身科学指导机制；五是高度重视和推进青少年体育工作。

实施"体育产业促进计划"，全面提升体育产业发展规模和层次。提出完善体育产业业态结构、优化体育产业空间布局、培育激活体育产业市场主体、打造体育产业发展平台、健全完善体育产业扶持体系5点建议。

"十三五"规划为浙江省体育产业发展制定了未来发展的方向。

（二）《加快推进全省品牌体育赛事培育工作的指导意见》

指导意见建议从影响力、知名度、辐射力三方面入手实施现有品牌体育赛事巩固提升工程；提出实施品牌体育赛事培育开发工程，一是引进一批国际顶级单项体育赛事落户浙江；二是培育打造凸显生态优势的品牌体育赛事；三是着重打造融入地方传统文化的品牌体育赛事；四是主动融合新技术打造新型体育赛事；五是坚持"一市一品""一县一品"的发展格局；六是建立《浙江省重点培育品牌体育赛事名录库》。为浙江省的竞赛表演业的发展提供了强有力的支撑。

（三）《关于推进体育健身设施进公园工作的指导意见》

指导意见提出建设规划部门要将体育健身设施纳入公园、绿道网的专项规划编制体系和绿线管理中，同时纳入县（市、区）域总体规划、城乡规划的年度实施计划，在城乡公园、绿道网等建设中合理布局建设相关体育健身设施。水利部门在推进河湖水域综合整治过程中，在安全、生态的基础上，充分考虑周边城乡建设规划和体育健身设施布局需要。要以2020年每万人拥有1.8公里以上健身（登山）步道为目标，细化制订实施计划，大力加强城乡健身（登山）步道建设；要求在公园、绿道网及水利堤岸等地建设的体育健身设施，必须向社会公众开放。建设管理单位要承担设施的维护与管理职责，保障体育健身设施的安全使用。该指导意见为体育旅游业的发展提供了政策依据。

（四）《浙江省体育现代化村（社区）建设规范》

浙江省制定《浙江省体育现代化村（社区）建设规范》和浙江省体育现代化县（市、区）创建实施方案和评分标准，构建了科学全面的体育现代化指标体系，为休闲体育产业发展提供了良好的条件。

除此之外，浙江省致力于加快发展健身休闲产业和培育品牌赛事，相继出台了加快发展健身休闲产业、体育旅游产业和品牌赛事培育等系列政策文件。深化体育赛事"放管服"改革，推动省政府修订发布了《浙江省体育赛事管理办法》。召开全省品牌赛事培育工作现场会，42个赛事被列入首批重点培育品牌体育赛事名录，将体育产业发展资金规模增加到每年1亿元，重点引导扶持体育竞赛表演业特别是品牌赛事、顶级职业俱乐部发展，全年共资助和奖励148个项目，带动超32亿元的社会资本投资体育。积极推进省级运动休闲基地和国家级、省级运动休闲小镇创建工作，分别有3个县创建成为省级运动休闲基地、3个小镇入选首批国家级运动休闲特色小镇。浙江省还注重加快推动体育产业融合发展，先后举办第八届中国·长三角国际体育休闲博览会、浙江省第六届运动休闲旅游节、百家体育企业走进丽水、第三届寻找浙江省运动休闲旅游达人等活动，全国首届智能体育大赛落户浙江。浙江省还注重强化市场营销，全省体彩销量达到137.04亿元。成功举办中国乌镇围棋峰会、浙江省第三届体育大会、浙江省第七届老年人运动会、浙江省第四届青少年学生阳光体育运动会以及2017全国新年和重阳登高健身大会主会场活动、"全民健身日"活动等一批有广泛影响力的群众性赛事，全年共举办各级各类群众性赛事活动达8000余场次，参与人次达360多万。浙江省全民健身公共服务网络平台以及科学健身微信公众号开通运行，拓宽了科学健身宣传渠道。组织开展"百名优秀社会体育指导员暨十佳社会体育指导员"评选活动，在全社会弘扬全民健身志愿服务精神，全省各级社会体育指导员和群众体育骨干达到13万余人。

四、浙江省体育休闲产业结构

本部分根据浙江省休闲体育产业的实际情况，主要对主体产业中的体育竞赛表演业、体育健身娱乐业和体育旅游业，相关产业中的体育用品制造业、体育彩票业展开叙述，以分析浙江省体育休闲产业发展的内部结构。

（一）体育竞赛表演业

体育竞赛表演业是体育产业发展的核心动力，也是体育休闲产业发展中至关重要的一环。体育赛事能带动主办地及其周边体育旅游业、体育彩票业等诸多业态的发展，还能为举办地带来显著的宣传效果，为主办地打造城市体育名片，长远地影响着地区的体育消费和体育产业发展。

在 2017 年浙江省发展体育产业、体育休闲产业的诸多工作布局中，浙江省体育局通过发布《加快推进全省品牌体育赛事培育工作的指导意见》和建立《浙江省重点培育品牌体育赛事名录库》，双管齐下，积极推进"一县（区）一品"赛事工程，将体育竞赛表演业列为重点引导扶持业态。尤其是品牌赛事、职业俱乐部、职业联赛以及创新型的体育制造业，鼓励各市（县、区）和社会力量办赛事、搞职业俱乐部。

品牌体育赛事，通常指与某一特定地点紧密相连、定期举办且已成为举办地重要标志的体育赛事。一般具备以下几个条件：举办地固定、成为举办地的重要名片、较大投入、较大规模、较大影响力、有较强商业运作、至少每两年举办一届、连续举办 3 届以上。

2017 年，浙江省重点培育了杭州马拉松、CBSA 海宁斯诺克国际公开赛、世界女排大奖赛（宁波北仑站）、环太湖国际公路自行车赛（湖州赛区）、中国·杭州环千岛湖国际公路自行车赛、亚太汽车拉力锦标赛中国（龙游）拉力赛、义乌国际电子竞技大赛（IET）、烂柯杯全国围棋冠军赛、真武魂 WBK 世界极限格斗联赛、绍兴环城河国际皮划艇马拉松世界杯暨经典赛等十大品牌体育赛事。并积极引进国际汽联世界房车锦标赛（中国站）、国际泳联公开水域游泳世界杯赛、国际排联女排世俱杯等国际顶级赛事落户浙江。

2017 年，发展杭州马拉松赛、世界女排大奖赛、亚太汽车拉力锦标赛中国（龙游）拉力赛、环太湖国际公路自行车赛等 42 个赛事被列入《浙江省重点培育品牌体育赛事名录库》，享受省体育产业发展引导资金长期资助、省品牌体育赛事集中免费宣传等一系列扶持政策。

职业俱乐部及联赛方面，浙江省重点培育 CBA 广厦主场、CBA 稠州银行主场、CBA 八一主场、中甲绿城主场、中甲毅腾主场、浙江女排嘉善主场六大职业体育品牌赛事。力图提升俱乐部在联赛中的成绩，培育球迷文化与球迷忠诚度，营造良好的主场氛围。

（二）体育健身娱乐业

浙江省依托《关于加强体育健身设施进公园工作的指导意见》，2017 年共下达省级资金 9700 余万元用于基层建设，在全省范围内扶持建设多功能运动场 200 个，乡镇、中心村全民健身中心（体育休闲公园）30 个，拆装式游泳池 100 个，笼式足球场 100 个，小康体育村升级工程 1100 个。

截至 2017 年年底，浙江省人均体育场地面积达到 1.97 平方米，经常参加体育锻炼人数（经常参加体育锻炼的人指每周参加 3 次以上，每次锻炼时间 30 分钟以上、锻炼强度达到中等及以上的人）占总人口的 38.1%，城乡居民国民体质合格率保持在 92.2% 以上。有省级全民健身中心 18 个、中心村全民健身广场（体育休闲公园）498 个、社区多功能运动场 384 个。国家体育产业示范基地（运动休闲示范区）5 个、体育旅游示范基地 1 个、国家级运动休闲特色小镇 3 个。省级运动休闲基地 13 个、运动休闲旅游示范基地 20 个。

（三）体育旅游业

产业融合发展是当下社会发展经济的重要途径，是供给侧结构改革的重要方法，也是体育产业发展的大势所趋。体育旅游业正是体育产业与旅游产业融合发展的产物，是体育休闲产业目前发展势头最为迅猛的业态之一。在浙江省政府办公厅印发的《关于加快发展健身休闲产业的实施意见》中，就指出为促进健身休闲产业融合发展，要加快建设一批在国内具有重要影响力的体育旅游目的地、运动休闲康复示范基地。2017 年，浙江省主要通过建设体育旅游基地、运动休闲小镇和打造体育旅游赛事来带动体育旅游业发展。

1. 体育旅游基地建设

宁波东钱湖旅游度假区入选"国家体育旅游示范基地",基地广泛开展游泳、龙舟、皮划艇等水上运动与旅游项目;台州市神仙居旅游景区、温州永嘉大若岩百丈瀑体育旅游景区入选 2017 中国体育旅游精品项目;华联进贤湾旅游综合体、山浩户外运动基地、金华农耕文化园等被列为 7 个省级运动休闲旅游示范基地;淳安白小线至石林景区、宁海国家登山健身步道至胡陈户外运动小镇、武义神牛谷至三笋坑被列为三条省级运动休闲旅游精品线路;千岛湖欢乐水世界、浙江马汇马术国际庄园、文成天鹅堡滑雪场等 31 个项目被评为省级运动休闲旅游优秀项目。

2. 运动休闲小镇建设

2017 年 8 月 15 日,浙江省体育局颁布了《浙江省体育局关于开展省级运动休闲小镇认定工作的通知》,通知明确了运动休闲小镇是以乡镇(街道)或同级别功能区为主体,依托某一特色运动休闲产业或环境资源,以单项运动休闲活动为核心,培育打造的项目主题明确、富有运动活力、群众基础广泛、文化内涵深厚的体育产业发展空间平台。到 2025 年,力争培育 20 个以上省级运动休闲小镇,形成一批"慢生活·快运动""有味道·有风情""领域细分·特殊彰显"的运动休闲小镇集群,为浙江省打造成为国际知名的"运动休闲目的地"奠定基础。运动休闲小镇参考重点规划方向,包括山地运动、水上运动、冰雪运动、汽车摩托车运动、航空运动、自行车运动、马拉松运动和其他运动休闲活动。省级运动休闲小镇的申报主体,应满足以下基本条件:(1)有良好的生态环境和运动休闲资源禀赋,具备开展运动休闲活动的基础条件;(2)有主题明确的运动休闲项目,具备开展特色项目及衍生项目活动的场地设施;(3)有核心运动休闲项目业态,在全省有一定知名度和集聚度;(4)有核心运动休闲项目赛事活动,影响力较大、组织较为规范;(5)有运动休闲小镇专项规划,规划定位精准、特色鲜明,明确具体的建设项目和实施计划;(6)有一定数额的体育固定资产投资,特别是核心运动休闲项目的投资(截至申报期满日止,3 年内体育固定资产投资不低于 2 亿元,其中核心运动休闲项目投资不低于 5000 万元);(7)有较完善的配套服务体系，有运动休闲标识标牌、公共交通服务、公共休闲区域、应急安全保障等配套服务；（8）有较成熟的管理运营机制，设有专门的领导小组及办公室，有专人负责。省级运动休闲小镇的建设期一般为2年。达到以下标准的乡镇（街道）或功能区，可认定为"浙江省运动休闲小镇"：（1）产业特色鲜明。核心运动休闲项目发展较为成熟，配套关联项目发展较快，初步形成运动休闲产业，在省内具有标杆、引领和示范作用。小镇区域范围内，拥有有效期内的省级运动休闲旅游示范基地、精品线路或优秀项目1个（条）以上。（2）规划建设落地。工作思路清晰，政策措施有力。按计划完成全部或主体规划建设内容。建成面积不少于200平方米的"小镇客厅"，用于小镇及核心运动休闲项目展示、体验者接待等。（3）项目投资到位。鼓励和支持社会资本参与运动休闲项目开发与小镇建设，体育固定资产投资到位。截至建设期满日止，5年内累计体育固定资产投资不低于5亿元，其中核心运动休闲项目投资不低于2亿元，社会资本投资不低于5000万元。（4）体育文化彰显。深度挖掘核心运动休闲项目文化，对该项目的由来、发展、规则等有全面清晰系统的展示，形成运动休闲特色名片。有较为成熟的体育赛事活动，形成在省内具有一定影响力的核心运动休闲赛事品牌。省级及以上媒体对小镇及相关项目、赛事活动有宣传。（5）管理服务完善。小镇及所在县（市、区）政府将体育产业作为重点扶持产业列入经济社会发展规划，配套政策措施具体得当。县域范围内设置有明显的运动休闲小镇宣传牌、指示牌等标识标牌。（6）产业带动显著。有效带动特定区域体育产业、特色餐饮住宿发展和体育就业人数、税收等。每年吸引10万人次以上的运动休闲爱好者参与体验运动休闲项目。

经专家评审和实地考察，目前第一批7个省级运动休闲小镇培育名单已经出炉，分别是萧山戴村郊野运动小镇、桐庐瑶琳山地拓展运动小镇、德清莫干山漫运动小镇、文成铜铃山冰雪运动小镇、泰顺百丈时尚体育运动小镇、江山江郎山极限运动小镇、宁海郊野运动小镇等。

3. 体育旅游赛事打造

2017年，杭州马拉松赛、千岛湖国际毅行大会、横店马拉松赛、The Color Run彩色跑在内的260场赛事，参赛人数超过45万，成为浙江省体育旅游赛事的主要力量。

（四）体育用品制造业

体育用品制造业是目前我国体育产业发展的支柱产业，也是体育休闲产业相关产业中发展规模最大的行业。根据浙江省统计局全省社会消费品零售总额的报告，体育、娱乐用品类在 2017 年第一季度零售额就达到 5.6 亿元，同比增长 20.0%；服装、鞋帽、针纺织品类零售额 221.3 亿元，同比增长 10.4%。根据 2017 年 1—4 月浙江省健康产品制造业发展的报告，体育用品制造产业增长 12 亿元，同比增长 12.0%，对健康产品制造业增长值贡献 8.5%。根据浙江省统计局 2017 年前三季度规模以上文化及相关特色产业发展的报告，文化休闲娱乐服务业和体育用品同比分别增长 13.4% 和 11.15%，均拉动规模以上文化及相关特色产业企业增长 0.2 个百分点。

"浙江制造"在全国乃至国际都有着一定的竞争力。如浙江大丰体育设备有限公司为北京奥运会等多届奥运会提供场馆座椅；杭州华鹰集团是全球最大的赛艇制造企业，成为连续四届奥运会的指定用艇；浙江金耐斯体育用品有限公司是多项国际赛事的蹦床项目指定合作方。除此之外，永康的运动休闲车几乎占据全国市场，衢州江山的羽毛球占领一半国际市场。

为提升体育用品制造业生产水平，鼓励企业生产热情，2017 年浙江省吸纳了一批体育用品制造企业进入浙江省体育产业发展资金项目库。浙江大丰实业（主营体育场馆设备）、浙江华鹰控股集团（主营水上休闲运动系列产品）、浙江飞神车业（主营高端房车、休闲运动车）三家公司以国家体育产业示范单位的资质入选项目库（体育产业基地类）名单；KC-5 新型皮划艇系列研发与制造、超轻碳纤维山地自行车研发、健康自适应跑步机等 10 项体育用品制造的研发制造项目入选入库项目库（资助、奖励类）名单。

此外，浙江省落实体育用品制造业示范企业创评工作，认定包括浙江水晶运动机械股份有限公司、杭州凯普体育器材有限公司、杭州中天模型有限公司在内的 35 家公司成为示范企业。

（五）体育彩票业

截至 2017 年 12 月 31 日，浙江体彩累计销售 137.04 亿元，比上年同期增长 12.67 亿元，同比增幅 10.19%，继续保持全国第四。筹集体彩公益金

35.69 亿元，用于浙江体育强省建设和国家社会公益事业发展等领域。杭州市、宁波市、温州市、绍兴市、金华市分列 2017 年度浙江省体育彩票销售销量前五名；舟山市、温州市、杭州市、绍兴市、宁波市成为体育彩票销售市场份额前五名的单位，这意味着在这些城市，体育彩票在市场各种彩票产品销售额中占据了非常重要的比重。销售增幅的前五则由绍兴市、衢州市、湖州市、嘉兴市、金华市获得。全省范围内，已有义乌市、萧山区、余杭区、瑞安市等 29 个县（市、区）在 2017 年度体育彩票销售突破亿元大关。

在体育彩票使用方面，浙江体彩秉承"取之于民，用之于民"的发行宗旨，将体彩公益金用于社会公益事业、社会体育活动和反哺体育产业发展等方面。"阳光助学"是浙江体彩多年来的坚持公益项目之一。从 2006 年起，浙江体彩先后帮助景宁、遂昌、开化、常山以及龙游等建立了希望小学。截至 2017 年 7 月，已捐建体彩希望小学 6 所，希望幼儿园 5 所。在反哺体育产业发展方面，浙江体彩先后举办 2017 "体彩杯"寻找浙江省运动休闲旅游达人活动、"体彩杯"第二届浙江省体育产业领军人物、"体彩杯"老年体育达人评选等社会体育活动和 2017 年 "体彩杯"浙江省气排球邀请赛、2017 "体彩杯"首届羽毛球精英争霸赛等体育赛事。这些活动与赛事培育着浙江省体育产业的文化内涵与品牌效应，促进了人们参与体育活动和体育消费的热情，使体育彩票成为群众建设体育产业的桥梁。

五、浙江省所辖各市体育休闲产业发展概况

根据浙江省民政厅的统计，截至 2017 年 11 月 3 日，浙江省共下辖 11 个地级市、36 个市辖区、19 个县级市、34 个县（1 个自治县）、274 个乡、655 个镇和 449 个街道。浙江省每个城市休闲体育各有特色和侧重点。

（一）杭州市

杭州市是浙江省省会城市，也是浙江省体育休闲产业发展的中心城市。杭州市以管办分离的形式举办市运会，推动中国游泳学院、国家冲浪基地落户杭州，游泳业余训练和学校体育设施开放工作向全国推广。杭州市颁布实

行《杭州市体育局信用分类等级管理制度》和《杭州市体育局"信用黑名
单"或"信用红名单"发布机制》，通过政府力量对体育产业公司企业进行
信用评级，维持市场秩序、保证体育产业可持续发展。并通过成立杭州市体
育发展集团加强社体合作力度，与市商旅集团、市城投集团、昆仑集团、杭
师大等积极合作，拓宽体育产业发展渠道。通过举办杭州市第五届体育产业
发展论坛暨体育产业招商引资签约仪式活动，成功签约引资 3.26 亿元。目
前，杭州市共有 15 家体育企业入选 2017 年度浙江省体育产业发展资金项目
库，争取省体育产业扶持资金近 1000 万元。

杭州市各级体育社团目前共有 463 家，会员达 20 余万人，共举办全民健
身互动 100 余场。此外，以举办杭州马拉松赛、杭州西湖国际名校赛艇挑战
赛、杭州毅行大会、千岛湖公开水域世界杯等知名体育赛事为契机，结合一
区、县（市）一品牌活动的措施，2017 年全年共组织开展体育健身活动达
1000 多场，直接参与活动的人员达 100 余万人次，全市 40.5% 的人口经常性
参加体育锻炼，人均体育场地面积达到 1.90 平方米。2017 年，杭州市共筹措
100 万元资金实施促进体育健身消费试点，活动惠及 10 余万人次，极大地推
动了健身服务业的发展。在体育彩票业上，杭州市全年累计销售体育彩票
27.47 亿元，占到全省的 20.04%，持续保持全省第一、全国领先的地位。

（二）宁波市

宁波市是浙江省内经济发展第二强市。宁波奥体中心一期工程主体完工，
体育产业快速增长，国家攀岩集训队和亚运会帆船（帆板）基地签约落户。
宁波市共有体育社会组织 1992 个，全市经常参加体育锻炼人数达总人口数的
40.1%，全市人均体育场地面积达 1.95 平方米。体育彩票销售额 21.21 亿元，
居全省第二。

2017 年，宁波市体育产业规模持续扩大，共有规模以上体育企业 1459
家，体育产业总产值占 GDP1.1% 以上，同比增长 20%，增速在所有行业中位
于第二，高出全省平均值 6.6 个百分点。东钱湖马山露营基地等 22 个项目获
省级体育产业引导资金 1400 多万元，宁海中国运动休闲大会等 27 个项目获
市级体育产业引导资金 700 多万元。成功举办首届中国（宁波）体育产业博
览会和"体育产业与城市发展"高峰论坛。

体育竞赛表演业是宁波市体育休闲产业发展的一个亮点。2017年全年承办大型体育赛事40多项，梅山世界房车锦标赛、中日韩田径对抗赛、北仑八一男篮主场CBA联赛、东钱湖铁人三项、镇江九龙湖半程马拉松赛等大型体育赛事成功举办，扩大了宁波的体育知名度，提升了城市综合影响力。

在发展体育旅游业上，宁波市旅游委和体育局联合出台了《关于加快体育与旅游融合发展的实施意见》。东钱湖成功创建国家体育旅游示范基地，宁海国家登山步道获评省运动休闲旅游精品线路，镇海九龙湖徒步、慈溪马汇马术状元等获评省运动休闲旅游优秀项目。

（三）温州市

温州市是浙江省经济发展第三大城市，已成为全国唯一的社会力量办体育试点城市，并在全国率先启动创建国家运动健康城市。

温州市加强对市民参与体育运动的扶持力度，2017年持市民卡运动健身消费的市民获得补贴130多万元。截至2017年年底，全市体育场地总面积位列全省第一，人均面积升至第九，各级体育社团开展体育比赛和健身活动5000多场次。温州市还积极推动体育小镇建设，泰顺百丈时尚体育小镇引进35亿元投资项目，文成航空运动飞行营地、鹿城仰义时尚体育小镇、文成铜铃山冰雪小镇、乐清水上运动小镇等正在有序规划推进。2017年全市新增5个省级运动休闲旅游优秀项目、19个市级运动休闲旅游示范基地和精品路线。体育彩票业管理进一步加强，全市体彩销售额达19.6亿元，居全省第三。

体育竞赛表演业方面，温州市通过市县联办、媒体合作的多种途径，成功举办了全国公路自行车冠军赛、中国温州国际象棋特级大师对抗赛、全国滑翔伞定点联赛、全国青年赛艇锦标赛等13项高水平的大型竞技赛事。

体育旅游业方面，温州市体育局、温州旅游局在2017年8月联合发布《关于加快体育旅游融合发展的实施意见》，列出了温州市体育旅游赛事培育项目和体育旅游健身项目两份清单。确定了温州马拉松赛、国家象棋特级大师对抗赛、中国体育舞蹈公开赛等16项重点培育对象；计划在未来三年投资16亿多元，建设洞头海西湖蓝色港湾、永嘉楠溪江环湖生态园等17个重点体育旅游项目。

除此之外，温州市体育休闲产业的发展还有两个亮点。一是全国唯一的社会力量办体育试点落户温州，温州市全市各级体育社团发展到 1865 家，社会力量兴办青少年训练机构达 24 家，温州 2017 年举办的 13 项全国性赛事、省级市级赛事也都由社会力量承办。二是温州在全国率先创建国家运动健康城市，编制了《温州市国家运动健康城市发展规划》，出台了《关于加快体育旅游融合发展的实施意见》，与温州大学合办温州足球学院、体育协同创新发展研究中心，并成立了全省首个体育记者联盟，将运动健康打造成了温州市的"城市名片"。

（四）湖州市

湖州市作为浙江省 2018 年第十六届运动会承办地，通过"大型运动会助推城市发展论坛""圣火在我们这里点燃"电视推介会等活动不断扩大省运会影响力。湖州市还广泛开展医保卡余额用于体育健身消费试点。在体育赛事方面，湖州市进一步扩大环太湖国际公路自行车、莫干山登山节等赛事的规模和影响力，并大力开展德清木兰系列、长兴百叶龙、安吉竹叶龙、吴兴风筝、南浔船拳等具有湖州特色的民间传统体育项目赛事。其中，德清以莫干山运动休闲区为核心，旨在力图发展为长三角高端体育旅游的"胜地"，获评国家体育产业示范基地。

（五）嘉兴市

作为 2017 年"全国群众体育先进单位"，嘉兴市率先实施"四提升四覆盖"工程，中央公园建设得到《中国体育报》等媒体广泛关注，成为浙江体育设施建设的又一个全新样本。2017 年，嘉兴市建成专项体育场地 40 个，新建更新公共室外健身器材 2059 件，新建篮球场、足球场 46 块，新增体育场地面积 13.1 万平方米。扶持推动建设社区、村级青少年、老年人体育俱乐部及体育示范幼儿园等基层体育健身组织 48 个。通过 13 个体育协会和 2 家体育公司承办 20 项系列健身培训活动，直接受益 10000 余人。嘉兴还不断在理论研究方面优化社会体育服务，启动了"15 分钟健身圈"课题研究，发布了《2016 年全民健身事业发展报告》。嘉兴市 2017 年度体育彩票销量达到 9.01 亿元，年销量增长 1 亿元，同比增幅达 12.4%，共筹集体彩公益金 2.37 亿元。

在体育竞赛表演业方面，嘉兴市在办好端午民俗文化节龙舟竞渡、"红船杯"全国桥牌邀请赛等传统品牌赛事的基础上，还积极引进了 2017 全国重阳登高健身大会主会场活动、中国围棋甲级联赛、全国青少年电子制作锦标赛等系列赛事，2017 年依托各体育协会共同承办了国家级以上赛事活动 27 项，省级赛事活动 7 项。并建立了 2017—2020 周期《嘉兴市品牌体育赛事规划库》，着重打造 CBSA 中巡赛海宁斯诺克国际公开赛、中国海宁速度轮滑国际公开赛、中国女子排球联赛、中国掼牛国际争霸赛等重点品牌赛事。

嘉兴市通过浙江省体育产业发展资金库项目、市级体育产业发展扶持项目和国家大型体育场馆资金补助管理等途径扶持产业项目，对体育赛事、大型体育场馆提供经费补助。在《2017 年嘉兴市深化接轨上海工作实施方案》的基础上，在赛事、产业、设施等多个领域与金山区体育局进行深入对接，进一步签订了《嘉兴市和金山区体育工作全面战略合作框架协议》，积极寻求体育产业合作项目落户，推动嘉兴体育产业向高端路线发展。与此同时，嘉兴市组织申报了 2017 年省运动休闲旅游示范基地、精品路线和优秀项目。其中，南湖船拳、海宁盐官房车营地和桐乡畅想园竞技垂钓三个项目入选。

（六）绍兴市

绍兴市目前拥有酷玩小镇、e 游小镇、海上花田三个省级特色小镇。运动休闲产业颇有特色，尤其以柯桥区最具代表性。柯桥区目前建有射击训练基地、若航直升机场、浙江国际赛车场、乔波冰雪世界、东方山水乐园等运动休闲基地。若航直升机场是目前亚洲最大的直升机机场，已开展空中旅行、直升机驾照培训等项目，并计划增添模拟机设备用于更多的群体活动，直接带动了浙江省直升机运动消费市场。柯桥区也因此获得世界休闲组织颁发的世界休闲创新奖，也是国内唯一一个获得体育类国家休闲创新奖的单位。浙江国际赛车场是国际汽联认证的二级赛道，总投资超过 15 亿元，已引进法拉利亚太挑战赛、极速先锋系列赛等专业汽车赛事。

2017 年，绍兴市成功举办绍兴国际马拉松赛，绍兴皮划艇马拉松世界杯（简称绍兴"水陆国际双马"）、"绍兴国际马拉松赛"，天津全运会金牌数列全省第三，体彩销售增幅居全省之首。

（七）金华市

金华市作为浙江省拥有体育场馆个数第三多的城市，拥有较好的休闲体育产业发展硬件基础。2017年，金华市举办首届全国新闻界马拉松、中国山水四项、龙舟大赛等品牌赛事，实现体育行政审批服务"一次也不跑"。金华市共拥有超过143家体育场馆，其中金华市体育中心2017年1—10月就接待健身市民266万人次，营业额达到1560.63万元。体育彩票销售量达到6.25亿元，完成了基本目标任务的91.92%。

金华市以廊道建设为发展核心开展着体育竞赛表演业、体育旅游业的系列活动。启动编制《浙中生态廊道健身休闲空间建设工作方案》，出台相关的考核办法、认定标准，并将其首次纳入党委政府考核体系。2017年，金华市先后成功举办"生态廊道·渔歌小镇"首届中国山水四项公开赛、浙中生态廊道·2017全国首届新闻界马拉松邀请赛、2017金华市步行健身系列活动等赛事。全年共举办赛事活动超360场，包括国际级赛事3场、国家级赛事23场、省市级赛事140余场。目前共申报省运动休闲旅游示范基地、精品线路和优秀项目23家，体育产业发展资金项目库项目24家。

（八）衢州市

2017年，衢州市成为首批国家运动健康试点城市和全国全民健身日活动示范城市，全民健身宣传片《一起来运动》被国家体育总局向全国推广。

在体育竞赛表演业上，2017年衢州市先后主办承办了衢州马拉松赛、中国滑水巡回大奖赛、全国新年登高活动、世界青年地掷球锦标赛等一批重要赛事，共实现央视直播6小时，重播近30场，极大地打响了城市的体育文化知名度。其中，亚太汽车拉力锦标赛中国（龙游）拉力赛被评为国家体育产业示范项目，"衢州·烂柯杯"中国围棋冠军赛等4个赛事入选省重点培育品牌体育赛事名录库。衢州市还成功申办下2019年第四届全国智力运动会和2021年浙江省第四届体育大会。据统计，2017年衢州全年共举办和承办各类大型赛事超百场，吸引了超过50万人来到衢州，直接带动了达2亿元以上的经济效益。

2017年大荫山森林运动小镇成功获批国家运动休闲特色小镇。通过体育小镇的建设，体育健身娱乐业和体育健身业也蓬勃发展起来。中国 G60 赛道基地、江山市白沙农民体育幸福小镇、龙游县龙山运动小镇、江郎山极限越野运动休闲小镇和衢江区楼云运动小镇 5 个特色小镇正成为衢州市内运动小镇的主要力量。体育用品制造业方面，"牧高笛"成为衢州市登陆 A 股市场的首家体育企业，全市的羽毛球销量也已占据全国 75% 的市场。

（九）舟山市

2017 年，舟山市充分利用其地理环境特点，主办了浙江省首届海钓锦标赛暨"两岸四地"海钓邀请赛、"神行定海山"全国山地户外越野赛、2017 年环舟山女子国际公路自行车赛、2017 舟山群岛马拉松等高规格赛事，并积极承办了全国沙滩排球巡回赛、2017 年第九届全国沙滩足球锦标赛、岱山国际风筝节、浙江省第三届体育大会等赛事。

在体育彩票业方面，舟山市通过开展体育公益活动实现体彩公益金"取之于民，用之于民"。市体育彩票管理中心准备了 20 万元的公益金，开展舟山体彩公益慢跑活动，活动分为夏季和秋冬季两个阶段，夏季活动设定慢跑总公里数 10 万公里，慢跑时间为 21 天；秋冬季活动以微信运动为主，每捐赠 6000 步及以上，体彩将匹配 1 元公益金，公益金总计 10 万元，活动最多时长 21 天。以"爱的里程"兑换的 20 万元公益金用于助力舟山市海上花园城市建设，为"舟山好人"提供文体消费、爱心慰问，为微创企业和民工子弟学校捐赠运动器材等用途。

除此之外，舟山市文化广电新闻出版局（体育局）与浙江省黄龙体育中心达成战略合作，成立浙江省黄龙体育中心舟山分中心。主要在体育场馆管理运营、体育品牌赛事打造、各类活动开展、体育综合体打造、体育产业园区开发 5 个方面开展合作。2017 年年底，"淘体育—浙江舟山群岛新区淘体育大数据服务平台"评选纳入浙江省体育产业发展资金项目库。

体育旅游业上，舟山市 2017 年投资 1000 万元，将原有定海绿色登山健身步道进行改造提升，建成国家级登山健身步道 50 公里。整体线路涵盖 ABC 三级步道，内有 5 条穿越线、5 条环线，可满足专业户外人士、普通群众等不同群体的需求。

（十）台州市

2017 年，台州市创建完成"全民健身双百工程"。全面实现"15 分钟健身圈"向"10 分钟健身圈"的转化，在体育竞赛表演业上，成功举办第三届台州国际马拉松赛，并组织举办了 CGBQ 国际技击联赛、全国象棋业余棋王赛台州站等赛事。体彩销售达到 10.34 亿元，居全省第五，筹集公益金 2.4 亿元。

台州市制订出台《台州市体育产业发展扶持经费管理办法》，每年安排不少于 200 万元的资金用于体育产业发展，还推荐全市 10 家项目入选省级体育产业资金库，获引导资金 635 万元。神仙居景区被评为 2017 全国体育旅游优秀景区；安基山滑翔伞、远古户外瑜伽、神仙居飞拉达和蛇蟠岛滑泥项目被评为 2017 浙江省运动休闲旅游优秀项目；浙江康莱宝体育用品股份有限公司被评为 2017 浙江省体育用品制造业示范企业。

（十一）丽水市

2017 年，丽水市启动全省户外运动信息平台建设试点工作，市游泳网球馆、体育生活馆等一批大型体育设施相继开工建设。

在体育竞赛表演业方面，丽水积极主办了多种多样的体育赛事，涉及多种体育运动和多种参与人群。如丽水市首届"翼"特杯航模锦标赛、第二届全国大学生皮划艇锦标赛、第五届"星球杯"中国国际跳棋公开赛、2017 丽水国际轮滑公开赛、2017 中国丽水体育舞蹈全国公开赛等。在体育彩票方面，2017 年丽水市体彩销额达到 4.16 亿元，为全市收集超过 3000 万元公益金，双双创新高。

体育旅游发展上，丽水市内的南明湖、大木山茶园、仙宫湖、云和梯田、千峡湖等自然景观已经开始和体育产业初步融合，形成了以水上运动、骑行、徒步、垂钓为特色的体育旅游项目。

六、浙江省体育休闲产业发展现状分析

综合上述对浙江省体育休闲产业发展基础、产业结构和各所辖市休闲体育产业发展的现状的考察，本部分将从发展优势及未来展望等方面对 2017 浙江省体育休闲产业发展做出全面的分析。

（一）浙江省体育休闲产业发展优势

1. 扶持体育产业的政策落实到位

浙江省出台各项政策文件为浙江省休闲体育产业的发展"保驾护航"。如，《加快推进全省品牌体育赛事培育工作的指导意见》《浙江省重点培育体育赛事名录库（2017）》《关于推进体育健身设施进公园工作的指导意见》《浙江省中小学体育场地对外开放标准》《关于大力发展体育旅游的实施意见》及与省发改委联合启动了《浙江省户外运动发展纲要》编制等。此外，还积极开展了《浙江省体育产业发展资金项目库》和《全省体育产业机构名录库》的建设，设立扶持体育发展专项资金，创办省级运动休闲小镇，开展浙江省休闲旅游示范基地、精品路线和优秀项目等的评定工作。

可以说，浙江省对于体育休闲产业的所有细分业态都有相应的政策进行指引和扶持，也有项目库、名录库、荣誉称号等资金补助。这很好地吸引了更多民间资本在浙江省内进行体育休闲投资、开办体育休闲企业，也为维持体育企业良性发展、保证体育市场活跃度提供了基本保障。

2. 地方休闲体育产业各有特色

浙江省地理资源丰富，自西南向东北阶梯状倾斜，从西南的山地到中部丘陵再到东北部平原，整体呈现"七山一水二分田"的地形分布。浙江省历史文化源远流长，省内有距今 7000 年的河姆渡文化、6000 年历史的马家浜文化和距今 5000 年的良渚文化。浙江省又位于中国东南文化区，以吴越文化为主体，目前境内共有杭州西湖和江山江郎山两处世界遗产，127 处国家级风景名胜区、65 处国家自然保护区、35 个国家森林公园。

根据2017年产业发展状况来看，目前浙江省较好地利用资源特色发展休闲体育产业。围绕着西湖、千岛湖、东钱湖等水上自然资源，浙江境内开展了杭州马拉松赛、千岛湖公开水域世界杯、国际名校赛艇挑战赛、东钱湖铁人三项等知名赛事；依托莫干山、江郎山、大荫山，建设了德清莫干山运动休闲区、江郎山极限越野运动休闲小镇、大荫山森林运动小镇等运动基地；依托浙江省沿海资源，规划了洞头海西湖蓝色港湾等旅游基地，主办了浙江省海钓锦标赛、舟山群岛马拉松、全国沙滩排球巡回赛等赛事。以横店影视城为特色的横店马拉松赛，2017年以"跑进电影，穿越历史"为主题，共吸引了25000万人参与。2017年电影《一个人的江湖》，是以南湖船拳作为重要元素，体现当代人对于中华传统武学文化的传承。嘉兴南湖船拳传承基地也获评2017年浙江省运动休闲旅游优秀项目。

综上所述，浙江省基本做到了因地制宜，结合当地自然地理资源开发体育旅游、体育赛事和体育健身娱乐等产品与服务，整体呈现较为立体和多样的分布，也较好地做到了通过创新形式发展传统体育文化，实现了体育运动和本土文化特色的巧妙结合。

3. 运动休闲小镇的产业集聚效应逐步显现

不同于行政建制镇和产业园区的创新创业平台，特色小镇指聚焦特色产业和新兴产业，集聚发展要素依托某一特色运动休闲产业或环境资源，以单项运动休闲活动为核心，培养打造的体育产业发展空间平台。在特色小镇和运动休闲小镇的建设上，浙江省一直走在全国前列。截至2017年，浙江省境内共有德清莫干山"裸心"体育小镇、柯桥酷玩小镇、海宁马拉松小镇等10余个特色运动小镇。2018年开年，戴村郊野运动小镇、瑶琳山地拓展运动小镇、百丈时尚体育小镇等7个小镇入选首批省级运动休闲小镇培育名单。

现以湖州德清县莫干山的"裸心"体育小镇为例进行分析。德清县位于浙江省北部，地处长三角腹地，是杭州都市圈的重要组成部分，具有"五山一水四分田"的地形特征。在当地泰普森等龙头企业的带动下，德清体育制造产业整体发展呈现良好态势，受当地"裸心谷"等高端洋家乐的发展影响，休闲产业呈现出高端、时尚、国际化的特征。顺应这样的发展势头，德清县发布了培育体育小镇的倡议，以进一步拓展体育休闲产业空间，推动整体经济健康可持续发展。

德清县体育小镇的建设整体呈现"产业＋休闲"的特点，并与当地自然环境紧密结合，实现了"生态＋体育"。目前已经拥有泰普森、五洲体育、乐居户外、久胜车业等知名产业，以及莫干山户外运动基地、全球探索极限基地、"象月湖"户外休闲体验基地等特色运动休闲基地。另外，捷豹路虎德清体验中心、久祺国际骑行营、风云单车俱乐等也选择在这里进行布局。目前，在德清有体育产业活动单位72家，且在泰普森等龙头企业的带动下，整体发展已经呈现良好效应。

以发展运动休闲小镇作为浙江省发展休闲体育产业的特色和"先行者"具有十分重要的现实意义，是浙江省推动体育产业发展的优秀范例。一是运动休闲小镇作为体育旅游、体育赛事、体育健身娱乐等多项资源的集合体，能一站式满足消费者多样的运动休闲需求，增进民众的深度体育消费行为；二是运动休闲小镇结合当地自然资源，选定某些项目作为发展特色，成为县市体育发展的名片和窗口，能引领消费者走进城郊和乡村，走进大山和森林，促进浙江省城市和城镇体育休闲产业平衡发展，合理利用城镇更为广阔的自然资源；三是运动休闲小镇的创建为当地居民提供了工作岗位和消费客源，这能显著拉动当地住宿、餐饮、交通等相关产业的发展，也夯实了当地的体育人群基础。

（二）浙江省休闲体育产业发展展望

针对目前浙江省休闲体育产业发展的现状，笔者认为未来浙江省休闲体育产业在以下几方面需要进一步完善：

1. 完善休闲体育产业人才培养机制

休闲体育产业是社会经济发展、民众消费观念进步的过程中成长起来的新兴产业，是体育产业和休闲产业的交叉产业，其发展过程中更是广泛涉及用品制造业、建筑业、旅游业、文化创意业等诸多产业领域。要发展好体育休闲产业，就要求体育休闲产业人才具备体育、休闲和产业经济等诸多相关领域的知识与技能。

为此，需要加强高校体育休闲产业人才培养工作。浙江高校、体育专业院校是浙江省培养休闲体育产业人才的主要力量。首先需要加强体育学科与经济学、管理学、旅游学、休闲学、法学等相关学科的交叉建设，搭建国际国内体育产业的交流平台，合作培养休闲体育专业人才。其次，引进政府、社会力量培养休闲体育产业人才。一是积极引导校企合作，搭建休闲体育产业人才产学研合作平台，企业为高校学生提供实践教学和实习机会，高校与企业建立良好的产业研究关系。二是促成政企合作，解决退役运动员与学生运动员的转业就业问题，发挥体育专业运动员在休闲体育产业建设中的专业价值。

2. 创建休闲体育产品的品牌价值

休闲体育产品的质量直接影响人们的消费行为，决定了产业的长远发展。健全的、多种多样的品牌形象，产品服务背后丰富有趣的文化价值，能增加产业发展的多样性，为企业带来更高的品牌价值和社会地位，扩大产业的整体体量与社会影响力。

就体育竞赛表演业而言，浙江省是一个赛事发展的大省，早在"十二五"期间，浙江省每年就已承办全国以上体育赛事 100 余项、省级比赛 300 项以上，赛事数量仅次于江苏省，位居全国第二位。2016 年，浙江省承办国际性赛事 14 项，全国性赛事 111 项。但浙江省还远不是一个体育赛事强省，目前除杭州马拉松赛、横店马拉松赛、环太湖国际公路自行车赛、杭州环千岛湖国际公路自行车赛等目前具有一定知名度的赛事之外，浙江省还有很多国际级、国家级赛事缺乏赛事商业运营和品牌推广工作。

就体育用品制造业来说，产业同质性则更为明显。以义乌为例，据不完全统计，义乌国际商贸城 2016 年体育用品制造业销售额达到了 50 亿元左右，但其中低端制造业偏多，多数采用来料加工、委托生产的模式，缺乏自主创新能力、利润率较低，且企业营销和品牌运营能力弱，缺乏本土化品牌且同质化问题严重，极大限制了体育用品制造业的可持续性发展。

为此，创建浙江省的休闲体育产品品牌价值，要做到以下几点：（1）积极承办、主办高水平体育赛事。培育品牌体育赛事，需要当地体育氛围、人力物力财力、参赛者竞技水平等多个要素的通力合作，可能还要考虑到当地资源、文化等多方面因素。建议首先鼓励浙江省内部分体育产业发展较弱的城市积极承办已经具有一定影响力的精品体育赛事，通过两三年的时间培育当地体育文化，促进群众的体育消费能力，发展当地体育赛事运营、体育用品制造业等与开展体育赛事息息相关业态的综合实力。（2）提高体育用品制造业产品核心竞争力。为加强体育用品企业的品牌建设，就要打破目前同质化商品过多的僵局，提高产品核心竞争力。政府首先可以加强对技术改革和研发工作的扶持力度，引导本地企业向高端制造转变，提高体育装备、器材研发设计能力。其次是积极推进体育与文化的对接，强化产品的文化内涵，不断推出创意新产品。（3）加强宣传推广工作。一是保证赛事的媒体曝光度，利用电视报纸等传统媒体和微信公众号、微博等新媒体，无论是否处于赛期，都保证赛事活动每月一次以上的新闻报道。内容可以拓展到赛事历史、赛事人物宣传、运动知识等方面。二是创新宣传手段，如推出比赛赛刊、比赛纪念品、比赛联名商品（如杭州马拉松公交卡等），邀请名人明星参赛，与娱乐节目合作等。对于体育用品，还可以鼓励企业积极探索电子商务的 B2C、连锁加盟等新兴营销模式。以杭州马拉松赛事为例，2017 年共 83659 人报名参加杭州马拉松赛，筛选 35000 人参赛，是中国马拉松中 12 个国际田联等级赛事和 AIMS 中国成员赛事，获评中国马拉松金牌赛事，也是浙江省内最负盛名的品牌体育赛事，对于其他赛事开展具有一定的借鉴意义。杭州马拉松赛首先深度结合了体育运动与主办城市的历史文化和自然景观，作为"最美马拉松"，它以西湖为核心，赛程途经湖滨、钱江新城、奥体中心、G20 会场等杭州的中心地区与地标建筑；它联合西泠印社将杭州历史文化与杭州马拉松深层次融合，提供手绘杭马地图和电子地图。杭州马拉松赛十分注重参赛者的个人体验和参与度，组委会联合专业工作室首创马拉松个人专属视频，为外地来杭跑友提供关于交通、住宿、出行等第一时间的服务，配备了 3800 多名志愿者提供全方位服务，为 35000 名跑者提供线上线下服务，鼓励参赛者个性化参赛号码和参赛装备等。除了比赛当天的宣传之外，杭州马拉松赛更多地将赛事的推广工作放在了平时，在杭州马拉松官网、微信公众号和微博等网络平台组委会上特别开设了杭马故事、杭马人物专栏，对杭州文化、杭州旅游攻略、杭马跑者的个人经历等进行了专题报道。马拉松完赛牌、官方记者团、官方摄影团等均面向社会广泛征集。以上措施，首先保证了参赛者完美的参赛体验，对赛前准备、赛中保障以及赛后参赛者的宣传分享都进行了充分的优化；其次是增进了未能参赛者的参与度，通过赛事志愿者、摄影团、赛事 LOGO 征集等多种方式发动群众参与到杭州马拉松的赛事活动中来，培育起赛事的社会文化效应。

3. 建立休闲体育产业相关指标标准

体育产业作为一个新兴的产业，在政府统计年鉴中体现不明显。作为一门朝阳产业，建立体育产业和休闲体育产业指标标准，对休闲体育产业发展有着重要的意义。浙江省作为休闲体育产业的引领者，有必要建立休闲体育产业相关指标标准，为全国休闲体育产业的发展提供统计标准。

+· **参考文献** ·+·

［1］Jun Oga. Business Fluctuation and the Sports Industry in Japan：An Analysis of the Sports Industry From 1986 to 1993 ［J］. *Journal of Sports Management*，1998（12）：63 – 75.

［2］Michael Milano，Packianathan Chelladurai. Gross Domestic Sport Product：The Size of the Sport in the United States ［J］. *Journal of Sport Management*，2011（25）：24 – 35.

［3］Miao Xu. Research on Evaluation Index System of Chinese Leisure Sports Industry ［J］. *Information Technology Journal*，2013，12（15）：3330 – 3334.

［4］Nan Zhang. Leisure Sports Industry in Our Country，the Opportunity in This Paper ［J］. *Physical Education and Society Management*，2014，5：37 – 44.

［5］Vanessa Ratten，Kathy Baiak. The Role of Social Responsibility，Philanthropy and Entrepreneurship in the Sport Industry ［J］. *Journal of Management and Organization*，2010：（16）482 – 487.

第十四章　澳门休闲体育发展报告

张清华　翟　群

摘要：本章节从澳门独特的人文背景和社会经济发展历程来考察澳门大众休闲体育的发展概况，对澳门的体育政策、体育基础设施、居民的体育参与等方面进行了梳理，对澳门举行大型体育赛事对社会所生产的积极效应进行了回顾。本章节还重点介绍了澳门政府的体育管理架构和非政府的体育管理架构的"双轨"体制及其特征。在分析归纳了大众休闲体育在澳门发展的优势与劣势下，展望了未来的发展方向及其前景，特别提出了新兴的电子竞技运动及其产业极有可能成为澳门体育休闲与娱乐领域内新的增长点，可为澳门经济发展多元化提供一个新的途径。

关键词：澳门；休闲体育；发展现状

作者简介：张清华，北京大学人口研究所博士生。研究方向：体育与健康、人口与健康。

　　翟群，澳门理工学院教授。研究方向：体育心理与健康、休闲体育与心理健康。

一、澳门城市特点与文化背景

（一）澳门的地理区位特点与优势

澳门（葡语 Macau、英语 Macao），全称为中华人民共和国澳门特别行政区，土地面积为 32.9 平方公里，管理海域面积为 85 平方公里。澳门位于中国东南偏南面，北邻广东省珠海市，西与珠海市的湾仔对望和横琴相接，东与香港隔海相距 60 公里，南临中国南海，处于珠三角经济发展带和粤港澳大湾区的核心地位。澳门由澳门半岛、氹仔以及路环 3 个区域，分 7 个堂区所组成，人口约为 65.89 万（2018 年第二季数据）。2017 年 3 月 5 日召开的十二届全国人大五次会议上，国务院总理李克强在政府工作报告中提出，要推动内地与港澳深化合作，研究制定粤港澳大湾区城市群发展规划，发挥港澳独特优势。党的十九大报告提出"要支持香港、澳门融入国家发展大局，以粤港澳大湾区建设、粤港澳合作、泛珠三角区域合作等为重点，全面推进内地同香港、澳门互利合作，制定完善便利香港、澳门居民在内地发展的政策措施"。港珠澳大桥是连接香港、珠海、澳门的超大型跨海通道，全长 55 公里，是世界最长的跨海大桥。港珠澳大侨已于 2018 年年底通车，澳门作为国际旅游城市，加上作为"一带一路"节点城市的优势会更加凸显，必会带动珠三角地区休闲体育产业的发展。2017 年澳门统计局的数据显示，全年入境旅客共 3261 万人次。澳门具有得天独厚的地理优势和旅游资源，具有开展国际体育赛事的优越地理条件，体育旅游与休闲体育发展的潜力巨大。

（二）澳门的文化特点与优势

16 世纪，葡萄牙人与日本人先后来华，他们利用澳门作为同中国通商的门户。1557 年，葡萄牙人向当时明政府取得居住权，成为首批进入中国的欧洲人。1623 年，葡萄牙政府委任马士加路也为首任澳门总督，开始了近 4 个世纪的殖民统治。独特的地理位置和历史背景，致使澳门文化具有以传统的中华文化和以葡萄牙文化为特质的西方文化共存的特征，是一种以中华文化为主、兼容葡萄牙文化的具有多元化色彩的共融文化。澳门400年华洋杂处、中西合璧的历史，使它成为中西文化的交汇点。澳门以其中西文化融合特色散发出独特魅力，在早期中西文化交流方面扮演了不可代替的角色，也是"西学东渐""中学西传"的重要通道。澳门历史城区于2005年获列入世界文化遗产名录。2017年澳门的"清代澳门地方衙门档案（一六九三——一八八六）"被列入联合国教科文组织的《世界记忆名录》。澳门社会文化的发展历史和特色，对当今的澳门社会和经济发展都产生了重要的影响，对西方和现代科技观念与时尚文化具有先天的接受和同化基因。中央政府明确指出澳门的发展方向和定位，即世界旅游休闲中心和中国与葡语国家商贸合作服务平台。"一个中心和一个平台"充分体现了澳门所具有独特的文化特色和城市定位方面的优势。

（三）澳门的经济发展水平特点与优势

回归前的澳门社会经济发展基本上是一直处于落后的停滞状态，1999年澳门本地生产总值约500亿澳元，人均GDP12.1万澳元。回归后，澳门特区政府开放博彩业的经营权，引进竞争机制和国际资本，为澳门博彩旅游业发展注入了活力。为促进中国内地与澳门经济共同繁荣与发展，2003年10月，中央政府与澳门特区政府签署《内地与澳门关于建立更紧密经贸关系的安排》，加上内地游客赴港澳自由行政策开通、博彩旅游业蓬勃发展等因素，带动了整个澳门经济的高速增长。根据澳门政府的数据显示，截至2017年上半年，澳门本地生产总值为1886.4亿澳元，与2016年上半年比，实际增长10.9%，2016年全年为3622.65亿澳元。2016年澳门人均GDP为7万美元，仅次于卢森堡、瑞士、挪威，位列全球第四。据澳门统计暨普查局最新公布的数据资料显示，2017年澳门人均GDP为62.1万澳元（7.76万美元）。2018年国际货币基金会公布的《世界经济展望》中提到，预期由于持续的经济增长，澳门将于2020年以人均143116美元取代中东产油国卡塔尔，成为全球本地人均生产总值最高的地区。

澳门的产业结构由第二产业和第三产业组成，按照2016年的数据显示，第二产业占6.6%，第三产业占93.4%。由于体育产业属第三产业，而澳门在回归以来第三产业总值一直平稳上升，所以有发展休闲体育的优势。

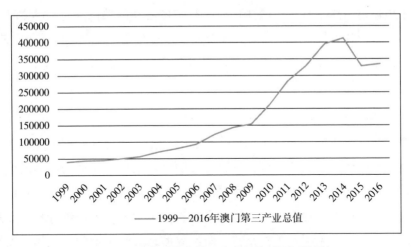

图 14-1 回归后澳门第三产业总值（百万澳元）

（四）澳门的人力资源特点与优势

澳门是国际化的城市，人口密度高，根据2016年澳门中期人口调查，每平方公里就有21340人，失业率仅为1.9%，具有高等教育学历的人口占23.1%。2018年澳门政府公布《澳门中长期人才培养计划——五年行动方案》，在人才规划评估、人才培养、人才回流三方面提供行动指向。政府为培养本地人才，不仅为就读本地高校的学生提供了多种形式的奖学金，还对就读海外高校的本地学生提供本科生和研究生奖学金。为吸纳外地人才，每年都有一批外来技术人才获居留资格。根据澳门贸易投资促进局2016年的数据显示，有384人获批澳门居留权，这些人都要具备专业资格和能力。澳门人力资源水平在不断提高，外地人力资源引入的政策开放灵活，保证了人力资源的质量和优势。

二、澳门休闲体育发展概况

（一）澳门体育政策发展

澳门体育局是澳门特别行政区政府执行体育政策的部门，是具有行政自治权的局级公共部门，其宗旨为指导、鼓励、协助及推动体育运动，协力为体育发展创造必要条件，协调体育社团与实体之间的关系。为推动本地体育的发展，澳门体育局致力落实特区政府大众体育与竞技体育双轨并行的施政，其主要的工作围绕 4 个方面来开展：促进竞技体育、普及大众体育、参与国际体育、管理体育设施。

1. 促进竞技体育

澳门的竞技体育发展以各单项体育总会为主，政府在政策上提供财政和技术支持。各体育总会自行负责所属项目的推广发展以及运动员的培育和参赛工作。政府向各总会提供资金和技术支持，让运动员能更专注地训练和比赛，推动其竞技水的提升。澳门运动员在世界锦标赛、亚洲锦标赛、亚运会这些高水平的世界大赛中屡次获奖，向世界体坛展示了澳门竞技体育发展的成就。

2. 普及大众体育

澳门的大众体育推广由政府主导，并通过资助和合作的方式，与民间团体共同推广大众体育。澳门特区政府每年定期举办多元化的大众体育活动，并透过"公共体育设施网络""运动易会员计划""体育健康咨询站""市民体质监测"等不同的工作计划，引导更多市民参与体育运动。

3. 参与国际体育

澳门特区政府一直以来积极推动和支持各体育总会参与国际及亚洲体育联会的活动，目前已获体育局确认的单项体育总会大部分都已是所属的国际体育联会和亚洲体育联会的会员。澳门早在 1989 年就已经正式成为亚洲奥林匹克理事会（OCA）成员，澳门特区政府更是积极参与国际体育组织的活动，先后成为国际大众体育联会（TAFISA）、亚洲大众体育联会（ASSFA），以及国际体育暨运动科学学会（ICSSPE）的理事会成员。除此之外，澳门每年都会派出代表队参与不同的国际体育赛事、培训、会议和交流活动。

澳门每年都会举办不同类型的大型体育赛事，在 2005—2007 年期间，就举办了第四届东亚运动会、第一届葡语系运动会和第一届亚洲室内运动会。世界女排大奖赛、国际龙舟赛、高尔夫球公开赛、澳门国际马拉松赛和格兰披治大赛车都是每年在澳门举行的品牌赛事。除此之外，一些国际性及亚洲性的体育赛事，如武术、乒乓球、羽毛球、篮球、壁球、跆拳道、游泳、空手道、保龄球和小型赛车等，都经常在澳门举行。

4. 管理体育设施

澳门大部分的体育设施均由体育局管理，一些设施与中学、大学和社团合作，开放给市民使用。这些体育场馆，一方面作为发展竞技体育之用，让本地运动员进行训练和比赛；另一方面，亦作为开展大众体育活动和开放给市民进行体育锻炼之用，以达至"物尽其用"的目的。2006年，体育局设立了公共体育设施网络，以免费或低廉的收费，让全澳市民共享这些体育资源，发挥这些体育场馆的最大的效益。除此之外，这些现代化、具国际标准的体育场馆，也使澳门具备了引进不同类型的国际体育赛事在澳门举行的条件。

（二）澳门健身设施（体育场地）发展

在2016年之前，澳门政府是由多个部门来负责履行管理体育活动开展的职责。2016年政府部门重组后，澳门主要的体育设施统一由体育局管理。目前归体育局负责管理和运行的有45个公共体育场所，当中澳门半岛有23个、氹仔有11个、路环11个，这些场所可开展篮球、足球、排球、乒乓球、羽毛球、保龄球、网球、壁球、曲棍球、游泳、小型赛车等不同的体育项目，其中有一些设施是和中学、大学和社团合作供市民使用。随着社会的发展，体育局不断完善体育设施，并使其朝多元化发展，迎合不同体育项目的需要。设施的分布更以全方位照顾、方便全澳市民为原则，每个区域尽量设有一体育综合体。

澳门地势北低南高，位于南部的氹仔岛和路环岛，共开辟13条林径，总长约33公里，为居民享受自然之乐创造良好条件。此外，澳门也有不少属于社团或私人的体育活动场地，如工人体育场及高尔夫球场等。据有关调查结果显示，澳门每10万人拥有场地61.9个，人均体育场地面积为1.40平方米，已经大大超过2000年人均体育场地面积0.63平方米的统计数据，接近内地的人均水平，但是与韩国、日本等经济比较发达的国家和我国香港、澳门地区相比，还存在较大的差距。

（三）澳门居民休闲体育活动的发展

据2015年澳门特别行政区市民体质研究报告显示，澳门本地居民经常锻炼的时间随着年龄增加而增加，表明年龄越大越意识到健康的重要性。在2010 年和 2015 年的澳门特别行政区市民体质研究报告中显示，2015 年澳门成年人每周锻炼次数比 2010 年有所增加，锻炼时间都集中于 30—60 分钟，属中等强度。他们参加锻炼的目的以强身健体和减轻压力。澳门市民参与休闲体育活动主要考虑经济和方便，所以跑步成为最热门的选择，其次是羽毛球。从有关部门的统计资料显示，澳门政府对居民休闲体育活动的重视程度在不断提高。最新的统计资料显示，2016 年共有 406179 人次居民参与 22 项由体育局举办的活动。体育局还举办了 2843 个大众体育健身兴趣班，名额共69625 个。2016 年暑期活动共有名额 53586 个，其中体育活动名额有 25060个，包括 129 个项目，分 851 班开展。特区政府也比较重视运动康复，在2016 年，运动医学中心为 7665 人次提供医疗服务，参与 53 项赛事和活动的医疗援助，为 283 人次提供医疗服务。为市民提供体质测试服务有 1702 人次，体育健康咨询站的体质测试有 11199 人次。此外，还有 700 人次参与运动医学中心所举办的培训及讲座。

（四）澳门大众休闲体育学术活动的开展

2016 年 5 月，由亚太群众体育协会授权、澳门体育局主办的"第 14 届亚太群众体育协会研讨会"在澳门召开，来自亚洲及太平洋的 10 多个国家、地区从事大众体育工作的团体，以"休闲活动推动大众体育"为主题进行了交流、研讨。会议期间，亚太群众体育协会举行了执委会会议及会员大会会议，并于会员大会选出新一届执委会成员。体育局局长潘永权当选新一届亚太群众体育协会主席，任期 4 年，其他新当选的执委会成员分别来自澳大利亚、马来西亚、以色列、中国、伊朗、日本、韩国及中国香港。本次研讨会分有 5个讨论议题，多名主讲嘉宾围绕大会的主题发表专题报告，并与来自内地、印度尼西亚、印度、孟加拉国、伊朗、以色列、马来西亚、日本、韩国等国家及中华台北、中国香港、中国澳门地区从事大众体育工作的人员进行交流，分享经验。

2017 年 1 月，第 42 届 ASFAA 理事事会会议在中国澳门举行。会议讨论了亚洲和大洋洲地区体育运动的活动和发展计划以及协会未来发展的问题，分享了各自国家和地区的宝贵经验，为亚洲和大洋洲地区全民健身运动的发展提出了富有成效的计划并交换了意见。理事会成员来自澳大利亚、马来西亚、以色列、中国、伊朗、日本、韩国和中国香港。

2017 年 4 月，由世界休闲体育协会主办，中国文体旅游产业（澳门）投资策划有限公司承办的世界休闲体育经济（澳门）高峰论坛在澳门理工学院顺利举行。论坛的主题是"休闲时代，健康世界"。来自美国、加拿大、法国、英国、俄罗斯、澳大利亚、日本以及中国等20 多个国家和地区的 300 余名休闲体育专家学者和企业家参加了本次高峰论坛。世界休闲体育协会成立于 2016 年，是一个致力于在全球范围内传播休闲体育文化、开展休闲体育活动、增进休闲体育合作、推动休闲体育发展的国际性体育组织。世界休闲体育经济（澳门）高峰论坛也是该组织成立后举办的第一次国际会议，将如此重要的学术会议选在澳门举行，说明了世界休闲体育协会非常看好澳门休闲体育未来的发展前景，并希望通过世界休闲体育经济（澳门）高峰论坛扩大休闲体育的影响，积极推动澳门休闲体育的发展。在论坛开幕式上，世界休闲体育协会主席李相如表示，本次论坛的召开，宗旨是通过这个学术交流平台，促进休闲体育活动、休闲体育旅游和休闲体育产业的发展，为提高人类健康水平和人类生活品质作出贡献。开幕式结束后，世界休闲体育协会主席李相如教授和来自加拿大的世界运动管理学会联合会主席凯伦·丹尼贾克教授分别作了"休闲体育引领健康世界"和"休闲体育的全球化趋势"的大会报告。会议期间来自法国、澳大利亚、俄罗斯的代表分别作了"法国休闲体育的发展趋势""澳大利亚体育发展概述""俄罗斯体育产业发展"专题报告。澳门贸促局张作文顾问、澳门休闲体育协会理事长田春阳、中国文体旅游产业（澳门）投资集团董事总裁牟丽娜等本地代表分别作了"澳门建设世界旅游休闲中心差距策略""澳门世界休闲旅游中心与国家文化输出""世界休闲体育大会召开与自贸区发展联动关系"等专题报告。论坛还举行了"体育产业＋运动休闲"和"休闲体育＋生活方式"两场圆桌论坛。本次论坛具有信息量大、学术水平高、交流充分、影响范围广泛等方面的特点。仅新华社客户端发出的新闻稿，在短短的几天时间里点击量就超过 70 万人次，加上其他新闻媒体的宣传报道，收看本次会议媒体报道的人数超过百万，说明世界休闲体育经济（澳门）高峰论坛受到了极高的关注。

借助世界休闲体育经济（澳门）高峰论坛的举行，澳门本地亦正式注册成立了澳门休闲体育协会。协会的宗旨是：推动澳门"一个中心、一个平台"建设，促进澳门经济多元发展，同时为国家体育产业发展和传统文化传播提供更加广阔的国际交流平台。澳门休闲体育协会也是本地第一个以推动澳门休闲体育以及相关产业发展的民间社团组织，对澳门本地的休闲体育及其产业发展及与周边地区的合作、协同发展将会起到积极的引领与推动作用。

（五）澳门大型体育赛事及产业发展

澳门的大型体育活动包括澳门格兰披治大赛车、澳门国际龙舟赛、澳门世界女排大奖赛、武林群英会、澳门高尔夫球公开赛和澳门国际马拉松赛等。通过举办这些体坛盛事，协同推广体育、文化、文创与旅游。

澳门格兰披治大赛车（葡萄牙语：Grande Prémio de Macau，英语：Grand Prix Macau）创办于 1954 年，创办初期为澳门当地赛车爱好者而设的业余比赛，至今已经发展成为一年一度的世间顶级专业赛事。每年 11 月下旬，澳门格兰披治大赛车都会吸引国际级赛车手和成千上万的旅客，参与这个世界上唯一同时举行房车赛及摩托车赛的赛事。澳门格兰披治大赛车的比赛项目除了著名的三级方程式外，还设有房车赛、摩托车赛等，亦曾举办怀旧的老爷车赛、以明星名人为卖点的成龙杯等。赛事在闹市区内以多弯、狭窄等因素著名的东望洋跑道上进行，是公认为世界上最佳的街道赛事。2017 年 11 月在澳门举行了第 64 届澳门格兰披治大赛车系列比赛中共设有 6 项赛事，包括 4 项主要大赛："太阳城集团澳门格兰披治三级方程式大赛—国际汽联三级方程式世界杯""澳博澳门 GT 杯—国际汽联 GT 世界杯""太阳城集团澳门东望洋大赛—FIA 世界房车锦标赛""太阳城集团澳门格兰披治电单车——第五十一届大赛"，附加赛事则包括"CTM 澳门房车杯"和"太阳城集团华夏赛车大奖赛"。澳门格兰披治大赛车是澳门的年度盛事，每年吸引成千上万的旅客到澳门参与这项盛事，对提升澳门知名度及增强澳门国际旅游城市形象起到了积极作用。

澳门国际龙舟赛自 1979 年开始成为每年一度赛事，每届都邀请不同国家派队来澳参赛。澳门特别行政区成立后，澳门国际龙舟赛由澳门特别行政区政府体育局及中国澳门龙舟总会联合主办，端午节划龙舟不但成为本澳大受欢迎的节庆活动，更已经成为本澳重要的体坛盛事，而且比赛规模越办越大，参加人数越来越多，每年皆吸引数千中外健儿齐集本澳，参加这项一年一度的盛事。2016 年澳门国际龙舟赛参赛的本地及海外队伍共有 168 支，为历年参加队伍最多的一年。2017 澳门国际龙舟赛除了邀请来自世界各地的队伍来澳参赛外，还首次举办"澳门领事杯小龙邀请赛"赛事，借此增进澳门与居港澳外籍社群在体育及文化领域上的交流，共度端午佳节。赛事期间，还安排本澳民间团体的文化艺术表演和巡游活动，发挥大型体育活动的协同效应，把活动打造成极具吸引力的嘉年华式体育旅游盛事。

澳门武林群英会是由澳门特区政府与澳门武术总会联合打造的一个全新的赛事活动，目的是让世界各地武林群英都云集濠江以武会友，弘扬中国源远流长的传统武术与文化。2016 年 8 月，澳门体育局与澳门武术总会在澳门旅游局、文化局和文化产业基金等单位的大力协助下成功举办了首届"武林群英会"，其宗旨是借助"武林群英会"结合体育、旅游和文化元素，打造澳门又一全新体育旅游品牌活动，并通过不同形式活动让居民、游客能参与其中，从中加深对武术运动的认识。这项活动为全球热爱武术运动的爱好者提供了一个多元化的交流机会，同时也创建了一个面向世界推广宣传中华武术的平台。为了实现这个目标，主办机构通过结合体育、旅游和文化创意等元素，发挥协同效应，锐意将"武林群英会"办成具有多元魅力的主题嘉年华，打造成广大访澳游客喜闻乐见的新鲜旅游产品。"2017 武林群英会"活动由澳门特别行政区政府体育局与澳门武术总会联合主办，并得到国际武术联合会、亚洲武术联合会和中国武术协会等方面的大力支持。为期 4 天的活动以武术三大项目（龙狮、套路、散打）为主题，结合体育、旅游和文化的协同效应，加大力度打造本澳体育旅游品牌盛事活动。来自澳门及世界各地共 16 个国家、地区约 1600 名武术名家、运动员及爱好者参与了这项盛事活动。这项新兴的体育赛事所呈现的精彩系列活动汇聚体育、旅游和文化等因素，已经成为澳门一年一度的体育旅游与文化传播的盛事。

澳门国际马拉松赛自 1981 年首次举办以来已经连续成功举办了 36 年，也是澳门举办的最大型田径比赛项目。该赛事每年皆吸引世界各地顶级长跑运动员参加，当中不乏国际知名长跑精英，为澳门的体育事业增了彩。澳门马拉松共有三项赛事，包括环绕澳门、凼仔及路环各点的国际马拉松赛，另有半程马拉松赛及迷你马拉松赛。其中半程马拉松赛及迷你马拉松赛更吸引不少业余好手也来一试耐力。每年赛事前后，全城都掀起一片马拉松热潮。2017 年举办的第 36 届澳门国际马拉松吸引近 50 多个国家及地区共 12000 名运动员参赛。

澳门世界女排大奖赛自 1994 年起至 2017 年已成功举办了 21 次，获得了国际排球联会对赛事组委会各项工作的肯定，且赛事一直深受市民和旅客欢迎。中国女排在澳门站的比赛中先后获得过 4 次冠军，取得了不凡的成绩。2017 年澳门世界女排大奖赛冠军由世界劲旅意大利女排获得，中国队在最后一轮比赛中以 3 比 2 逆转美国队获得亚军，头号主力朱婷则连续三年获得了最受球迷喜爱奖。中国女排在每次来澳门参加比赛过程中都积极参与主办方安排的各种公益活动，与喜爱她们的球迷进行零距离的交流与互动，加上女排姑娘们的个人魅力，使得澳门市民与中国女排结下了特殊的友谊。每年在世界女排大奖赛期间，在澳门主办方和媒体推动下，在整个澳门都会掀起一股"女排"热潮。

澳门高尔夫球公开赛是在澳门举行的男子职业高尔夫球赛事，也是亚洲职业高尔夫球协会所举行的亚洲高尔夫球巡回赛的其中一站。首届澳门高尔夫球公开赛于 1998 年举行，比赛地点在路环澳门高尔夫球乡村俱乐部。为了吸引高水平球员参赛并提高赛事的影响力，主办机构不断增加赛事奖金，2009 年时此项赛事的奖金提升为 50 万美元，2013 年升级至 80 万美元。从 2011 年开始，所有四轮赛事都在亚巡赛的全球电视转播平台播出，覆盖 200 多个国家和 6.5 亿电视用户。多年来，不少世界著名球星曾在澳门高尔夫球乡村俱乐部的球道上一展身手，共有来自 9 个国家的 16 位球手于澳门高尔夫球公开赛中夺冠。2017 年，澳门高尔夫球公开赛参赛的 144 球员分别由来自亚巡赛前 132 的顶尖球员、澳门高尔夫球总会选送的 4 名选手以及 8 名赞助商邀请选手组成。经过 4 天的激烈角逐，印度名将布拉尔最终夺得冠军并获得了 9 万美元奖金。

三、澳门休闲体育管理体制的发展

（一）澳门政府的体育管理体制架构

澳门政府在 1955 年首次成立体育管理机构，名为"体育委员会"。20 世纪70年代末,澳门出现了第一批体育协会,1979年,在"行政教育暨青年事务政务司"领导下的"教育暨青年司",为了管理和开展学校体育运动,下设了"青年厅教育处",负责管理和开展学生的康乐体育活动。20世纪80年代初,澳门民间体育组织、体育社团迅速发展。为加强政府机构与民间体育组织的协调与管理,1986年澳门政府成立了"最高体育委员会"。1993年澳门政府成立的澳门体育总署,成为专门管理澳门体育发展工作的职能部门。2006年,澳门特区政府将体育总署更名为体育发展局。自澳门特区政府成立以来,澳门的体育发展主要分为竞技体育、学校体育和大众体育三个方向,由多个部门分管。为了解决职责分工不清晰等方面的问题,特区政府于2016年对有关部门进行了职能重组(见图14-2,图14-3),目前体育局架构有5厅11处(见图14-4)。

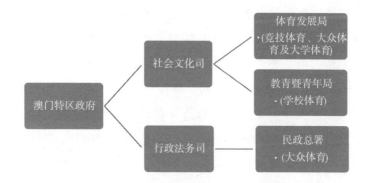

图14-2 2015年澳门的体育管理架构

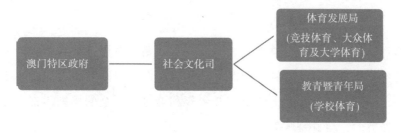

图14-3 2016年澳门的体育管理架构

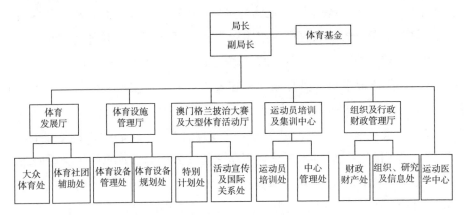

图 14-4　2018 年澳门体育局管理架构

1. 澳门体育局

澳门特区政府体育局于 2016 年 1 月由体育发展局正式更名而来。当时澳门的体育处于起步发展阶段，而民政总署也负责市民的大众体育，和当时的体育发展局职能有所重叠，经过政府和各界体育人士多年的商讨和努力，决定在 2016 年 1 月重整各局职能架构，将体育发展局的体育相关职能进行整合，同月正式更名为体育局。体育局为具有行政自治权的局级公共部门，是澳门特区政府官方最大型的体育官方机构，其宗旨为指导、鼓励、协助及推动体育运动，协力为体育发展创造必要条件，及协调体育社团实体之间的关系。而主要职责为推动市民的运动意识、提高澳门体育竞技水平、编制年度体育发展计划、加强各体育社团发展等。

2. 澳门教育暨青年局

教育暨青年局的职责是执行教育及青年政策，发展各类教育，为教育机构的良好运作提供所需条件，确保实行持续教育的原则及所有居民享受教育的权利，鼓励并开展有助文化推广及青年和谐融入社会的培训工作。在学校体育工作方面，教育暨青年局负责构思、领导、协调、管理和评核各项非高等教育模式和辅助青年及其社团组织的工作。在该司中青年厅的学校体育暨课余活动事务处是专门负责学界体育及统筹各社团运作的部门，青年厅的职责为支持、鼓励及促进青年主动提出的各项活动，并创设可行条件，以落实和发展整体且统合的青年政策，尤其在文化及公民教育、结社、文娱活动及与其他国家及地区青年交流等范畴。青年厅下设有青年结社培训暨辅导处，学校体育暨课余活动事务处以及行政辅助科。青年厅确保向青年委员会提供辅助，并协调各青年活动中心及各青年度假屋的管理。

（二）澳门非政府的体育管理体制架构

澳门可以说是一个社团社会，在社团密度上，以2014年年末的6554个社团及63.62万人口计，澳门社团密度约为103个/万人，即每97人就拥有一个社团，比例上非常之高。而体育社团是澳门体育一大特色，它不仅可以带动澳门体育的发展，也通过体育局的合作和支持，举办各种大型国际赛事。在澳门举行的各种类型的体育活动中，这些体育社团发挥了非常重要的作用。根据2015年的统计数字显示，澳门的体育社团有1021个，所占全部社团的比重达到18.9%，是所有类别中比例最高的。澳门体育社团主要分为体育会、体育总会两个层级，而所有的体育总会则归属中国澳门体育暨奥林匹克委员会统领和管理。中国澳门体育暨奥林匹克委员会的前身为澳门奥林匹克委员会，于1987年10月22日成立，目前有47个体育总会成员。澳门体育暨奥林匹克委员会致力于培训澳门运动员及体育人才，同时保持与政府之间相互协作，共同推动奥林匹克运动在澳门的发展，并通过体育运动建立跨国界友谊，令澳门特区的体育事业迈向更国际化。澳门的体育社团管理体制架构一般由会员大会、理事会和监事会组成，由会长、理事长和监事长担任领导角色。根据不同项目在架构上会有不同的部门组成，由理事担任当中不同的职位，而这些职位大多数都是义务的，这也体现了体育社团的业余性。

四、澳门休闲体育的发展势态与前景

为了更加科学有效地探讨和提出澳门休闲体育的未来发展方向和趋势，应该首先明确澳门休闲体育发展所具有的优势与劣势，据此展望出未来的发展方向和趋势才更加具有科学性和可行性。

（一）澳门休闲体育发展的优势与劣势

从澳门的大众休闲体育发展的优势上看，除了在前边所述的"澳门城市特点与文化背景"中指出的经济发展、地理位置、文化多元等诸多优势外，澳门更加具有政治制度优势。澳门享有"一国两制"的创新制度，使得澳门的发展既可以搭乘国家经济高速发展的快车，又具有制度上的自由与灵活，这种为澳门和香港两地量身定做的社会政治制度为澳门社会经济稳步发展奠定了坚实的基础。回归以来，受到国际金融危机等社会和自然灾害等不利因素的冲击和影响，澳门社会经济也有起伏，却依然稳步向上发展，充分体现出澳门在"一国两制"的创新制度下的优势，未来发展的势头和前景不可估量。

虽然上述的诸多方面优势，为澳门的休闲体育发展奠定了坚实的基础，我们也应该看到休闲体育在澳门的发展依然还受到诸多不利因素的影响和限制，整体的发展水平不尽如人意。这些不利因素主要有以下几个方面：

1. 缺乏明确的政策和发展蓝图

澳门政府已经正式颁布了《澳门特别行政区五年发展规划（2016—2020年)》，这个规划既有五年内的发展目标，也明确提出了分四个阶段来实现把澳门建设成为世界旅游休闲中心的长远规划。与之相比，澳门大众休闲体育发展缺乏明确的长远发展目标，没有制定未来发展总体规划蓝图，欠缺长远的政策规划，更没有宏观的体育政制改革路线图和时间表，每年投入大量资源发展大众体育，但欠缺科学化的成效指标。甚至在政府的职能部门中，对"休闲体育"概念的理解和接受上还存在异议，导致目前澳门休闲体育还处在无序的放养状态，亦在很大程度上制约了休闲体育在澳门的持续发展。

2. 政府职能部门角色定位不明确，部门之间缺乏合作

2009年，国务院审议并通过了《珠江三角洲地区改革发展规划纲要(2008—2020)》，明确提出把澳门建设成为"世界旅游休闲中心"的宏伟目标。2016年，澳门政府正式颁布了《澳门特别行政区五年发展规划（2016—2020年)》的愿景是：到21世纪30年代中期，建设成为一个以旅游为形式、以休闲为核心、以世界旅游休闲中心为方向、以世界为质量，具有国际先进水平的宜居、宜业、宜行、宜游、宜乐的城市。然而在向建设世界旅游休闲

中心的总目标迈进的过程中，政府职能部门却没有找到符合时代发展的有关大众休闲体育工作方向。在政府提出的《澳门特别行政区五年发展规划（2016—2020年）》中，负责大众休闲体育的职能部门的工作和角色都没有融入其中，反映了大众休闲体育活动在建设世界旅游休闲中心过程中仍处于边缘地位的现状。为了配合特区政府建设世界旅游休闲中心的总目标，澳门旅游局已经制定和公布了《澳门旅游业发展总体规划》，从整体层面提出短中长期的旅游业发展计划和旅游部门工作计划。相比之下，澳门体育局对"世界旅游休闲中心"的建设没有做出积极的跟进，更没有从体育休闲旅游的角度与相关部门进行合作制定与实施相关的举措。

3. 缺乏大众体育专业人才的培养

澳门理工学院体育暨运动高等学校是目前澳门唯一的一所培养体育人才的专门机构，由于受到历史等方面因素的限制，该学校至今仍然只设有"体育教育学士学位课程"一个课程和专业方向。澳门目前尚没有专门培养休闲体育人才的课程或机构，因而导致澳门在大众休闲体育的政策制定、主管人员和技术人员以及教练员等的培养等方面缺乏专业人才的参与，大部分基层体育组织中都没有休闲体育专业人员负责策划和统筹。由于专业人才匮乏，相关的科学研究亦更显薄弱，有关大众体育方面的科学研究都是只注重体育健身的生理学效益，忽视了它的休闲娱乐的心理学效益。

4. 土地资源紧缺，人口稠密

澳门目前的土地面积为30.5平方公里，人口约为64.85万，是全世界人口密度最高的地区。土地资源匮乏极大地限制了人们休闲体育活动的空间与设施建设和发展。最新的调查统计资料显示，澳门人均体育场地面积为1.40平方米，与本地的经济发展水平不成比例，与周边韩国、日本等经济比较发达的国家和香港、台湾地区相比更存在较大的差距。

（二）澳门休闲体育发展的未来方向与前景

1. 积极开展跨界合作，突破发展空间的瓶颈限制

结合上述对休闲体育在澳门发展势态的分析，我们不难发现，唯有通过与周边地区积极开展跨界合作，才能够优势互补，进一步推动澳门休闲体育

迈向一个新的高度。澳门具有得天独厚的地理位置，使其在与周边地区的跨界合作上占尽先机。粤港澳三地将在中央有关部门支持下，完善创新合作机制，促进互利共赢合作关系，共同将粤港澳大湾区建设成为更具活力的经济区、宜居宜业宜游的优质生活圈，打造国际一流湾区和世界级城市群。在由国家推动的深化粤港澳深度合作发展中，澳门休闲体育也因此而获得了新发展的契机。

"土地资源紧缺，发展空间狭小"是制约澳门大众休闲体育发展的最大瓶颈，跨界合作协同发展给澳门带来最大的实惠就是延伸和扩展了发展空间，弥补了澳门的最大短板。珠海横琴由于地理位置的关系，已经开始与澳门向着同城化的方向发展，为两地大众休闲体育的融合发展竖立了航向标。珠海的横琴新区地处珠海市南部的横琴岛所在区域，面积近110平方公里，是澳门现有面积的3倍。横琴岛四面环水，气候温和，山清水秀，空气清新，原始的海岛植被保存完好，因与澳门仅一河之隔而被誉为澳门的后花园。随着广东自贸区横琴片区正式挂牌，多个大型休闲度假项目在横琴新区落地，其中的珠海长隆国际海洋度假区，是长隆集团投资建设的又一个世界级超大型综合主题旅游度假区，其应用国际先进技术和经验全力打造一个集主题公园、豪华酒店、商务会展、旅游购物、体育休闲于一体的超级旅游度假区。为了加快两地的联系和协同发展，方便人员往来与交流，横琴口岸24小时通关、澳门单车牌车辆可进入横琴新区等多种创新政策不断推出和实施。从目前两地的合作协同发展的趋势上看，2009年国务院正式批准实施《横琴总体发展规划》中把横琴定位于"一国两制"下探索粤港澳合作新模式示范区的设想已经得到初步实现。

2. 借助传统行业的基础和优势，创新打造新的体育休闲产品

近年来，旅游、文化、体育、健康、养老"五大幸福产业"的快速发展为改善民生、拉动消费、促进消费升级持续发力。体育产业和旅游产业作为推动经济转型升级的重要力量，"体育＋旅游"的融合发展已成必然趋势。澳门在向世界旅游休闲中心的发展过程中，博彩会展旅游业的发展势必要上到一个新的台阶和高度。如果能够将体育元素融入其中，打造一批"博彩＋体育"或"会展＋体育"的全新旅游产品，既能够提升澳门旅游产品的品质，

又能对澳门的休闲体育发展起到积极推动作用。如果能够与周边地区和城市协同开发不同形式的"体育+旅游"产品，区域内的市场潜力一定会得到最大限度的开发，广大民众也能够最大限度地分享建设世界旅游休闲中心所带来的红利。

3. 积极探索和创新开拓新兴的休闲体育产品和潜在市场

借助澳门支柱产业发展的基础，积极创新开拓新兴的休闲体育娱乐产品以及相关产业，是推动澳门休闲体育持续发展的新动力。在诸多的有巨大潜力的新兴项目中，"电子竞技"因为受到年轻人的追捧而被认为是一个异军突起的体育休闲娱乐产业。

（1）电子竞技的发展势态

电子竞技（英语：eSports）是指使用电子游戏来比赛的体育项目。随着游戏对经济、社会的影响力不断壮大，电子竞技正式成为体育竞技的一种。这项新兴的竞技运动，可以锻炼和提高参与者的思维能力、反应能力、四肢协调能力和意志力，培养团队精神。早在 2003 年 11 月 18 日，国家体育总局正式批准，将电子竞技列为第 99 个正式体育竞赛项，2008 年改批为第 78 个正式体育竞赛项。亚洲奥林匹克理事会（OCA）在 2017 年 4 月宣布，电子竞技将在 2022 年杭州亚运会成为正式比赛项目。2017 年 10 月，在瑞士洛桑举行的国际奥委会第六届峰会上，代表们对当前电子竞技产业的快速发展进行了讨论，最终同意将其视为一项"运动"。荷兰市场分析公司 Newzoo 预估，2017 年全球电竞市场收入预计将达 6.96 亿美元，比 2016 增长了 41%。超过3.8 亿人在线观看世界各地的电子竞技电视节目，到 2020 年预计将增长 50%。据企鹅智酷和腾讯电竞共同完成的《2017 中国电竞发展报告》显示，中国的电子竞技，作为互联网+竞技体育的新兴产业，正在快速蓬勃发展。2016 年，中国电竞产业的产值达到 200 多亿元，用户规模为 1.7 亿人。2017 年，中国电竞用户规模达到 2.2 亿，潜在的用户规模为 4.5 亿。互联网领域研究咨询专业机构艾瑞咨询与华体电竞（北京）体育文化有限公司共同发布《2018 年中国电竞行业研究报告》显示，中国电竞市场规模 2017 年整体突破 650 亿元。

（2）电子竞技在澳门的发展历程

澳门电子竞技运动的起步和发展可以追溯到 21 世纪初，2003 年澳门本土电竞选手首次去香港参加世界电子竞技大赛（WCG）组织举办的港澳赛区比赛并一举夺魁，在两地的电竞界引起了不小的震动。2004年，澳门体育电子竞技协会（MEGSA）正式注册成立，成为澳门的第一个民间电竞团体。2006年7月，澳门体育电竞协会在澳门蛋体育馆主办了澳门电子竞技运动会（MEG）。2007年第二届亚洲室内运动会在澳门举办中，第一次将电子竞技运动纳入国际综合性体育运动会之中，澳门作为东道主亦组队参加了电子竞技项目的比赛。此后，由于缺乏政府的积极引导和扶持，澳门的电子竞技项目的发展一直处于停滞状态。2015年，进步电子竞技会（GrowUp eSports）在澳门正式注册成立。2016年8月，进步电子竞技会组织的地区比赛选拔出来澳门的首支电子竞技战队，代表澳门于2016年10月在雅加达举行的世界电竞锦标赛中首次亮相，并接连创下引人注目的战绩。这支以15—21岁的年轻选手组成的战队先后击败了瑞典、瑞士以及澳大利亚等世界强队，让世界电子竞技联盟（leSF）刮目相看。在比赛期间召开的世界电子竞技联盟的年度大会上，由14个成员国票选表决通过了澳门成为leSF的正式会员。

（3）澳门电子竞技发展进入快车道

2017年，电子竞技无疑是最热门的产业之一，电竞游戏、赛事、教育已经迅速走向成熟。在澳门的博彩旅游业不断向好和经济适度发展多元化的发展势态下，澳门电子竞技行业发展遇到了千载难逢的机遇并迈上了一个新台阶，可谓是澳门电竞发展之元年。2017年7月，澳门电子竞赛协会正式注册成立，协会宗旨是推动本澳电子竞技活动的发展，培养本地专业电子竞技人才，积极创造良好有序的电子竞赛环境。紧接着2017年8月，由国家体育总局体育信息中心主办、澳门电子竞赛协会联合主办的国家级官方电竞赛事——"澳门银河·CEC2017中国电子竞技嘉年华"在澳门"百老汇舞台"举行。这是澳门第一个顶级电子竞技活动，本次赛事得到了澳门旅游局及澳门贸易投资促进局的大力支持，邀请到诸多的高水平战队参加，也由此开启了澳门电子竞技活动的热潮。2017年11月，在澳门举行的2017MGS澳门娱乐展高峰论坛邀请了众多国内电竞行业巨头出席，他们畅谈了电竞行业以及在澳门的发展未来。2017年12月，澳门又迎来2017MDL Macau国际精英邀请赛。作为大热电竞项目——DOTA2的官方赛事能够落户澳门，充分说明了各大厂商对澳门电竞氛围和潜力的认可。澳门电子竞技竞赛产业总会和澳门电子竞技总会于 2017 年年底相继正式注册成立，成为引领澳门电子竞技行业发展的双驾马车。两个总会的发展宗旨都是广泛联系和团结电子竞技社团组织和爱好者，引导电子竞技健康发展，弘扬竞技体育精神和传播电子竞技文化，积极推动及提升澳门电子竞技及相关行业的长远发展，使澳门电子竞技行业向国际化标准推进，同时鼓励建立健康的电子体育生态环境。在 2018 年 1 月 15 日晚举行的澳门电子竞技竞赛产业总会首届领导架构就职典礼上，中央政府驻澳门联络办公室、特区政府经济财政司以及经济局、民政总署、旅游局、文化产业基金行政委员会都派出要员参加并共同担任主礼嘉宾，彰显出澳门政商界对澳门电子竞技竞赛产业的高度关注与支持。在 2018 年 4 月 15 日晚举行的澳门电子竞技总会成立暨就职典礼上，全国政协副主席何厚铧、中联办副主任孙达、社会文化司司长谭俊荣、亚洲电竞协会主席霍启刚，以及万达集团董事王思聪等政商界要员到处出席祝贺。澳门电子竞技总会首任会长何猷君表示，澳门具备各种与国际接轨的独有优势，应进一步明确将电竞事业发展至国际水平，通过电竞赛事、交流、学习考察、会展、座谈等活动，提升澳门的国际形象，将澳门打造为亚太区电子竞技培训中心及竞赛平台。在澳门电子竞技总会成立暨就职典礼的活动现场，上海久意信息技术有限公司与澳门电子竞技总会签订了战略合作协议。上海久意信息技术有限公司 CEO 张轩表示，澳门电子竞技总会旨在推动澳门电竞产业发展，推动澳门成为国际与内地的电子竞技桥梁，促进电竞赛事、赛制、基建、人才、管理、经济等发展。作为国内领先的数字体育综合运营商，上海久意信息技术有限公司有责任也有义务作为桥梁之一，促进大陆和澳门之间的交流和发展，让中国的电子竞技走向世界。

从澳门周边地区的电子竞技发展态势看，这个以年轻人为主要服务对象的新兴的产业将极有可能成为体育休闲与娱乐领域内新的经济增长点。如果澳门政府及相关产业能够及时抓住机遇，扬长避短地积极与周边地区在这个领域开展协同合作，完全有机会为澳门经济发展多元化开拓出一个新的途径，实现换道超车。

·+·+·+·+·+·+·+·+·+·+·+·+·+·+· **参考文献** ·+·+·+·+·+·+·+·+·+·+·+·+·+·+·

［1］澳门特别行政区政府．《澳门特别行政区五年发展规划（2016—2020 年)》［EB/OL］．http：//www. cccmtl. gov. mo/files/plano_ quinquenal_ cn. pdf，2016 – 09/2018 – 05

［2］澳门统计暨普查局．2018 年第二季数据［DB/OL］．http：//www. dsec. gov. mo，2018 – 05/2018 – 05

［3］澳门人才发展委员会．《澳门中长期人才培养计划——五年行动方案》［EB/OL］．https：//www. scdt. gov. mo/pdf/talents_ 5yr_ plan_ 21122017. pdf，2018 – 05/2018 – 05

［4］孔兆伟、李思敏、梁成安．澳门体育场地之调查报告［R］．澳门大学教育学院，2012.

［5］宁自衡，詹建国，李益群．澳门体育发展［M］．北京：人民体育出版社，2001.

［6］2016 澳门年鉴［M］．澳门特别行政区政府新闻局，2013.

［7］张青华．澳门体育管理体制初探［J］．教育：文摘版：00069 – 00070.

［8］吴树斌，吕树庭，翟群，等．澳门居民参加体育活动情况暨体育人口调查——兼与广州市体育人口调查的比较［J］．体育科学，2009，29（12）：27 – 39.

案例借鉴与分析编

第十五章　南京万德集团发展案例分析

吴万鹏

摘要：本章重点剖析了南京万德集团的发展历程，详述温州万德、深圳万德、南京万德以及南京万德集团 4 个阶段的发展情况，探析万德一步步成长为集团公司的原因以及转型给万德带来的益处，以期为同行发展提供有益参考。

关键词：南京万德集团；发展案例；转型创新

作者简介：吴万鹏，南京万德体育产业集团总裁、中国室外健身器材技术联盟副理事长、全国体育用品标准化技术委员会委员。研究方向：全民健身。

南京万德集团始创于1986年，总部位于南京奥体中心，下设荷鲁斯文创公司、卡内基空间设计公司、伍壹科技公司、溧水制造基地、香港公司及北美业务中心，是肯德基、恒大、碧桂园、东方园林、维宁体育等知名企业的战略合作伙伴，现已发展成为集文创、科技、体育、游乐、运营、制造六大业务板块于一体的多元化产业集团。万德六大业务板块协同运作，输出全人群智慧体育公园、智慧社区健身、智慧校园体育、智慧冰雪运动、智慧游乐健身、智能化服务与管理六大解决方案。

截至2018年6月底，万德游乐设备以及室外健身器材的国内市场占有率稳步上升，仅器材年销售额就达数亿元。万德2018年营业收入同比上扬300％，年出口额同比增加200％。

图15-1 万德集团六大业务板块解决方案

一、逆境中初创温州万德，游乐起家

历史上温州的天然环境远远不如宁波、上海、苏南、山东这些大平原，也不如大多数地区，不算富，也不是很穷。

改革开放前，温州作为海防前线，三面环山，一面环海，一直与国家的工业投资无缘，经济比较落后。温州人喜欢说"挣钱是因为以前穷怕了"，穷则思变。越来越多的温州人"敢为天下先"，在全球各地寻找经商的机会。

在"敢为天下先"精神的激励下，温州籍的数位万德创始人选择在浙江省温州永嘉县桥下镇创办桥下玩具厂，主营儿童玩具。选择桥下作为创业基地，一是由于桥下的地理区位优越，东与浙江永嘉县上塘镇、"中国泵阀之乡"瓯北镇相通，南与温州市鹿城区隔江相望，西与"中国纽扣之都"永嘉县桥头镇相邻，北与永嘉金溪镇、徐岙乡相连；二是，该镇拥有教玩具业和外贸服装业两大支柱产业，其中教玩具业占据全国半壁江山。

桥下镇教玩具产业创始于 20 世纪 70 年代，从"前店后厂"的家庭作坊起步，主要以"轻、小、加"为主，大部分为技术含量不高的家庭作坊。在当地政府的引导下，1995 年成立永嘉教玩具协会，2006 年 4 月升级为温州市教玩具协会。

20 世纪 80 年代温州私营经济快速发展，大部分商家缺乏品牌和责任意识，使得"温州货"一度成为"假冒伪劣"的代名词。1986 年，国家机械工业部向各地发出关于柳市低压电器抽查合格率为零的通报；1990 年，中国消费者协会受理的消费者对温州鞋类投诉信达 2 万多封，随后杭州市场当众焚毁几十万双温州劣质鞋，打假活动在全国掀起，温州因此名声扫地。在这种情况下，温州万德坚持只经销品质过硬的玩具产品，让消费者享受品质玩具带来的乐趣，用行动支持温州走出"假货"阴影。

创办桥下玩具厂后，万德也曾与某公司合作办厂，但由于经营理念、质量理念的巨大分歧，最终与该公司分道扬镳，退股单干。

温州万德时期是万德的初创阶段，"温州假货"现象使得万德人认识到产品质量的重要性，并明确了这样一条发展之路——仅凭贸易业务，企业难有长远发展，应该成立自己的制造企业，掌握把控产品质量的主动权。质量是企业的生命，只有严格把关产品质量，方能奋起直追，后来居上。

中国休闲体育发展报告（2017—2018）

二、进军制造行业，生死关头认识标准

为了持续开拓业务，万德瞄准具备独特战略位置的深圳，创立了"深圳万德游乐设备有限公司（办事处）"，主要从事儿童游乐设备、幼儿园桌面玩具贸易和户外场地整体设计等业务。得益于改革开放的红利，万德第一年的销售额就近百万元。

千禧年到来前夕，万德游乐处于内忧外患的困境：对内，万德发现配套厂家生产的产品一直停留在过去的水准，跟不上企业发展的步伐；对外，当时深圳有很多进口企业和进口产品，如果万德继续保持当时的生产质量，最终一定会被淘汰。为了摆脱困境，万德决定在深圳成立一家制造加工厂。

2001年，深圳万德游乐设备有限公司制造基地成立。从单纯进出口贸易转做加工制造，堪称一个跨越式的战略调整。

深圳万德成立之初，专注于游乐设备的生产。然而具备深刻洞察力的万德高层敏锐察觉了一个重大商机——进军室外健身器材制造行业。

1997年年底，国家体育总局正式启动全民健身路径的试点工程，逐步将全民健身工程推向实处，推到了广大老百姓的家门口，随时、就近、免费的健身场所走进了老百姓的日常生活。2000年，国家体育总局联合社会体育管理中心主办了第一届全国全民健身路径大赛。2001年7月14日北京申奥成功后，全国人民参与体育锻炼的热情进一步被激发，越来越多的人参与到全民健身行列中来。

此外，2002年深圳万德已经拥有了基本的工艺技术与数十位技术人才，"天时、地利、人和"三要素皆备，万德顺势开拓了第二产品线，从事室外健身器材的生产制造、销售业务。

2003年，万德第一次出口英国的儿童游乐设备，由于达不到欧盟标准，被全部退回来。迫于生存的压力，万德花重金邀请到一位欧盟TüV GS的认证专家帮助解决问题。对方表示，80%的产品无法通过认证，并表示将乘坐隔日下午的航班回国，等万德整改结束之后，他再飞过来。然而，形势紧迫，万德要求当时就彻底解决问题。

当时的技术总监主动保证说，经过专家在关键问题上的指导，他们有能力通过一个通宵的作业，将技术方案按照欧盟的要求整改过来，可以明天上午10点再让专家过来。翌日上午，欧盟专家准时赶到，检查之后，他惊呼完全达标，大赞技术人员将在欧洲1—2个月才能做完的工作，一个通宵就攻克了。经此一役，万德深刻认识到产品质量的重要性，公司高层开始带领团队系统学习德、美、日韩等国家的先进技术与产品标准，走在了全国前列。万德认为学习就是生产力，保持常态化的学习才能对新技术、新标准、市场动态等有先知先觉的能力。

经历"英国"退货事件后，深圳万德彻底从一个弱冠书生成长为一名久经沙场的大将，产品出口的国家数量逐步由个位数突破至两位数，且数字仍在不断增长。

2005年，一家日本百年企业代表团来万德考察，发现万德产品不仅安全性高，而且质量过硬，特别是万德产品质量管理制度与日企的发展理念高度契合。该日企当场决定采购万德产品，并与万德建立长期合作关系。万德通过与海外企业的合作和交流，进一步建立起了科学、严格的质量保障体系，万德产品从研发、设计、采购、生产到售后服务，每个环节都受到严格质量控制。

1986—2007年期间，深圳万德充分挖掘了深圳幼儿园游乐设备市场，并与万科、碧桂园、雅居乐等地产商达成合作，涉足国内房地产周边配套建设，拓展了游乐设备的海外出口业务，并全力拓展室外健身器材市场。深圳万德对标准的深刻认识让万德高层增强了打造知名游乐品牌与户外健身器材品牌的信心，同时为万德积累了丰富的经验与教训、技术与人才、资本与人脉，为万德之后的发展打下了牢不可破的基础。

三、主导新国标，转型输出整体解决方案

在深圳发展6年后，万德认为深圳市场已趋于饱和，需要放眼全国市场。

区位优势比较明显的南京溧水区首先进入了万德的视野。南京是江苏省省会、国务院批复确定的中国东部地区重要的中心城市，可辐射整个华东地

区。溧水区位于南京市中南部，是华东地区重要交通枢纽和物流中心，是长三角地区制造业基地和现代化产业集聚区，发达的交通使之成为长三角最具投资价值的地区。恰逢 2007 年南京溧水区招商引资，万德便购买了 200 亩土地作为制造基地，万德也由深圳搬迁至南京。

（一）为器材安全鼓与呼，万德荣获标准制定贡献奖

2007 年，室外健身器材已经遍布全国城乡各地，但配置不合理、时代感差、缺乏科技含量、布局缺乏科学规划、维护管理不及时等问题也逐渐暴露出来，尤其是安全隐患问题突出。万德高层震惊于器材事故屡屡发生之余，也一直领导万德严格按照欧盟标准，领先国内所有同行生产出安全、科学的室外健身器材，让群众放心健身、科学健身。

2008 年北京奥运会前夕，国家体育总局非常关注体育器材的安全隐患问题，召集国内体育器材商开会。会上万德提出：第一，全民健身路径的项目建设，是中国政府巨大的惠民工程，每年投入几十亿元，覆盖乡镇农村，这么大的投入还出现这么多伤害事故，而且这么多年路径模样没有变化，原本的惠民工程已经变成老百姓诟病的工程；第二，国内体育制造在国际上没有地位，应该在欧盟、美国等国生产技术的基础上，结合中国特色做改进，建立全世界最先进的器材标准，杜绝安全隐患。

万德之所以提出以上两个观点，是因为早在 2005 年 12 月，万德就成为国内同行中首家通过德国 TüV 莱茵公司 GS 认证和美国 ASTM1487 标准认证的公司，并先后通过 ISO 9001 质量管理、ISO 14001 环境管理和 OHSAS 18001 职业健康安全管理体系的认证。北京会议后，万德邀请了大批学者专家、同行来万德参观。这是万德在国家体育总局层面第一次获得强烈关注，被业内称为"后来居上"的典型案例。

2009 年杭州体博会上，万德展区的室外健身产品凭借着自身"欧盟标准"的光环又一次成功吸引国家体育局领导的注意。当时总局领导对万德产品的独特结构（以内置限位为主，非国内普遍的外置限位）与新颖外观造型表示出了极大兴趣。凭借自身硬实力，万德主导起草了 GB 19272—2011 新国标的制订。万德也成为全国首批首家通过 GB 19272—2011《室外健身器材的安全通用要求》强制国家标准认证的企业。如此一来，万德成为国内唯一同

时在健身、游乐两个行业发展较为成熟的企业。至今已有近 50 家企业通过新国标认证，大大降低了健身意外事故的发生概率。

与 2004 年 3 月发布实施的 GB 19272—2003《健身器材室外健身器材的安全通用要求》国家标准相比，2011 年 10 月 1 日实施的 GB 19272—2011 新国标的内容发生了诸多变化，比如将主承载立柱"管材壁厚应不小于 2.5mm"修订成"2.75mm"，并要求供应商在器材寿命周期内对易损部件及时做替换；增添对有害物质最大限量的规定，对有可能致病的铅、镉等物质做出限值规定；将手及手指剪切、挤压和卡夹伤害间隙禁区，由"9.5mm 至 25mm"修订为"8mm 至 30mm"，避免意外伤害；规定活动部件应有限位装置、转动式器材的转动部件配置阻尼装置。

与旧国标相比，新国标更加突出了以人为本，要求器材避免出现"剪切、挤压、钩挂、缠绕、卡夹"五大安全隐患，有利于更好地保障群众的健身安全，维护广大群众的体育健身权益。

万德参与了 30 余项关于产品安全标准和配置标准的国家标准制定和修订，荣获国家体育用品标准化技术委员会颁发的"标准制定贡献奖"。

这一时期的万德不仅输出中国产品，还输出中国标准，帮助"一带一路"沿线国家制定相应的产品安全和配置标准。比如，2010 年万德产品开始进入泰国市场，并取得了不俗的业绩。但当时很多中国企业出口到泰国的产品因为质量问题引起投诉，经过泰国媒体渲染报道后形成重大媒体事件，中国产品被冠以"质量差"的标签，逐渐遭到泰国市场的抵制。在这种情况下，南京万德集团通过泰国的合作伙伴，邀请泰国政府高官及媒体来万德进行全面考察，并详细介绍万德产品的研发、设计、生产情况。不仅转变了泰国政府和媒体对中国产品质量的看法，还把万德作为中国的第一品牌在泰国全国上下进行推广。经过泰国各主流媒体对万德品牌的正面宣传，万德产品受到泰国市场的广泛欢迎，并成为泰国政府指定采购产品。如今，万德正在联合泰国、印度等"一带一路"沿线国家的客户，帮助政府主管部门制定国家级的相应行业标准。再比如，2008 年的一次国际展会上，一位科威特客户在展会现场被万德产品所吸引，立刻组织团队来万德制造基地参观，对万德的生产制造经验、先进的生产工艺以及雄厚的研发实力表示高度赞赏。最终科威特客户大规模采购万德产品，用在该国政府教育项目上。

（二）主导成立两大联盟，普及技术和标准

万德于 2015 年主导成立了中国小型游乐设施产业技术联盟和中国室外健身器材技术联盟。成立联盟的直接原因在于万德认为当时 70%—80% 国内生产的体育健身器材及游乐器材，都不能通过欧盟标准或其他发达国家的标准。整个社会也不够重视器材安全问题，儿童在户外游戏发生意外，甚至死亡的事件也时有发生。整个行业还处在良莠不齐的发展阶段，一些不具备资质的小厂家完全忽视产品安全及质量问题，这给整个行业的良性发展埋下了重大隐患。

面对种种问题，户外体育器材、游乐器材的安全标准及行业标准的提升已迫在眉睫。与标准提升对应的是科研技术的突破，只有狠抓生产技术，才能生产出高标准、高质量的产品。

然而，仅凭万德一家之力，难以在短期内普及标准和技术，于是万德便主导成立了中国小型游乐设施产业技术联盟和中国室外健身器材技术联盟。

联盟是自发组织，成员企业拟订了同行自律公约，联盟企业间互相学习交流，不打混战，提倡有序竞争。同时，联盟企业联手，统一采购、增加议价能力、降低成本、关注行业热点和难点，为行业整体发展提供建设性意见。

此外，万德发起有关联盟组织也源于对现实的考量。自 2003 年英国退货事件后，万德一直按照欧盟标准生产室外健身器材和游乐设备，虽然大大降低了事故率，却因为不符合我国当时 GB 19272—2003《健身器材室外健身器材的安全通用要求》国家标准，无法参与政府招投标。故而万德通过成立联盟的方式，力求有效地寻找相关对策，以参与到招投标中来。

（三）重金引入管理咨询公司，提升万德管理体系

2008 年，万德制造基地整体迁入溧水。随着生产基地的扩大、业务的拓展以及市场的变化，原有的公司管理结构已经不能满足企业发展需要。于是万德在业内率先重金引入专业管理咨询公司，聘请有丰富经营管理知识和实践经验的专家深入企业现场，运用现代化的手段和科学方法，通过对企业的诊断、培训、方案规划、系统设计与辅导，从企业的管理到局部系统的建立，从战略层面的确定到行为方案的设计等，协助万德建立现代管理系统，从而

全面提升万德的管理水平和经营能力。

同时，随着万德经营规模的快速扩大，公司原有人员在数量、知识结构和专业技能等方面已不能完全满足发展的需求。为了适应公司快速发展的需要，万德大量引进营销、财务、技术等各关口的中高端管理人才，大大提升了企业的管理水平、研发水平、工艺水平和创新能力，促使了万德实现良性而稳定的发展，并从要素驱动向创新驱动转换。

（四）三座大山，迫使万德探索转型之路

尽管万德在器材生产上走在了同行的前列，但由于市场饱和、竞争激烈、低价中标模式、国内知识产权保护环境差等原因，器材盈利状况不容乐观。万德也逐步探索起转型之路。

1. 市场饱和竞争激烈

全球首条全民健身路径于1996年诞生于广州市天河体育中心，至今22年过去了，一代健身路径并没有发生大的变化。2008年北京奥运会的成功举办，刺激了健身器材行业的发展。奥运会后，器材企业数量猛增至上千家，市场规模已达到百亿元。

众所周知，户外健身器材产品长期以来就有"重加工、轻品牌"的"短平快"惯性思维，不少企业一直未能走出"贴牌生产"的窘境，处于微笑曲线的末端。单靠贴牌生产，导致同质化问题严重、附加值含量低，阻碍了产业的做大做强。

2013年左右，政府大规模采购健身路径的局面结束，市场饱和，大部分室外健身器材企业都在考虑转型，万德也不例外。

2. 低价中标

产品既是企业的立身之本，也是经济活动的基础，只有每一件产品都有质量、每一家企业都以质量为目标，经济发展才更有质量。

在2017年10月1日实施《政府采购货物和服务招标投标管理办法》（财政部令第87号）之前，在国家原有招投标机制中，低价就能中标，造成很多企业不比质量，只打价格战。很长一段时间内，一些地方在招投标中存在的"低价中标"现象，已经成为企业提升产品质量的突出障碍，亟待治理和

规范。

一般情况下，按照市场规律，招投标中的投标价或中标价不得低于成本价。然而在现实中，部分招标单位在招标环节忽视质量要求，竞相压价，造成中标价低于甚至远低于成本价。这些以低于成本价中标的器材企业，为获取利润，只能在原材料采购、生产制造等方面压缩成本，以牺牲产品质量来弥补亏损，从而出现"劣币驱逐良币"现象。事实上，因低价中标导致器材质量不过关，甚至酿成意外人身事故的案例层出不穷。

万德是一家视质量为生命的企业，投入了大量资金和人员用于产品的设计研发和售后维护，是国内第一家严格按照欧盟标准进行器材生产的企业。较高的生产成本意味着无法在"低价中标"模式中占据优势。这也迫使万德寻找高附加值的业务板块，走创新转型之路。

3. 国内知识产权保护环境差

中国健身器材业缺少原创性似乎是行业的一大共识。如何打破体育健身器材的"模仿时代"是万德持续思考的问题。

目前，万德每年投入超过业界平均水平的研发资金以开发新品，拥有了300余项有效专利、20多项软件著作权，与首都体育学院、浙江大学、东北大学、上海体育学院等多家高校签署了产学研合作协议。

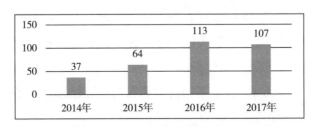

图 15 – 2 万德 2014—2017 年所获专利数量

此外，万德聘请海外技术顾问、资深幼教类专家为公司常驻顾问，聘请英国及西班牙设计师加入研发团队，与全球有氧运动之父——库珀专家团队长期合作，拥有中国省级工程技术研发中心、市级企业技术中心。

（五）全人群健身示范园，万德转型创新的起点

万德尽管一直努力走在行业前端，但一直也受困于健身器材门槛低、盈

利情况不佳等情况，迫使万德高层积极研究转型之路，从而有效提高企业核心竞争力。万德的转型历程得从 2013 年全人群健身示范园的落地说起。

2013 年沈阳全运会期间，万德建造了国内首个全人群健身示范园，打破了制造业单一输出产品的惯例。随着公园的落地，万德逐渐探索出一条输出整体解决方案的转型之路。2017 年万德在上海体博会推出全民健身智慧示范路径，走出了摆脱路径价格战的第一步。二代智慧健身路径实现了运动设施的精准数据采集与智能分析，可以基于大数据使运动人群实时掌握自身健康状况，制订更为科学的训练计划，目前万德已经在全国各地打造了 300 余条智慧二代健身路径。在推出全人群智慧体育公园和全民健身智慧路径整体解决方案的过程中，万德也渐趋成功转型。

万德之所以将输出全人群智慧体育公园作为转型成功的标志，首先是因为全人群智慧体育公园完美地诠释了万德的转型思路——由单一器材生产制造输出转变为输出整体解决方案。全人群智慧体育公园除了提供游乐健身设备外，还提供前期规划设计以及基于物联网、云计算、大数据、移动互联网等先进技术的智慧管理系统服务，包括智慧体育平台、全民健身智慧体育 App、设施云管理系统以及与运动人群相关联的信息发布系统、环境检测系统、客流监控系统等在内的一整套智慧体育解决方案，同时提供可视化数据分析和报表。

万德全人群智慧体育公园也充分践行了我国于 2016 年颁布的《全民健身计划（2016—2020）》。该计划明确提出强化全民健身科技创新，引导开发科技含量高、拥有自主知识产权的全民健身产品，提高产品附加值。积极支持体育用品制造业创新发展，采用新技术、新材料、新工艺，提高产品科技含量，增加产品品种，提升体育用品的质量水平。

其次，全人群智慧体育公园满足了不同年龄层次、不同需求人群的健身要求，这也是万德创新转型的基本出发点和立足点。万德全人群智慧体育公园的发展历程如下：2013 年，万德针对传统健身路径侧重于成年人的现状，凭借长期对健身路径市场的跟踪研究，以及对健身路径市场的准确把握，在全国率先提出"全人群健身"的概念，将健身概念拓展到儿童和青少年人群，并在全运会期间，在沈阳建成国内首个"全人群健身示范园"。这是全人群智慧体育公园的雏形。2015 年，在之前"全人群健身"概念的基础上，万德又提出将老年人和残障人士纳入全人群健身范畴，形成覆盖儿童、青少年、中老年人、残障人士等全体健身人群的概念，并在南京溧水建成了全国第一个"全人群体育公园"。2016 年，万德将最新的智能化和健康管理成果融入到溧水体育公园，通过基于物联网、云计算、大数据、移动互联网等先进的智慧服务，让体育公园更智能、让运动人群更愉悦、让公共服务更贴心，得到时任国家体育总局局长的现场考察和高度评价，并确定为"全人群智能示范体育公园"，要求在全国范围内推广。2017 年，万德在重庆市璧山区打造出国内规模最大的"全人群智慧体育公园"——东岳体育公园，融入了二代智慧健身路径的理念，集生态、体育、文化于一体，将健身设施与园内的山水、历史、艺术有机融为一体，既让体育"绿"起来，又让公园"动"起来，更让城市"活"起来，成为城市智慧体育公园建设的一个经典案例，并得到中央电视台、新华社等媒体的宣传，引起全国各大媒体的广泛关注和传播。

万德为全人群智慧体育公园发展做出的贡献，受到了国家体育总局及部分省市时任领导的高度评价。

（六）战略转型效果明显，全力构建万德壁垒

万德于 1986 年以玩具贸易起家，后于 2007 年涉足国内全民健身领域，从主导健身器材新国标，到输出整体解决方案，每一步都稳扎稳打。经过近几年的发展，万德明显感受到了转型带来的益处，比如改善盈利能力、不断打造企业壁垒、减轻装备制造行业波动造成的影响等。

1. 改善盈利能力

从行业发展情况来看，生产加工环节是大多数器材企业的强项，却属于附加值和利润相对较低的环节，而高附加值的设计研发和品牌建设仍为欧、美、日等发达国家掌控。万德转型后，既可以获得更高的利润空间，也能增强品牌竞争力，从而有效改善盈利能力。具体体现在以下两方面：一方面，使万德的盈利模式由资产增值收益转向增值服务收益，使得万德在资本投入较少的前提下通过规划设计、智能软件管理服务获得较高收益，净资产收益率得到大幅提升；另一方面，万德本身强大的业务能力和品牌效应又能够保证资金的收益，可以使公司在原有资产规模的基础上迅速扩张，从而大幅提

升自身的净资产收益率，盈利能力也会随之提高。2018 年，万德非设备器材类的营收总额同比翻了三番。

2. 不断打造企业壁垒

从传统发展看来，健身器材行业入门门槛低，市场挑战无处不在。面对低价竞标、知识产权保护环境差、市场饱和、竞争激烈等客观因素，万德无法在短期内突破这些难题，只能向内发展走差异化道路，在升级产业装备、技术研发、加强规划设计能力等方面奋力拼搏，构筑起一道道企业壁垒，走在行业前列。

在传统路径竞争激烈的情况下，作为全人群智慧体育公园的全球首创者，万德将重点推广落实体育公园和非标项目，打造包括体育 IP 在内的文旅项目，进一步夯实品牌影响力，突破体育公园多以低价中标的怪象，也将继续保持与地产商的战略合作。万德也欢迎同行企业一同加入打造智慧体育公园的行列中来，只有抱团，才能取暖，也能更快地满足人民群众的健身需求。竞争带来的压力也会促使万德更加深耕细作六大业务板块，进一步创新转型。

3. 减轻装备制造行业波动造成的影响

在输出器材的经营模式下，万德的营业收入主要来自器材销售，而器材销售不免会受到装备制造市场波动的影响，从而造成公司现金流的不稳定。转型可以使万德免受行业波动的影响，降低风险性。通过输出万德的规划设计能力、智能系统管理以及运营管理能力收取服务费，使得集团现金流更加稳定，从根本上解决了装备制造业过于依赖行业风向的问题。

这一时期的万德，除了主导起草 GB 19272—2011《室外健身器材的安全通用要求》强制国家标准认证，并成为首家通过该认证的企业外，2013 年 4 月，万德获得了由中国质量认证中心颁发的"3C 国家强制性认证"。2013 年 4 月，万德荣获由南京市知识产权局颁发的"南京市优秀外观设计专利奖"。2013 年 9 月，万德被江苏省科学技术厅确立为"江苏省室外健身器材及儿童游乐设施工程技术研究中心"。2013 年 12 月，万德荣获由江苏省名牌战略推进委员会颁发的"江苏名牌产品证书"。2014 年，万德冠名江苏省羽毛球俱乐部。2014 年，万德荣获由南京市商务局评选的"南京市重点培育和发展的国际知名品牌"。2014 年 4 月，万德荣获由南京市人民政府颁发的"2013 年南京市质量奖证书"。2014 年 5 月，万德荣获由南京市科学技术委员会颁发的"工程技术研究中心"。2014 年 9 月，万德荣获由中共南京市委宣传部、南京市科学技术委员会、南京市文化广电新闻出版局评选的"南京市重点文化科技企业"。

南京万德时期是万德飞速发展的阶段，不仅主导起草国家标准，还获得 3C 认证和体系认证，取得 300 余项专利，完善了公司技术管理体系以及主导成立多个企业联盟……为万德集团化、品牌化、国际化、多元化发展奠定了坚实基础。

四、集团化运作，输出国家标准

2017 年，南京万德游乐设备有限公司正式更名为南京万德体育产业集团有限公司，开启集团化、品牌化、多元化、国际化运作之路。经过 32 年的发展，南京万德体育产业集团已经成为出口全球 80 多个国家和地区，成功打造几十个国内体育公园，仅商品制造就创造了数亿元营收的规模型企业。南京万德集团不仅继续输出中国产品和中国标准，还继续帮助印度、泰国等"一带一路"沿线国家制定相应的产品安全和配置标准。

图 15-3　万德集团六大业务板块示意图

万德在集团化转型过程中，逐步进军高附加值产业，成立了荷鲁斯文创公司、深圳伍壹科技公司等非制造类企业，形成了万德六大业务板块，具体来说包括万德文创板块、万德科技板块、万德体育板块、万德游乐、万德运营以及万德制造板块。这六大业务板块也是支撑万德成功转型的重要基石。

（一）万德文创业务板块

体育文化创意产业是"创意产业"与"体育文化"产业相互融合的新产业，是一种以"文化创意"为核心价值理念的体育产业新形式。随着人们体育健身意识的增强，对体育文化创意产品的需求逐步加大，体育文化创意产业正在驶入发展快车道。

万德文创作为南京万德集团的全新业务板块，将聚焦体育和游乐两大领域，通过将智能科技、空间美学、生态环境和人文要素融入到体育场景中，创造出全新身心体验的文创运动场地，用文化创意重塑中国全民健身运动的全新体验，引领新的发展方向。

万德文创遵循运动之美、城市之美、生态之美和人文之美，导入全球高标准的体育场景和文创运动内容建设管理体系，全面护航运动场地规划的完美呈现。万德文创以极致的运动体验凝聚运动社群，用文创人的独特方式激发全民健身热情，丰富全民健身的新形式和新内涵。

万德文创业务涵盖 IP 包装设计与主题形象制作、运动文创生活产品开发、运动＋产品开发等，通过创造与环境相结合的场景主题，充分发挥规划设计环节的主导作用。

万德文创根据场景配备相应的健身/游乐器材，将健身游乐功能与场景化有机结合，充分调动和激发起所有健身者的体验式乐趣。

万德文创将推动集团整体解决方案的升级换代，引领集团业务的市场化运作、品牌化运作、多元化运作和全球化运作。

江苏省作为公共体育示范区，成立了国内首个体育文化中心。南京万德集团已携手该文化中心共同打造文创、文旅 IP，进一步拓展"体育＋"的内涵。

（二）万德科技业务板块

互联网、移动通信、大数据以及云计算等技术的快速发展，以及智能装备、物联网的加速应用，为南京万德集团的健身和游乐领域的解决方案提供了升级换代的契机和手段，万德科技业务板块应运而生。

万德科技致力于让所有健身人群在健身活动中享受科学技术带来的完美运动体验。万德科技以"科技＋体育"和"科技＋游乐"为核心理念，积极采用大数据、云计算、物联网、人工智能等前沿技术，为消费者提供更加智能、安全、高效的运动健身器材和整体运动健身解决方案。主要体现在智慧体育公园、智慧体育社区、智慧体育校园及智慧健身路径四大场景。其中以覆盖从儿童到老人的全人群智慧体育公园为主要解决方案。万德科技板块产品涵盖设施云系统、智慧体育 App、智能步道、体适能训练系统（学校系统、赛事系统、社区活动系统）、智能球场等。

与此同时，万德科技的技术能力和实力还将为南京万德集团的其他业务板块提供先进的线上解决方案，提供智能化、信息化等方面的技术支撑，从而实现线上与线下的完美结合，助推南京万德集团在转型过程中加速创新发展。

下一步万德计划把中国研发中心落户上海，以便更紧密地与上海体育学院等高校进行产学研合作。

（三）万德体育业务板块

根据第六次全国体育场地普查结果，全国共有体育场地 169.46 万个，人均体育场地面积 1.46 平方米。而根据国务院 46 号文件要求，2025 年人均体育场地面积要达到 2 平方米；鼓励社会力量建设小型化、多样化的活动场馆和健身设施；要求新建居住区按标准配套群众健身设施，存量居住区必须改造完善。

万德体育凭借长期对健身路径市场的跟踪研究，准确把握健身路径的市场趋势，于 2013 年在业界率先提出"全人群健身"的概念；2016 年在南京溧水建成国内首座"全人群智能示范体育公园"，得到时任国家体育总局局长的首肯。该公园的示范作用犹如"一石激起千层浪"，迅速传遍全国，在全国掀起了一股建设城市智慧体育公园的热潮。之后，万德体育又率先提出了"二代智慧健身路径"，聚焦于科学健身，颠覆了传统健身路径的概念和健身理念，在行业内引起广泛影响，推动中国体育用品业联合会室外健身器材专业委员会的成立。万德二代健身器材屡次斩获体博会器材类大奖，成为万德全人群智慧体育公园和智慧社区解决方案的核心组成部分。

作为行业的创新领跑者，万德体育积极参与各类国家标准和行业标准的制定和修订工作，成为国家标准和行业标准的制定者与输出者，是全国首家通过 GB 19272—2011《室外健身器材的安全通用要求》强制国家标准认证企业。目前，万德体育参与了30余项关于产品安全标准和配置标准的国家标准制定和修订工作，并荣获国家体育用品标准化技术委员会颁发的"标准制定贡献奖"。

表 15 - 1　万德参与的行业标准建设工作

序号	类别	GB 19272—2011 室外健身器材的安全通用要求（主导起草）
1		GB 30228—2013 运动场地地面冲击衰减的安全性能要求和试验方法
2		GB/T 27689—2011 无动力类游乐设施儿童滑梯
3		GB/T 28711—2012 无动力类游乐设施秋千
4		GB/T 28622—2012 无动力类游乐设施术语
5		GB 31187—2014 体育用品电器部分的通用要求
6		GB/T 34279—2017 笼式足球场围网设施安全通用要求
7		GB/T 34284—2017 公共体育设施室外健身设施应用场所安全要求
8	已完成并发布	GB/T 34285—2017 健身运动安全指南
9		GB/T 34289—2017 健身器材和健身场所安全标志和标签
10		GB/T 34290—2017 公共体育设施室外健身设施的配置和管理
11		GB/T 34272—2017 小型游乐设施—安全规范
12		GB/T 34022—2017 小型游乐设施—立体攀网（主导起草）
13		GB/T 34021—2017 小型游乐设施—摇马和跷跷板（主导起草）
14		GB/T 34280—2017 全民健身活动中心管理服务要求
15		GB/T 34281—2017 全民健身活动中心分类配置要求
16		GB/T 34419—2017 城市社区多功能公共运动场配置要求
17		GB/T 23868—2009 体育用品分类

序号	类别	GB 19272—2011 室外健身器材的安全通用要求（主导起草）
18	正在制定的标准	《室外健身器材的 ISO 标准》（主导起草）
19		《GB 18168 水上游乐设施通用技术条件修订》
20		体育公园设计规范
21		少儿体操器材通用安全要求
22		少儿体操垫子
23		少儿体操多功能体操器械
24		少儿体操自由操场地
25		少儿体操蹦床
26		少儿体操软体
27		少儿体操攀爬类
28		仿真冰场通用技术要求和试验方法
29		室外智慧健身场所技术要求
30		二代室外健身器材设计规范
31		青少年体育器材标准研究
32		学校体育器材通用安全要求
33		室外健身器材地理技术条件
34		青少年器材通用安全要求

目前，南京万德集团已经在全国落地了数十个全人群智能体育公园，单个体育公园的建设成本因地制宜，数十万、数百万、数千万不等。

（四）万德游乐业务板块

万德游乐诞生于 1986 年，是中国第一家通过 TüV 认证的游乐品牌，第一家获得小型游乐设施制造单位许可证书的企业。万德游乐在中小型游乐设施产品设计、制造、安装、维修等全过程中以高标准严格自查自律。万德游乐作为肯德基在中国区指定供应商，有效证明了南京万德集团的品质和管理能力。

长期以来，万德游乐与国内外各大高校紧密合作，邀请著名的专家学者常驻指导，持续推出创新产品，丰富游乐产品线，将儿童游乐与文化创意相结合，借助文创思维逻辑，将文化、科技、IP 形象与游乐设备相融合，进一步提升游乐产业的价值，提供极致用户体验。产品涵盖通用系列游乐设备、主题乐园游乐设备、定制化游乐设备、拓展类游乐设备、幼儿园玩教具等多个系列。

（五）万德运营业务板块

现代服务业是南京万德集团转型发展的战略重要方向之一。在中国宏观经济持续向好发展的大背景和趋势下，体育产业和游乐产业也在蓬勃发展，给两大产业中的运营市场提供了巨大的商业发展空间。为了抓住这一难得的市场机遇，南京万德集团组建了运营业务板块，并致力于成为运营整体解决方案提供商。运营板块目前已成为万德的核心业务板块之一。

万德运营板块将聚焦体育赛事、各类活动与游乐、娱乐市场，通过线上"智能化"的科技手段与线下"市场化"的运营思维和管理团队的结合，结合南京万德集团在产品体系、市场营销方面30多年的专业经验，整合全产业链的上下游资源，构筑起符合现代服务理念的文体产业生态圈。

万德运营以精准、精致、精细的专业精神为客户提供"一站式"的专业服务。业务涵盖游乐场运营、场馆运营、赛事运营、活动运营、体育培训、体育旅游、特色小镇等方面。

（六）万德制造业务板块

万德制造板块包括了南京万德集团所有"硬件产品"研发、设计、生产以及售后服务职能，是集团的生产基地和"大后方"，为集团的转型发展提供基础支撑。

南京万德集团作为中国省级工程技术研发中心和高新技术企业，以创新为导向，合作为平台，常年与国内外多所知名院校及专家学者进行"产学研"合作，不断增强集团的研发实力，每年都在业界率先推出影响行业发展的创新性产品和解决方案，已累计获得300余项国家专利，20多项软件著作权。与此同时，万德还积极参与国家标准和行业标准的制定，荣获标准制定"特殊贡献奖"。

万德制造占地200余亩，拥有20多年的生产制造经验以及先进的生产设备和工艺技术，长期推行精益求精的生产管理模式，不仅具备大规模批量生产健身器材和游乐设备的生产能力，同时也具备生产大型个性定制游乐设备项目的能力。可快速根据订单组织各种生产模式，不断满足日益多样化的市场需求。

南京万德集团先后通过 ISO 9001 质量管理体系、ISO 14001 环境管理体系、OHSAS 18001 职业健康安全管理体系、GB/T 27922—2011 售后服务管理体系等 10 余项管理体系认证，与此同时，也是业界首家通过欧盟 TüV 产品认证的企业。

值得一提的是，2018 年 2 月 5 日，南京万德集团获得了中联认证中心（北京）有限公司颁发的《军工产品质量管理体系认证证书》，顺利通过 GJB 9001C—2017 军工产品质量管理体系认证。这标志着南京万德集团产品在质量管理体系水平上取得质的飞跃，标志着集团已具备军工产品的研发、生产和服务能力，军民融合将成为南京万德集团在战略转型中的重要方向之一。

南京万德集团建立了科学、严格的质量保障体系，无论是从新产品研发、设计、采购、生产、交付还是售后服务上都有相关质量控制程序和质量检验标准；同时，还根据产品所使用的材料特性和产品功能特性，并依据国家新的标准检测要求和欧盟等国家相关的标准检测要求，建立了国内一流的综合性实验室，为生产高品质产品提供了有力的技术支撑。

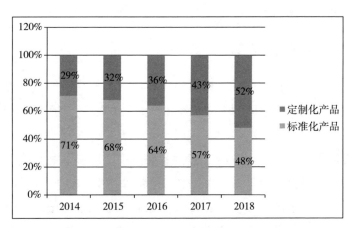

图 15 – 4　标准化产品与定制化产品比例示意图

在售后方面，万德本着"一切为客户着想"的服务理念，以售后服务评价体系（五星）认证为依据，建立了一支高效的售后服务团队，向万德客户提供及时、周到、专业的高品质售后服务。

万德制造将继续以"用造飞机的专业理念、思维和方法做好万德产品"为指导，精心组织、精心生产、精心服务，做大、做强、做实，为南京万德集团的解决方案提供坚实的基础支撑，为客户提供高品质产品体验。

由于文创板块和科技板块的发力，万德产品结构悄然发生了变化，非标准化产品产值占整体产值的比例显著上升。

纵观万德制造的发展历程，"标准"是一个绕不开的话题，从初识欧盟标准到贯彻该标准再到主导新国标的起草乃至输出中国标准。这一系列标准故事见证了万德制造的崛起与发展。

表 15 - 2　万德荣誉

证书名称	所属机构
全国消费者放心满意品牌	中国品牌调查统计中心、中国品牌产品培育委员会
国际知名品牌	中国品牌调查统计中心、中国品牌产品培育委员会
中国环保标志产品	中国品牌调查统计中心、中国品牌产品培育委员会
中国最具社会责任感企业	中国品牌调查统计中心、中国品牌产品培育委员会
ISO9001 质量管理体系认证证书	方圆标志认证集团有限公司
ISO14001 环境管理体系认证证书	方圆标志认证集团有限公司
OHSAS18001 职业健康安全管理体系认证证书	方圆标志认证集团有限公司
最佳创新奖、群众喜爱奖	国家体育总局群众体育厅
军工产品质量管理体系认证证书	中联认证中心（北京）有限公司
新国标起草证明文件、体育用品标准制定贡献奖	全国体育用品标准信化技术委员会
小型游乐设施制造单位证书	全国索道与游乐设施标准化技术委员会
小型游乐设施制造单位证书产品明细	全国索道与游乐设施标准化技术委员会
全国索道与游乐设施标准化技术委员会单位委员证书	全国索道与游乐设施标准化技术委员会
五星服务认证证书	全国商品售后服务评价达标认证评审委员会 北京五洲天宇认证中心
品牌服务示范单位	中国市场调查研究中心、中国社会经济决策咨询中心
3C 国家强制性认证、培训管理体系确认证书	中国质量认证中心
中国国际体育用品博览会室外健身器材新器材评选银奖	中国国际体育用品博览会委员会

续表

证书名称	所属机构
中国国际体育用品博览会室外健身器材新器材评选最佳运动健康奖	中国国际体育用品博览会组织委员会
中国教育装备产品创新奖	中国教育装备行业协会
中国教育装备行业协会学校体育装备分会副理事长	中国教育装备行业协会学校体育装备分会
全国玩具标准化技术委员会起草组成员	全国玩具标准化技术委员会
滇西铜牌捐赠企业证书	教育部教育装备研究与发展中心
国家级守合同重信用证书	国家工商行政管理总局
高新技术产业证书	江苏省科学教育厅、江苏省财政厅、江苏省国家税务局、江苏省地方税务局
高新技术产品认定证书	江苏省科学技术厅
江苏省信息化与工业化融合试点企业证书	江苏省经济和信息化委员会
市级工程技术研究中心	南京市科学技术委员会
室外健身器材认证产品"工艺先进、主材优于标准要求"证明	北京国体世纪体育用品质量认证中心
中国市场公认品牌	中国中轻产品质量保障中心
全国企业质量信用等级证书	中品质协（北京）质量信用评估中心有限公司 中国产品质量协会
2015 中国健身器材十大品牌	中国行业十大品牌活动组委会
中国轻工业体育用品行业十强企业	中国轻工业联合会、中国文教体育用品协会
中国环境标志（Ⅱ型）产品认证证书	中环联合（北京）认证中心有限公司
中国教育装备行业协会会员证书	中国教育装备行业协会
中国玩具和婴童用品协会会员证书	中国玩具和婴童用品协会
中国游艺机游乐园协会理事单位	中国游艺机游乐园协会

五、服务"一带一路"倡议，创新引领打造全球品牌企业

南京万德集团作为体育产业领域的著名企业，不仅在国内走出了一条从单一产品制造到综合解决方案再到运营管理发展的创新之路，还积极开拓国际市场，在国际市场分布、出口业务量、研发能力等方面都已经处于行业领

先地位。

经过在国际市场15年的开拓，目前南京万德集团的产品已出口到英国、新加坡、马来西亚、泰国、越南、菲律宾、巴基斯坦、约旦、沙特、波兰、俄罗斯、韩国、日本、智利、厄瓜多尔、墨西、科威特、哈萨克斯坦、菲律宾、印尼、西班牙、意大利、法国、阿联酋、委内瑞拉等全球80多个多家和地区，其中包括"一带一路"沿线的30多个国家和地区，成为中国体育产业"走出去"的领跑者。

南京万德集团在国际市场上收获的成绩，也为集团的全球化发展战略目标创造了机遇。2017年，南京万德集团在美国本土正式成立了由南京万德集团控股的美国公司——ProfessorPlay，Inc.，这是南京万德集团先进的技术研发实力、全球领先的项目服务实力、综合运营实力的集中体现。同时，南京万德集团还作为"一带一路"体育旅游资源联盟首批发起单位，积极响应国家"一带一路"倡议，为推动体育旅游融合发展，推动沿线国家体育旅游资源深度合作贡献力量。

南京万德集团积极"走出去"和服务"一带一路"倡议，从开拓国内市场上升到拓展海外市场，从利用国内资源升级到利用国内外两种资源，为万德的进一步转型升级提供了新动能和新机遇。

万德正处在快速转型发展时期，对内也在改善管理模式。万德认为所有员工都是一个动态的企业合伙人，下一步员工将从被雇用执行者，变成创业者合伙人。在动态合伙人制度下，员工可以拥有股份，可以分享企业发展的红利。

从室外健身器材新国标的主导制定到智慧二代路径的推出到全人群智慧体育公园的落地再到障碍跑体适能训练系统惊艳全美，以及六大业务板块的形成，南京万德始终是全民健身行业的创新引领者。展望未来，南京万德集团将继续坚持创新引领，以集团化、全球化、品牌化的运作方式，致力于全民健身事业和体育强国建设，为最终发展为具备全球影响力的集团企业奋斗！

第十六章 中山国际棒球小镇发展案例

冯小龙　闵　璐

摘要：2017 年 8 月，国家体育总局公布国家首批运动休闲特色小镇试点项目，"中山国际棒球小镇"名列其中，成为广东 5 个入选项目之一，也是入选的 96 个小镇中 3 个具备可深挖文化内涵的小镇之一，更是全国唯一以棒球为主题的特色小镇。中山国际棒球小镇有其独特的天时、地利、人和优势。小镇肩负着继承"中国棒球之父"梁扶初"中国棒球梦"的使命和传承"熊猫精神"的责任。本章从小镇棒球历史渊源、体教结合的典型推广模式及机制体制创新、产业链打造和未来发展展望等方面对"中山国际棒球小镇"案例进行剖析。

关键词：棒球产业；"中国棒球之父"；"熊猫精神"；体教结合

作者简介：

冯小龙，担任中山市政协常委、世界运动休闲协会澳门分会会长、澳门罗梁体育总会会长、广东中山市棒垒球协会主席等职务。

闵　璐，中山市棒垒球协会秘书长。

中山国际棒球小镇位于广东省中山市东升镇。2017 年 4 月获评"全国棒垒球高水平人才基地"，8 月获批"全国首批运动休闲特色小镇"，2018 年创历史首夺第 15 届广东省运动会冠军，中山熊猫少棒连续三年夺得世界少棒联盟 LLB 中国区总冠军，并荣获 2018 年全国青少年棒球锦标赛 U12 俱乐部组冠军。

一、历史传承

中山是一座"博爱、创新、包容、和谐"的城市，不仅是伟人孙中山的故乡，而且也是"中国棒球之父"梁扶初的家乡，梁扶初先生一直敬仰孙中山先生，其三子特取名"梁友文"，其中"文"字就是取自孙文的"文"。

2006 年，"中国棒球之父"梁扶初三子梁友文，听闻家乡中山成立了第一支棒球队，不顾当时 82 岁的高龄，毅然从美国旧金山飞回东升，义务执教中山棒球队，他受教于父亲执教棒球"教球先教人"的理念，弘扬"拼命追击死缠到底"的熊猫精神，年过古稀，依然挥棒球场，他对待棒球的执着与深深的热爱，感染了当时热心公益的社会企业家，凝聚了一批同样喜欢棒球的青年人。让棒球的种子在东升镇萌芽，并且朝着产业化方向发展。也正因如此，"中山国际棒球小镇"的打造与发展也肩负着"中国棒球之父"梁扶初"中国棒球梦"的传承。

1939 年，在当时的上海，除租界以外，已全被日军所占领，租界俨然成了一座"孤岛"，梁扶初之子梁友声、梁友德、梁友文、梁友义等一群喜爱棒垒球运动的孩童，通过友谊赛，将"飞腾""业余""翼"三支棒球队合并成了一支队。当时恰好得悉在中国的四川再度发现了稀有动物大熊猫，大家为了表达炎黄子孙那种朴素的爱国情怀，便将棒球队取名为"熊猫队"。梁扶初回到上海，不仅大力推广棒球运动，而且亲自执掌熊猫队帅印。1946 年、1947 年"熊猫队"创造辉煌战绩，在上海与美国、葡萄牙、英国、菲律宾等国外球队比赛中所向披靡，名动黄浦江畔。中外媒体一致把熊猫队称为"无懈可击"的"完美队伍"，并把他们场上的优良表现及创造辉煌成绩背后的精神颂扬为"熊猫精神"。而梁扶初提出的"拼命追击，死缠到底！"的战斗口号，"每战必抱'抬棺决死战'之精神""要像狮子一样，扑象用全力，扑兔也要用全力！"的比赛作风，还有"胜要胜得漂亮，输要输得光荣！"的体育精神，"寓教育于棒球运动，教球先教人"的执教思想，亦成为今天"中山国际棒球小镇"建设中的精神和文化内涵。创建"中山国际棒球小镇"不仅是继承中山先生的遗志、发扬光大梁扶初等中国棒球先驱的理想、精神和高超技能，也是当今中山人的责任与时代赋予的光荣使命！

二、背景概述

东升镇位于中山市境西北部，东临港口镇，西临横栏镇，南临石岐区，北临小榄镇，面积 75.82 平方公里；辖 8 个社区和 6 个村。2013 年年末常住人口 12.13 万人，户籍人口 7.47 万人。近些年来，东升镇多次获得国家卫生镇、中国脆肉鲩之乡、广东省教育强镇、广东省文明镇、中山市经济强镇、中山市文明镇等称号。2017 年东升镇又有了一个新的荣誉："全国首批运动休闲特色小镇"。

2014 年 10 月，国务院发布了第 46 号文件《关于加快发展体育产业促进体育消费的若干意见》，将全民健身上升为国家战略。在全民健身上升为国家战略以后，东升镇棒球运动文化基础不断丰富和增强，尤其是青少年棒球运动开展得朝气蓬勃、轰轰烈烈。此外，东升镇积极开展国际与地区间交流与合作，扩大中山市和东升镇的国际知名度。

（一）国内外交流合作成果

●与美国职业棒球大联盟（MLB）中国区代表与东升镇签订 MLB 中国区在东升发展棒球运动合作协议；20 余人入选美国职业棒球大联盟（MLB）中国棒球发展中心。

●2014 年 3 月，中山市与墨西哥李氏家族棒球俱乐部签署合作协议。

●与亚洲棒球联合会、日本职棒 NPB、全日本软式棒球协会、全日本棒球协会、韩国首尔棒球协会、国家体育总局手曲棒垒球管理中心、中国棒球协会、中国垒球协会、中国大学生体育协会棒垒球分会、广东黄村体育训练基地、中华台北棒球协会、中华台北学生棒球联盟以及国内各地市级棒垒球协会总计约50家国内外权威棒垒协会或机构实现交流或达成合作协议。

2018年1月26日—2月8日，在"中山国际棒球小镇"东升镇承办了"中国棒球协会青少年棒球冬令营"，来自北京、成都、重庆、深圳、广州、武汉等全国20支队伍，近400青少年棒球运动员参加了为期14天的冬令营活动。根据实际情况，将参加活动的球队分为T-Ball组、投打组。本着赛训结合的原则，共组织完成67场比赛和12场以棒球文化礼仪和熊猫棒球历史为主题的讲座和球员分享会。本地7支棒球队与冬训球队交流切磋提升技艺。

为进一步加强对基层青少年棒球教练员的培养，2017年6月23日，中国棒球协会第三期教练员培训班在中山举行。本年度中国棒球协会推出了三期培训班，中山是最后一期，也是人数最多的一期。共有100名教练员参加，火爆程度远超预期，开班仪式上，在来自全国各地的百名棒球教练员的见证下，"中国棒垒球高水平后备人才基地"在广东中山正式落地。

今后在中国棒球协会的指导下，中山市教育和体育局、东升镇人民政府以及中山市棒垒球协会，将在中山地区更好地推广和普及青少年棒垒球运动，举办和承办国内外棒垒球比赛和训练营，培养输送优秀后备人才。通过棒球运动特色平台，促进当地运动休闲、旅游、健康等服务业良性互动发展，推动产业集聚并形成辐射效应，为城镇经济社会发展增添新动能。

●与北京、上海、武汉、长沙、济南、天津、大连、西安、广州、深圳、香港、成都等国内一、二线城市前沿棒球俱乐部有资源互通或合作，已为近百家俱乐部提供冬训和教练员培训服务。

为了增进国内棒球界团体或人士的相互认识和了解，谋求更广泛的共识和更畅通的合作机会，本着团结全国棒球人、广交天下棒球朋友的精神，在2017中山熊猫杯少年棒球锦标赛期间，共有来自全国各地棒球协会、俱乐部的50名专业人士，会聚中山。搭建起了交流合作的桥梁。此前，自2016年承办第9届亚洲U12少年棒球锦标赛的中山熊猫少年棒球场建成后，球场就陆续迎来合作俱乐部队员的冬训与集训。寒假期间以国内北方球队为主，暑假以港澳球队为主，截至2017年年底已累积接待近3000名少棒队员。

●自 2006 年东升建立起中山第一支棒球队以来，在中山棒球人的多年精心耕耘下，佳绩频传：

2014 年获"MLB PLAY BALL 六城市青少年棒球联赛"冠军；

2014 年获"广东省青少年棒球锦标赛"冠军；

2014 年获"全国慢投垒球大赛"季军；

2015 年获"全国青少年棒球 A 组锦标赛"亚军；

2015 年获"中山·熊猫杯少年棒球锦标赛"季军；

2015 年获"全国慢投垒球大赛"亚军；

2015 年获"广东省青少年棒球锦标赛"亚军；

2015—2017 年获 LLB 世界少棒联盟中国区选拔赛冠军；

2018 年获全国青少棒球锦标赛 U12 俱乐部组冠军；

第 15 届广东省运动会棒球项目冠军。

（二）大型赛事承办经验丰富

1. 品牌赛事"熊猫杯"

1948 年，盛名远播的熊猫队开始在上海普及推广棒球运动。当时梁扶初认为，中国要赶超世界先进水平绝不可"一枝独秀"，他断然把取得辉煌战绩的熊猫队所有队员都下放到当地中小学担任义务教练，每人负责三两间学校，在短短的两年间，上海出现了众多棒垒球队。为了检验成果，增进交流，达到"在普及中提高，在提高中普及"的目的，1949 年，熊猫队自力更生，主办了首届"熊猫杯"及"龙虎杯"垒球联赛，参赛队伍多达 49 支。

进入 20 世纪 60 年代，由于种种原因，全国与棒球相关的活动大幅减少，各类大赛相继停办。1954 年，熊猫队因特殊原因自动解散，熊猫杯也自然停办。"熊猫队"也因此一度消失在历史长河中。

2011 年，在梁友文的倡导下，成立了中山市熊猫棒垒球俱乐部，当年国庆，2011 中山"熊猫杯"少年棒球全国邀请赛在中山重新鸣金开锣，"熊猫杯"再次燃起希望的火种。从 2011 年起，已成功举办了 7 届"中山熊猫杯少年棒球锦标赛"，2017 年的"熊猫杯"已从当年"中国棒球之父"达成棒球梦的一个载体，成为今天中山东升建设国家级运动休闲特色小镇的重要助推器。

表 16 - 1　熊猫杯 2011—2017 年情况统计

年份（年）	2011	2012	2013	2014	2015	2016
队伍	8	8	8	8	8	8
人数	150	150	180	180	180	220
范围	华南区	华南区	全国	全国	全国	亚洲

2011 年年初恢复"熊猫杯"时参赛队伍仅仅是广东及华南区的区域邀请赛，2013—2015 年上升为全国赛，2016 年作为第 9 届亚洲 U12 少年棒球锦标赛的测试赛开始上升为国际赛事，2017 年起汇聚韩国、中华台北、中国香港等代表队，2018 年"熊猫杯"从最初的暑期、国庆移至年底圣诞节期间举行，成为有国际影响的品牌少棒赛事。此外，伴随着 2017 年"中山国际棒球小镇"被评为"全国首批特色运动休闲小镇"，2017 年起"熊猫杯"除棒球赛外，延展到各休闲体育领域，举办过"熊猫杯"龙狮赛、钓鱼大赛、飞镖大赛等。日后，中国棒球协会也有意将"熊猫杯"打造成中国职业棒球的超级联赛。

图 16 - 1　亚洲 U12 直播平台

2. 以高规格赛事为依托以产业化发展为导向创新办赛模式

2016 年 12 月，中山市承办的第 9 届亚洲 U12 少年棒球锦标赛吸引了来自亚洲日本、韩国、巴基斯坦、印度尼西亚、菲律宾、中华台北、中国香港、中国共 8 个国家和地区的代表队近 200 名运动员参赛。参赛队伍在东升进行了 5 天 20 场的紧张激烈角逐，最终日本队夺得了本届比赛的冠军，韩国队和中华台北队分别获得了亚军和季军，中国队获得本届比赛的第四名。在充分保障大赛顺利进行的同时，12 月 10 日、11 日两天，更是举行了以许巍、陈乐基领衔，26 支知名乐队参与的硬地音乐节和极具东升特色的"脆肉鲩美食节"。"白天看棒球，晚上听音乐，肚子饿了品美食"成为本次赛事的一大亮点。

赛事期间组委会进行了大量的宣传推广活动。在国道、城区主要干道上设置成百上千的宣传灯旗，宣传广告遍布公交车、商业中心 LED 屏、电台、电视台、报纸、杂志、微信等平台，形成一张 U12 宣传大网。整个赛事期间，全球有 300 万观众在线收看网络直播，有 4 万观众到现场参与音乐盛宴，美食节也有 2 万消费群体。央视体育频道、广东电视台新闻频道、中国日报、新浪网、腾讯网等主流门户媒体对赛事的报道累计近 2000 余篇。

以赛事为中心，开展丰富的文化、旅游、休闲活动，大大促进了东升经济，也进一步扩大了东升镇的影响力。

第 9 届亚洲 U12 少年棒球锦标赛是中山棒球发展的重要转折点，不仅因赛事建成了国内唯一的标准国际少棒球场，而且创新型的办赛模式让中山对打造棒球小镇和棒球产业更具信心。赛后，时任亚洲棒球联合会副主席的申伟评价本届比赛："这是国内举办亚洲棒球比赛水平最高，竞技场馆最新、媒体宣传最多、社会效果最好的一届比赛。"

中国棒球协会已将扶初"中山国际棒球小镇"建设写入年度工作报告，报告指出未来将指导小镇建设并引入更多高质量国际赛事助推小镇发展。目前，中国棒球协会与东升镇人民政府、中山市棒垒球协会正在着力申办"2019 年第二届亚洲女子棒球赛"。

三、发展思路与条件

（一）发展思路

东升镇早在 2013 年便提出打造"中国棒球小镇"的构想，市政协也开始从当年起予以重点关注、支持和帮助。2014 年，冯小龙在中山市"两会"上提交了《关于扶持东升镇打造国际级棒球产业链，推动中山传统产业转型升级的建议》的提案，希望中山以棒球为契机，努力构建以体育竞赛表演业为龙头的产业体系。

"中山国际棒球小镇"坚持政府为主导，市场为基础，企业为主体，全社会参与的多元协同的发展思路，计划通过 3—5 年的时间，围绕"五个一工程"打造以棒球为核心，棒球全产业链相聚集，可带动小镇在体育、文化、休闲、旅游、教育、健康等领域多元互动发展，国内顶级，世界一流的国际棒球平台。

"五个一工程"：
● 打造一个国际性棒垒球基地；
● 培养一支高水平棒球队；
● 举办一项高规格赛事；
● 打造一条高附加值产业链；
● 塑造一个棒球文化品牌。

（二）发展条件

1. 天时：与国家发展政策紧密结合

从 2014 年 10 月国务院办公厅颁布了《关于加快发展体育产业促进体育消费的若干意见》至今，2016 年 10 月中共中央、国务院印发了《"健康中国 2030"规划纲要》、国务院办公厅《关于加快发展健身休闲产业的指导意见》（国办发〔2016〕77 号）、《国家发展改革委关于加快美丽特色小（城）镇建设的指导意见》（发展规划〔2016〕2125号）、《关于开展特色小镇培育工作的通知》（2016.7.1）（住建部、发改委、财政部）、《关于加快美丽特色小（城）镇建设的指导意见》（2016.10.8）（国家发展改革委）、《关于推进政策性金融支持小城镇建设的通知》（2016.10.10）（住建部、农发行）、《关于实施"千企千镇工程"推进美丽特色小（城）镇建设的通知》（2016.12.12）（国家发展改革委、国开行、光大银行、中国企业联合会、中国企业家协会、中国城镇化促进会）、《关于开发性金融支持特色小（城）镇建设促进脱贫攻坚的意见》（2017.1.13）（国家发展改革委、国开行）等等，中共中央、国务院和各部委连发了一系列与此相关的国家发展政策。出台的这些规划纲要和指导意见不仅一脉相承、环环相扣，而且落地有声、可操作性越来越强，健康中国和全民健身国家战略已经成为国家兴衰、富强成败的重要压舱石。2017年习近平总书记提出"少年强，中国强；体育强，中国强！"的新世纪号召，掷地有声。刘延东副总理提出要以"世界眼光、国际标准、中国特色、高点定位"的思路发展体育，这些都为创建"中国·中山国际棒球小镇"指明了发展方向。

2. 地利：粤港澳大湾区湾区交通、经济为棒球产业奠定良好发展土壤

棒球运动是一种以棒子打球为主要特点，是集集体性、对抗性强于一体的球类运动项目。棒球运动风靡全球，在世界上广泛开展棒球运动国家和地区有100多个，由棒球运动带动起来的棒球运动产业占世界体育产业市场份额的12%，是篮球和F1赛车的总和。（见图16-2）

棒球运动赛事每年吸引观众人数超过20亿，是拉动体育消费的重要引擎，经济效益巨大。在美国单场职业赛事票房超200万美元，更有数据显示日本夺得世界棒球经典赛（WBC）冠军所带来的价值的总经济效益将达454亿9043万日元（约合23.895亿元人民币）。国际上成熟的棒球产业数据说明，棒球是一项具有高度产业价值和经济效益的体育运动。

目前，棒球产业成熟的美国、日本恰恰处于全球三大湾区中，即东京湾区、旧金山湾区、纽约湾区。2017年国务院总理李克强在政府工作报告中宣布粤港澳大湾区的建设正式成为国家战略。粤港澳大湾区将成为世界的第四

大湾区，中山地处粤港澳大湾区地理几何中心，依靠粤港澳大湾区的天然经济优势，棒球产业可以更好地培育发展。凭借棒球运动，中山在未来一定会成为湾区体育重镇。

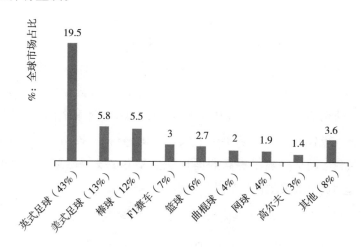

图 16 - 2　世界体育产业份额图

表 16 - 2　四大湾区数据对比

指标	东京湾区	旧金山湾区	纽约湾区	粤港澳大湾区
人口（万人）	4347	715	2340	6671
机场旅客吞吐量（亿人次）	1.12	0.71	1.3	1.75
第三产业比重（%）	82.3	82.8	89.4	62.2
世界前 100 强大学数量（所）	2	3	2	4
世界 500 强企业数量（家）	60	28	22	16
港口集装箱吞吐量（万吨）	766	227	465	6520
占地面积（万平方米）	3.68	1.79	2.15	5.6

3. 人和：体教结合引入社会力量夯实基础

从 2006 年在东升高级中学成立了第一支棒球队至今，目前在"中山国际棒球小镇"——东升镇共有 2 所公办中学、2 所民办中学、17 所小学全部建立了棒球队，11 所市一级幼儿园开展棒球推广体验课程，对外公招棒球教练 12 名，镇内拥有一座国际标准少年棒球场、一座成人棒球场和标准少棒场，另有 12 块位于各学校内的简易棒球场。2017 年 4 月被国家体育总局手曲棒垒球管理中心授予"国家棒垒球高水平人才基地"。

中山棒球之所以基础扎实，近几年取得不俗的成绩。得益于政府和社会力量的相互合作和支持。东升镇文体教育局作为主管单位，在"中山国际棒球小镇"从幼儿园到高中大力普及棒球。受限于经费和人员在普及中的制约，镇政府引入社会力量与资金，与中山市熊猫棒垒球俱乐部达成合作，由俱乐部在全镇棒球队中选拔优异的选手，再由俱乐部投入资金聘请高水平教练，提供专业棒球场地和器材，成立中山熊猫 U12、U15 等各阶层高水平梯队，代表中山征战各级各类高水平赛事，不仅为中山赢得荣誉，也为基础从事棒垒球运动教练和运动员搭建了更高的提升平台和更多发展出路，解决更多家长对于棒球运动员个人发展的后顾之忧。

四、建设规划与开发模式

（一）建设规划

通过 3—5 年的建设将中山市建设成国内顶级，世界一流的"中山国际棒球小镇"。将以"五个一工程"为支撑点，即：

（1）建设国际标准棒球场

建设"中山国际棒球小镇"的基础核心是一座可容纳 25000 人的国际标准棒球主球场。结合中山优越的地理位置，便捷的交通，宜人的气候，可以有效聚集棒球资源，承办国际大型赛事，承接各国职业棒球队集训，开展各类体育培训和文娱活动。还可以延伸棒球文化，从而撬动棒球产业整体发展。目前，主球场已与美国知名设计公司，曾设计多届奥运会、世界运动会等各级大型体育赛事主场馆的设计事务所合作，已在开展主球场设计方案。

（2）建设国家级后备人才基地

作为中国棒垒球高级人才后备基地，东升镇除培养高水平棒球人才外，将在现有中小学成熟棒球梯队基础上，与广东省职业队对接形成完整的人才培养、输送体系。

据了解，棒球是日本国民的第一大运动，从幼儿园到大学，每所学校均开设棒球课。日本高中生棒球的殿堂甲子园选拔赛每年有将近 3 万支球队参加，至今已举办了 100 年，凡参加过甲子园决赛的选手，在未来求学、就业都十分抢手。中国大学生体育协会计划将属下的全国中学生棒垒球分会（联盟）总部归入"中山国际棒球小镇"，并挂靠在棒球国际学院。而落地中国中学生棒垒球联盟，就是汇聚中国中学体育协会超 40 多万所联盟学校，打造属于中国中学生的棒垒球圣殿。在此基础上，棒球小镇还将作为全国各中小学棒垒球棒球队员、教练员、裁判员的培训基地，将"中山国际棒垒球小镇"打造成中国棒垒球人才的黄埔军校。

（3）打造品牌赛事

1948 年，盛名远播的熊猫队开始在上海普及推广棒球运动。当时梁扶初认为，中国要赶超世界先进水平绝不可"一枝独秀"，他断然把取得辉煌战绩的熊猫队所有队员都下放到当地中小学担任义务教练，1949 年，熊猫队自力更生，主办了首届"熊猫杯"及"龙虎杯"垒球联赛，参赛队伍多达 49 支。

进入 20 世纪 60 年代，由于种种原因，全国与棒球相关的活动大幅减少，各类大赛相继停办。1954 年，熊猫队因特殊原因自动解散，熊猫杯也自然停办。2011 年，在梁友文的倡导下，成立了中山市熊猫棒垒球俱乐部，当年国庆，2011 中山"熊猫杯"少年棒球全国邀请赛，在中山重新鸣金开锣。截至目前，中山已经恢复举办了 7 届，赛事以 U12 岁少年棒球赛为主，但从 2016 年中山就将"熊猫杯"进行了延展。围绕国家体育总局对运动休闲小镇建设要求，"中山国际棒球小镇"引入棒球以外的多项休闲体育和群众体育运动，如传统的龙狮、龙舟、钓鱼、飞镖等，举办了"熊猫杯"钓鱼大赛、龙舟大赛、飞镖大赛等。此外，中国棒球协会未来也有意将"熊猫杯"打造成为中国顶级的职业棒球赛事。

（4）培育特色产业集群

东升镇以"熊猫"为品牌核心，生产制造棒球的服装、帽子、器材等相关用品。构建棒球用品制造集群，聚集国内棒球产品生产企业，建立棒球品牌厂家销售网络旗舰店，吸引国际品牌经营商落地，提供国内棒球服务平台。

同时引入了福布斯全球上市公司 500 强、上海民营企业第 1 名、总资产超 5000 亿元人民币的复星集团。该集团入驻"中山国际棒球小镇"。凭借复星集团资源优势，做强"中山国际棒球小镇"休闲、旅游等配套软性环境，为棒球核心产业提供更加强劲的保障。

（5）挖掘"棒球文化"

作为"中国棒球之父的家乡"，东升镇进一步挖掘传承"拼命追击，死缠到底"的"熊猫精神"，以此为基础打造多元化文化阵地，建设中国棒球博物馆、名人堂、体验馆、影视基地，开发、生产及销售棒球相关主题文化产品。目前东升镇已经开始创作以"中国棒球之父"梁扶初先生和梁友文先生为题材的爱国体育影片，并准备编辑出版国内首部《棒球礼仪》绘本。

（二）开发模式

"中山国际棒球小镇"的开发实行政府管理、市场化商贸运营模式。结合智慧城镇建设，通过 PPP 模式，引入社会资本，实现产业、文化、健康、旅游、科技融合发展，拉长产业链，创造增加值，集聚更多的行业和企业到棒垒球小镇投资，形成经济社会发展全新形态。全方位拉动消费，实现多赢共赢模式，打造生产、生活、生态的"产业综合体"和中山特色镇产业集群。

首先，充分利用"中国脆肉鲩之乡"传统农业优势，推动脆肉鲩进入上游的旅游产业链条。使第一产业属性的生态农业转化提升为第三产业，提高产业附加值和含金量。

其次，构建棒球用品制造集群，聚集国内棒球产品生产企业，建立棒球品牌厂家销售网旗舰店，吸引国际品牌经营商落地，提供国内棒球服务平台。

最后，推动土地资源与棒球产业和旅游服务业有效结合，突破传统单一的房地产模式，实现土地开发的优质化和特色小镇的价值推动城镇建设转型。

五、小　　结

"中山国际棒球小镇"具备了极佳的天时、地利和人和优势，其现有历史文化资源、目标定位、时空布局、开发模式等方面思路明确清晰、针对性强、特色突出，站在整个大湾区的视角上，中山国际棒球小镇定能成为大湾区的体育重镇，并将以国际化棒球基地为主体，全面带动湾区和中国健身休闲产业发展，成为运动休闲特色小镇建设的标杆和旗帜。

附　录

中山国际棒球小镇取得的荣誉：

2013 年被中国大学生体育协会棒垒球分会授予"中国中学生棒垒球训练基地"；

2013 年被中国垒球协会授予"中国软式棒垒球实验基地"；

2017 年 4 月被国家体育总局手曲棒垒球管理中心授予"全国高水平棒垒球人才基地"；

2017 年 8 月被国家体育总局授予"全国首批运动休闲特色小镇"。

中山国际棒球小镇取得的赛事成绩

2014 年获"MLB PLAY BALL 六城市青少年棒球联赛"冠军；

2014 年获"广东省青少年棒球锦标赛"冠军；

2014 年获"全国慢投垒球大赛"季军；

2015 年获"全国青少年棒球 A 组锦标赛"亚军；

2015 年获"中山·熊猫杯少年棒球锦标赛"季军；

2015 年获"全国慢投垒球大赛"亚军；

2015 年获"广东省青少年棒球锦标赛"亚军；

2015—2017 年获 LLB 世界少棒联盟中国区选拔赛冠军；

2015 年获"全国慢投垒球大赛"亚军；

2016 年获"全国慢投垒球大赛"亚军；

2017 年获 PONY 小马联盟中国区 U12 第二名；

2017 年获中山"熊猫杯"棒球锦标赛季军；

2017 年获中国/中山 – 大湾区杯棒垒球赛冠军；

2017 年获"全国慢投垒球大赛"亚军；

2018 年获全国青少棒球锦标赛 U12 俱乐部组冠军；

2018 年获第 15 届广东省运动会棒球项目冠军。

第十七章　武汉市东湖绿道建设与发展案例

汪蓉蓉　冯　睿

摘要： 本章在分析城市运动休闲和城市建设发展变化的基础上，对武汉市东湖绿道发展阶段和现状进行个案分析。武汉市东湖绿道以接待人数超过 1200 万人次、年活动场次超 700 场在全国具有典型性和示范性。本章总结了东湖绿道的建设过程与运营经验，包括注重功能优化、主题营造、节事策划、环境保护和保障最优等。

关键词： 城市；运动休闲；绿道；武汉东湖绿道；建设与运营

作者简介： 汪蓉蓉，武汉体育学院副教授，硕士研究生导师。研究方向：休闲体育。

冯睿，武汉体育学院讲师。研究方向：户外运动、赛事运营。

绿道是一种串联各类自然和文化景观资源，适用于步行、骑行等慢行休闲方式的线性绿色空间，具有美化环境、文化展示、健康休闲、沟通城乡等多种功能。绿道是一种线形绿色开敞空间，供行人和骑单车者（排斥电动车）进入的游憩线路，通常沿着河滨、溪谷、山脊、风景带等自然道路和人工廊道建立。目前，美国、英国、德国、新加坡以及国内一些地方都有比较成功的实践，如珠三角绿道网、成都绿道、武汉绿道、长沙绿道等。

一、绿道主要的功能

城市河流型（包括其他水体）：这种绿道极为常见，在美国通常是作为城市衰败滨水区复兴开发项目中的一部分而建立起来的。

游憩型：通常建立在各类有一定长度的特色游步道上，主要以自然走廊为主，但也包括河渠、废弃铁路沿线及景观通道等人工走廊。

自然生态型：通常都是沿着河流、小溪及山脊线建立的廊道。这类走廊为野生动物的迁移和物种的交流、自然科考及野外徒步旅行提供了良好的条件。

风景名胜型：一般沿着道路、水路等路径而建，往往对各大风景名胜区起着相互联系的纽带作用。其最重要的作用就是使步行者能沿着通道方便地进入风景名胜地，或是为车游者提供一个便于下车进入风景名胜区的场所。

综合型：通常是建立在诸如河谷、山脊类的自然地形中，很多时候是上述各类绿道和开敞空间的随机组合。它创造了一种有选择性的都市和地区的绿色框架，其功能具有综合性。

此外，以地域类型划分，绿道也可分为①区域绿道：连接不同城市的绿道，珠三角一些绿道网就是这种类型；②市域绿道：连接城区和附近的县；③城市绿道：主要连接城市里的公园、广场、游憩空间和风景名胜区；④社区绿道：主要连接居住区绿地；⑤郊野绿道：在城市的郊野区域。

二、武汉东湖绿道的建设与运营

2012 年，武汉市颁布了《武汉市绿道系统建设规划（2012—2021）》，启动武汉首条城市绿道——全长 51 公里的东沙绿道的建设。依据该规划，武汉又陆续建设了蔡甸知音湖绿道、张公堤绿道、环沙湖及环东湖绿道和沙湖港、东湖港、罗家港等绿道。其中，环东湖绿道是地标性建设工程之一，其目标是打造世界级绿道。

东湖因位于湖北省武汉市武昌东部，故此得名，水域面积达 33 平方公里，现为中国水域面积最为广阔的城中湖之一。东湖以湖光山色为特色，是以旅游观光、休闲度假、科普教育为主要功能的旅游景区，每年接待海内外游客达数百万人次，是华中地区最大的风景游览地。武汉东湖生态旅游风景区，简称东湖风景区，位于湖北省武汉市中心城区，是国家 5A 级旅游景区。面积 88 平方公里，由听涛区、磨山区、落雁区、吹笛区、白马区和珞洪区 6 个片区组成。武汉大学、华中科技大学和中国地质大学（武汉）等全国重点大学坐落在东湖湖畔，成为一道绝佳的风景线。目前已建成东湖绿道总长达到 101.98 公里。作为国家中心城市，武汉坐拥 33 平方公里水域的美丽东湖，而今更有东湖绿道蜿蜒在湖光山色之间，将东湖变成市民亲近自然的城市"生态绿心"。

中共武汉市委、武汉市人民政府于 2012 年谋划建设东湖绿道，按照"一期启动示范、二期扣环成网、三期提升内涵、四期全面完善"的计划，2016 年 12 月 28 日，全程 28.7 公里的东湖绿道一期工程建成开放。大学、博物馆、优秀历史建筑、名人遗迹等人文景观点缀其中，交相辉映。2017 年 12 月 28 日，东湖绿道二期建成开放。绿道二期总长度 73.28 公里，国际公共艺术园、特色艺术村、夜光步道、十里枫林、儿童天地等项目分列其间，让东湖绿道人文气息更浓厚，可看可玩项目更丰富。二期建成后，东湖绿道总长达到 101.98 公里。分为听涛道、湖中道、白马道、郊野道、森林道、磨山道和湖山道 7 段主题景观。

绿道串联多处景点，已成为国内最长城市核心区环湖绿道。2018 年 2 月，

《东湖绿道三期总体工作方案》和《东湖绿道三期精品示范线路建设实施方案》颁布，标志着东湖绿道三期建设正式全面启动，其中，13公里精品示范线路率先实施建设。与一、二期不同，三期工程不再增加绿道里程，而是重在提升文化内涵。同时，提档升级，加强环境整治、服务配套和运营管理。

图17-1　东湖绿道一角

1. 东湖绿道一期

2015年12月23日，东湖绿道一期正式开工，2016年12月28日，东湖绿道正式建成开放。一期工程全长28.7公里，东湖绿道串联起东湖的磨山、听涛、落雁三大景区，将打造湖中道、湖山道、磨山道、郊野道4条主题绿道以及4处门户景观、八大景观节点。2015年也被定为武汉市绿道年，同期还有蔡甸知音湖绿道、张公堤绿道和环沙湖绿道同步建设中，全面开启了武汉绿道建设，而东湖绿道无疑是示范性工程。

2. 东湖绿道二期

2017年12月，东湖绿道一期、二期扣环成网，串联合并为7条主题绿道，全长达101.98公里，宛如一条"绿链"，尽展大东湖之美。东湖绿道二期工程包括环郭郑湖绿道、环汤菱湖绿道和环后湖绿道三大部分，串联磨山景区、听涛景区、落雁景区、武汉植物园以及马鞍山森林公园等生态旅游景区资源，总长73.28公里（含华侨城4.6公里），其中绿道主线长41.9公里，支线长31.38公里。按规划方案，绿道二期划分为湖城道、湖泽道、湖町道、湖林道和森林道5条主题绿道。

图 17 – 2　东湖绿道规划（二期工程）

3. 东湖绿道三期

　　按照"一期启动示范、二期扣环成网、三期提升内涵、四期全面完善"计划，武汉 2018 年继续实施三期工程，对东湖绿道进行综合提升，重点加快推进人文与生态融合，为打造世界城中湖典范、世界级城市绿心奠定基础。2018 年 2 月，《东湖绿道三期总体工作方案》和《东湖绿道三期精品示范线路建设实施方案》颁布，标志着东湖绿道三期建设正式全面启动，其中，13公里精品示范线路率先开工建设。与一、二期不同，三期工程不再增加绿道里程，而是重在提升文化内涵。同时，提档升级，加强环境整治、服务配套和运营管理。

　　根据方案，武汉市初步选取磨山南门—杜鹃花海—楚天台—楚才园（离骚碑）—楚城—磨山北门—鹅咏阳春—湖心岛—华侨城湿地公园—九女墩—梨园大门—长天楼—行吟阁—老鼠尾段为东湖绿道三期精品示范路线，总长约 13 公里。其中，步行线为楚才园（离骚碑）—磨山北门，长约 1 公里；骑行线为磨山北门—湖心岛—华侨城湿地公园，长约 4 公里。东湖绿道三期还将规划建设一批文化主题园区，开设楚才文学院，打造集奇石、园林、诗词、书法文化于一体的"武汉版"石林；策划举办国际论坛，打造世界湖泊的"达沃斯论坛"。2017 年年底，随着 73 公里绿道二期建成开通，东湖绿道实现全线贯通、扣环成网，达到比肩法国中部田园绿道和新加坡环岛绿道的世界级绿道水准。百里绿道，蜿蜒碧波，不仅展现了武汉的生态新美景，更成为城市旅游新地标。

数据显示，2017 年，东湖绿道共接待游客近 1290 万人次，仅绿道二期开通后元旦假期，就有 50 多万人次的游客来此行吟山水，体味慢生活。根据绿道一期智慧绿道和区公安分局提供的数据，绿道一期 7、8 月份日均人流量为 1 万—2 万人次，是为淡季；2—6 月份、9—11 月份时日均人流量为 4 万—6 万人次，为旺季；其余月份为平峰期。

据市地空中心评估和预测，绿道二期建成后，2025 年东湖景区人流高峰期日游客量为 30 万—50 万人次，特殊节假日游客量可能突破 60 万人次。"来武汉、游东湖、逛绿道、品文化"，将成为时尚。

4. 运营管理范围

东湖绿道是武汉城市绿心建设的核心工程，也是惠及广大市民游客的民心工程，为切实做好东湖绿道的整体运营管理工作，充分展示世界级绿道的建设管理水平，东湖风景区管委会旅游管理局和武汉旅游发展投资集团分别研究起草了《东湖绿道运营管理标准（征求意见稿）》，规定了运营管理范围：服务运营管理分为内部服务质量检查和外部服务质量检查两大项。内部服务质量检查包括：员工服务礼貌礼仪、服务制度建立、日常服务工作实施管理、档案资料建立、服务工具及物资的管控等。外部服务质量检查包括：景区现场服务、游客诉求接待处理、游客满意度及意见收集、对上级要求的响应等。

5. 运营管理内容

运营管理内容主要包括：（1）综合管理；（2）设施配置；（3）客户服务接待；（4）商户管理；（5）电瓶车运营管理；（6）自行车管理；（7）活动管理；（8）码头及游船管理；（9）车辆停放；（10）公共消防、治安、秩序维护；（11）设施设备维护；（12）绿化维护；（13）环境卫生维护；（14）医护服务；（15）游客意见调查。以上 15 个方面的细致规定，保证了运营管理的有效实施。

三、东湖绿道运营管理中的问题与经验

（一）东湖绿道运营管理中的问题

尽管游人如织，但在建设运营过程中，东湖绿道一、二期仍暴露出不少问题。文化内涵不足、景观品质不高、夜间活力不强、交通到达不便、运营管理有待提升等，是东湖绿道面临的最大短板。距离世界级绿道要求，仍有不小差距。众规微信平台和网络平台2018年大数据统计显示，目前东湖绿道运营管理中主要问题包括：

一是东湖绿道国际游客和旅游团较少，76%的游客来自武汉。

二是高负荷的过境交通严重影响了游览体验，45%的游客表示慢行体验不安全或很不安全，34%的游客表示东湖交通现状中存在穿越性交通问题较多。

三是公交站较少，分布不均，不能满足出行需求。配套设施不完善，停车不方便，无法使游客长时间停留，据统计，82%的游客停留时间在6小时左右。

四是服务大而全，缺乏高端酒店、特色购物、国际节事品牌等特色服务项目。

五是媒体宣传不到位及基础设施的不完善，使得绿道使用率低下、市民保护意识薄弱。

（二）东湖绿道运营管理的经验

经过两年多的建设与发展，对标国际水准，旅发投绿道公司依靠的是制度化、标准化、智慧化管理，全方位实行规范管理，让绿道管理运营维护工作有条不紊。仅2017年，东湖绿道接待游客量超800万人次，共帮助游客广播寻人启事985起，寻物启事414起，失物招领428起，接听游客投诉及咨询电话共计2227通，并不断更新完善绿道管理方案，致力于给游客提供一个舒适、安全、和谐的游玩环境。管理部门从功能优化、主题营造、自然保护和管理升级、保障优化等方面创新思想、总结经验，以有效提高服务质量，促进东湖绿道的可持续发展。具体包括：

1. 功能优化：体验多样化的慢生活

东湖绿道的活动项目不仅仅是徒步和骑自行车，还包括绿道观光、渔村体验、文化展示、野营郊游、科普教育等活动，充分发挥了绿道建设的乘数效应，通过绿道优化整个区域的旅游布局和旅游环境，带动旅游、餐饮、住宿、房地产业和文化娱乐业等现代服务业的发展，使绿道真正成为"市民休闲健身之道、旅客观光消费之道、村民增收致富之道"。具体功能包括：

（1）康体健身

东湖绿道为人们提供适合于散步、慢跑、自行车及泛舟等慢速、非机动的景色优美的休闲空间，成为人们开展运动康体、休闲健身的理想场所。基于康体健身功能的运动、赛事、表演、节庆、会议等活动，还为充实东湖旅游产品的内涵提供了支撑。如专门设立了荧光跑道、折叠高铁竞跑、职业自行车赛道和海绵绿道等特色跑道。

（2）生态观光

东湖绿道可以串联地文、水域、生物和乡村景观和多种不同类型的旅游景区，其地域特色鲜明，观赏价值较高，生态良好，为发展水域观光、森林观光、农业观光、山地观光等生态观光旅游提供了资源基础。东湖绿道将东湖景区的吸引要素有机地串联起来，为人们提供低碳旅游吸引物。并通过导入和广泛采用环保节能技术，为旅游创造丰富的低碳体验环境；倡导环保出行，在旅游活动中减少碳足迹，鼓励游客自觉实践低碳旅游消费方式，让绿道成为实践低碳旅游的最佳方式之一。

（3）亲子游乐

东湖绿道作为公共休闲空间，成为天然的亲子活动空间，景区内还设置了多个儿童游乐区，如主题游乐区落雁岛，其中儿童游乐项目众多。据统计，东湖绿道80%的游客是家庭和结伴出游。

（4）自然与人文体验

东湖绿道成为城乡保留更加具有生态独特性的自然生态景观和社会人文环境，有助于调节景观结构，为开发体验型旅游产品提供基础条件。与此同时，绿道提供了方便舒适的慢行交通系统，具有很好的灵活性和可进入性，使人可以从容地融入自然、回归历史，充分体验与领略自然与人文之美。如景点自然景观有长堤杉影＋湖心岛：参天杉树巍然立，一湖风景缘堤扬，湖中有岛，岛中有湖，唯湖心岛也。磨山景区：品磨山景区，看名花飘香的绿色宝库，山上松桂茂密，山间小道环绕，鸟语花香，湖光山色尽收眼底。人文景观有南山＋东湖石刻＋凌霄阁：游东湖石刻，品名人名家吟咏东湖诗词，感受文化魅力；沿步道拾级而上，登上凌霄阁，让人心旷神怡。听涛景区：以纪念爱国诗人屈原为主体的景点群，看行吟阁、长天楼、九女墩纪念碑、湖光阁、寓言雕塑园、碧潭观鱼等。

（5）游憩度假

东湖绿道沿线居民开设中低档家庭式旅馆和高端度假山庄，既能为乡村地区以旅游为向导的新农村建设提供动力，又可提升城市配套的短程个性化休闲旅游环境，满足休闲度假的需求。如景点湖山在望＋绿野蛙鸣：俯瞰团湖北湾风光，河塘采摘，捉鱼摸虾，湖光山色自得其乐，偷得浮生半日闲。全景广场＋茶园、绣球园：日暮时分，斜阳映照水面，云霞绚烂漫天，半城山色半城湖，最是令人陶醉。

（6）环境教育

东湖绿道能够连接破碎的绿色空间，周边包括植物园、荷园、樱园、梅园等植物景区，以及东湖海洋世界等动物景区，对于保护区域的生物多样性、实践面向可持续的环境教育具有重要意义。通过为游客提供更多亲身体验大自然的机会，在水源保护、湿地系统、水利建设、森林系统、文化传承、农业知识等方面，绿道具有突出的教育功能。如景点落霞归雁＋湖滨湿地：东湖、落雁景区、磨山景区等东湖经典景观尽收眼底，万国风情、梯田花海等景点，将湖汊、梯田中散落的异域建筑与山水结合，形成独特景观。

2. 主题营造：主题绿道和跑道凸显文化和运动特色

东湖绿道的主题设计与氛围营造，主要体现在主题绿道和特色跑道上。前者突出文化设景，后者体现运动设道。

（1）主题绿道

按规划方案，绿道二期划分为湖城道、湖泽道、湖町道、湖林道和森林道 5 条主题绿道。其中，湖城道"一景一园、听涛赏梨"，长 9.02 公里；湖泽道"双岛五堤、十里桃花"，长 10.1 公里；湖町道"近赏田湾、远观山峦"，长 9.26 公里；湖林道"东湾西园、荷红茶香"，长 14.08 公里；森林道"知山乐水、登高观澜"，长 26.22 公里。主题绿道各具特色，与当地自然和人文文化相契合，无一不体现了设计者的匠心，同时也为游客带来了极有主题氛围的游览体验，大大提升了景观价值。

（2）特色跑道

为配合各类赛事活动，东湖绿道建设了特色跑道，包括荧光跑道、折叠高铁竞跑、职业自行车赛道和海绵绿道。湖中道里有一条大约 200 米的荧光跑道，也称星空步道，由夜光材料铺成，夜晚散步，像走在萤火虫海洋里。郊野道有一条特别的赛道"高铁竞跑"。这条赛道建有 6 条 100 米标准跑道，与旁边的高铁线平行。跑道安装了感应器和计时器，电子屏可以显示参赛选手的成绩。东湖东岸绿道，有一段模拟职业自行车赛道，出于可能举办国际环湖自行车比赛的考虑，是按世界级标准建设。赛道与三环线平行，体验与汽车竞速，激烈生猛。而海绵绿道则运用"海绵城市"理念，采用"渗、滞、蓄、净、用、排"等多种生态措施，改良生态系统；通过植被规划、人工湿地等方式，有针对性地净化东湖水体，促进东湖生态系统的修复。这些跑道功能性很强，有些甚至达到了专业赛道的标准，大大促进了绿道体育赛事的开展。

3. 节事策划：首创东湖绿道大学生马拉松赛事 IP

以绿道为基础，通过一系列活动，才能让绿道"动"起来。东湖绿道一期开通 1 年共接到近千余个意向活动咨询，仅 2017 年，累计举办百人以上大型活动 713 场以上，活动现场参与人数达到 32 万人次。统计分析显示，举办的活动中运动类活动占 65%，主要是跑步、步行、自行车等；宣传展示类活动占到 20%，公益类及其他类型活动占 15%。东湖绿道所策划的节事活动各具特色，仅 2018 年上半年，东湖绿道所举办的各项节事活动达到了 10 项。其中包括马拉松赛事 2 项，并首创东湖绿道大学生马拉松赛事 IP；各类徒步、健步走等活动 6 项，有公益徒步活动 2 项，徒步挑战赛 1 项，哈罗单车集体婚礼 1 项，"武汉人游东湖"旅游推广活动 1 项。据了解，为打造更优质的活动，旅发投绿道公司专设"活动管家"平台，为公益活动方提供场地规划、互动形式、交通组织等一条龙的专业服务。2018 年 7 月，出台了《东湖绿道活动开展须知（暂行）》，其中就活动的审批权限、申请条件和审批流程等做了详细说明，更进一步地规范了绿道各类活动的开展程序。

2018 年 3 月 31 日，广发银行·2018 合理屋东湖绿道（武汉）大学生马拉松在东湖绿道正式热力开跑。

图 17 - 3　2018 年东湖绿道大学生马拉松风采

本次比赛体现出东湖绿道节事策划的特点：

（1）积极打造自主赛事品牌，这一赛事是在中国田径协会注册的全国首个大学生主题马拉松赛事，本次赛事选择在全国大学生最多的城市武汉举办，吸引了来自全国乃至世界各地 4745 名在校大学生及校友参加，覆盖了包括港澳台在内的全国 25 个省市自治区 186 所高校。本次比赛还吸引了来自麻省理工、早稻田大学、多伦多大学等国际知名院校的留学生。

（2）比赛采用了校企政三方合作联办模式，本次比赛以"大美东湖，燃 FUN 青春"为主题，在武汉市体育局的指导下、团市委支持下，由中国田径协会、武汉东湖生态旅游风景区管委会、武汉旅游发展投资集团有限公司联合主办，武汉旅发投集团东湖绿道公司、武汉体育学院湖北银湖体育产业发展有限公司联合承办。

（3）比赛融自然和人文主题为一体，突出高校大学生文化特色。活动旨在落实东湖风景区"大湖＋"发展战略，展现武汉"大学之城、大美之城、创新之城"城市特色。值得一提的是，比赛现场设置高校社团加油站展示校园文化风采，包括武汉音乐学院街舞社、湖北大学舞龙舞狮队在内的特色社团为参赛选手加油助威。中南民族大学特色民族服饰领跑方阵亮相赛道，展示魅力民族风；线上招募浪漫婚纱跑选手组成婚纱跑方阵晒幸福秀翻全场；特设国际大学生跑团专属方阵，包括来自29个国家和地区的35位外籍选手，选手持本国国旗，身着校名跑衫，共同展示国际风采；武汉市公安局团委"呐喊乐队"也到场助威，用激情的摇滚为青年大学生呐喊，展现汉警的活力与风采。各高校都以不同的方式参与本次大学生马拉松赛事，共同打造一场"大湖＋大学"的青年学子马拉松嘉年华盛会。

（4）为配套东湖景区旅游营销，赛程设计时特意将比赛日定在周六，目的是让选手们赛后顺便过个"小长假"。选手比赛半天，享受运动快感；同时玩转三天，畅游大武汉，比赛、游玩两不误。东湖绿道（武汉）大学生马拉松嘉年华将办成武汉旅游的品牌赛事嘉年华，成为东湖"旅游＋体育"的创新之作。主办方为此提供了"武汉旅游大礼包"，包括东湖游船50元代金券、半马前500名完赛选手将获赠东湖海洋世界大马戏当日门票一张，完成比赛终点选手可参加抽奖，有机会获得武汉植物园、东湖游船、知音号提供的专属门票，幸运选手可日游植物园郁金香花海，夜赏新晋网红——长江首部漂移式多维体验剧《知音号》，登武汉城市新名片，赏两江四岸不夜美景。部分选手还能获得由湖北腾旅科技公司提供的"武汉城市圈旅游e卡通"，一卡无限畅玩50＋优质景区。此外，还有武汉科技馆、汉绣精工坊提供的体验券等着幸运选手领取。每一项都刺激着参赛者的二次旅游消费，同时也宣传了景区的特色活动和产品。

（5）提供高规格赛事服务。作为此次比赛活动的主办方，武汉旅发投集团从高规格服务、专业运营和社会联动三方面来保障赛事运营。在赛事服务体验、安全保障等方面，东湖绿道大学生马拉松赛秉持着高水准、高规格、高品质的要求。大赛安全保障总人数达到1417人，比赛沿途100米配置1名医疗志愿者，医疗救护车16辆、自动体外除颤仪（AED）30台提供全线保障。自起点开始5公里后，每2.5公里都会设置一个补给站。还有校友组陪跑，为众多首次跑马的大学生选手保驾护航，保障参赛选手的安全。

4. 生态保护：契合城市空间布局，积极保护生态系统

东湖绿道的系统结构和网络布局与武汉"两轴两环、六楔入城"的生态框架体系和武汉湖泊"三线一路"保护规划全面对接，实现对山体、水体和绿地等生态资源的有效保护。绿道选线坚持生态优先原则，主要利用现有乡村和景区公路，做到不征地、不拆迁、不砍树，尽可能减少对自然地形地貌和生态植被的破坏。

（1）建20座水系连通桥，保大东湖一方净水

东湖绿道建设过程中对东湖水的保护下了大功夫，为护水建立了水系连通桥共20座。在建设过程中，始终秉承保护不破坏这一理念，让东湖水质更清澈。在白马道，两条中间为拱桥的长堤掩映在碧波上，甚是壮美。这两条长堤以前是田埂，经研究，在拓宽道路的同时，中间均建一座拱桥，增添景观亦保证两边水系的连通，堤边打造成片石泊岸，种上水草，保持水土。为避免对原生态造成破坏，在东湖水域施工时特采用围堰法，及时挖除淤泥并清理干净，严格做到不将垃圾入湖。此外，为净水多处运用了海绵城市理念。听涛道、白马道、郊野道等5条线性海绵带，主要通过采用透水人行道、下沉式绿地分隔带、两侧生态缓坡减缓雨水径流，将雨水净化后入湖。一系列举措取得了良好的效果。据悉，修建东湖绿道期间，东湖水质达到40年来最好水平。

（2）宁改路线不毁树，尽量保留原有美景

东湖绿道建设既护水也护林。大东湖沿岸树木众多，在听涛道海洋公园现场，一棵棵粗大的法桐悬挂了标牌，予以永久性保护。针对该处沿线2公里内上百棵树龄在40年以上的法国梧桐的特况，他们在周边施工时尽量不采用大型机械，且划出一定范围避免磕碰。此外，项目沿线有很多古老的池杉，施工时将每棵池杉用麻绳和绿布缠绕保护，还调整了绿道自行车道的线形，避免施工对池杉生长造成影响。这是保护东湖原生态美景的一个缩影。另一方面，突出野趣成为东湖绿道二期建设的重点。从前期踏勘、方案设计到具体建设，始终避免大拆大建，最大限度保护东湖之美。据介绍，为了保护郊野道一处约1000株的水杉林，经园林专家再三考察，施工方案几经修改，最

终建设时受影响的树木不到10棵，并成功将其打造成了水杉景观带。华侨城附近8万平方米的水杉保育林、梧桐道也被完整保留，大量女贞、乌桕等乡土植物被保护性移栽至此，打造出了多层次生态绿廊。除保留原有林木，东湖绿道二期共栽种了2.95万棵景观树，树种选择百里挑一，行道树栽种有如"仪仗队"，栽种时因地制宜。

总之，绿道建设中采取了低影响开发（LID）模式，减少对原地形、地貌的破坏，降低建设成本，在规划建设中切实保护好原生态、原产权、原居民、原民俗，充分利用水边、田边、山边这些在城市规划中不起眼的"边角料"。其一，因地制宜，利用原有的便道系统，按照技术指引来建设；其二，少搞大开大挖，规避征地难题；其三，最大限度地保留原生植被和采用野生乡土树种，恢复和保护原有的生态景观；其四，用循环低碳的建筑材料取代钢筋混凝土结构的永久性建筑物和构筑物。

5. 保障最优：服务管理捷化、智化、优化

东湖绿道在进入三期建设时，特别注重内涵建设，以服务保障最优为目标，努力提升服务管理水平，提倡服务管理捷化、智化、优化。按照三期规划，武汉将以"生态最好、风景最美、文化最浓、人气最旺、保障最优"标准，对13条示范线路进行"文化、美化、彩化、亮化、捷化、智化、净化、优化"。

（1）挖掘文化内涵，注重文化品质提升

所谓"文化"建设，即聚焦文化品质提升，重点包括：对楚天阁、行吟阁、长天楼、周苍柏纪念室、周小燕纪念馆、离骚碑等景区进行修缮翻新，将楚风汉韵融入湖光山色；高水准举办诗歌节、雕塑展等文化活动；增添水上国际赛事，力争把武汉"水马"打造成全球规模最大的水上马拉松赛事。在"亮化"方面，2017年重点策划"东湖灯光秀"，借力高科技，加大文化元素，打造"中华第一灯会"。同时，拟打造水景演绎《东湖恋歌》。

（2）完善配套设施，实现服务捷化、智化、优化

一是针对可进入性不足难题，三期工程将推进游览"捷化"，调增公交线路及站点密度，优化区域内慢行、轨道交通线路的衔接；引入停车引导系统，改造升级红庙立交、楚风园、东湖老大门等重要门户节点公共停车场，解决

东湖周边停车难。二是"智化"方面，推动免费 Wi-Fi 提速升级，率先启动5G 基础设施建设，在湖光序曲驿站、梅园全景广场内打造 5G 信号体验区。仅一期工程就设置了 556 个室内外摄像头，建立起"天眼"信息化保障体系。三是为方便市民休闲，示范线路还将采取"优化"管理，包括加强共享单车管理，与 5 个单车公司合作研究出台全国首个景区内共享单车管理办法，并增加适合中老年人骑行的自行车；完成厕所革命，增加直饮水点位；优化电瓶车运营管理，制定出台了《2018 东湖绿道电瓶车整体运营方案》，增加特色电瓶车；增设垂钓区和湖滨浴场等。以精品示范线路为引领，统筹推进、全面带动提升东湖绿道三期工程质量水平。重点加快景中村、湖中村改造，在保留传统风貌的同时，打造"一村一品"生态新景观。

（3）各部门通力协作，创新管理方式，实现管理科学化

东湖绿道尽管是公益性的政府工程，由政府主导服务管理工作，但若没有市场化和大众参与的管理模式，绿道网就没有活力，完全依附在政府身上，就会没有动力，也没有足够的财力。东湖绿道积极探索绿道运营和维护的长效机制，形成政府部门、企业经营管理和公众参与相结合的良性格局。鼓励单位和个人以志愿者等身份参与绿道建设、运营和管理。

此外，在融资方面，东湖绿道二期工程总投资 35 亿元，采用 PPP 模式融资建设。研究出台多元化投融资渠道，提出结合绿道出入口、旅游节点和游客集散中心等，按照城区 5 公里和外围 10 公里设置服务驿站，服务驿站采用社会招标方式，通过出让经营权、绿道冠名和拍卖沿途广告权等办法，动员大型单位、大企业出资认建绿道，落实绿道建设资金，积极推动绿道实施。

四、小　结

武汉东湖绿道的运营管理虽然存在诸多问题，但通过不断地总结经验也找到了自身的可持续发展路径：一是优化功能，采取多元化经营，大力开展绿道体育活动，满足民众的健康生活方式需求；二是挖掘文化特色，营造主题场景和活动，提高游客的体验感；三是注重节事策划，树立自己的赛事品牌 IP，推广绿道旅游；四是保护环境，特别是独有的自然水资源和历史文化

遗产，开展各类环保活动；五是运用互联网技术，提高服务管理水平，实现最优保障。

•+•+•+•+•+•+•+•+•+•+•+•+•+•+•+•+→ 参考文献 ←•+•+•+•+•+•+•+•+•+•+•+•+•+•+•+•+•

［1］左乾乾．武汉东湖绿道规划探究［J］．现代园艺，2017，（8）：162．

［2］喻贝，余丹丹．基于用户体验的公益性设施——绿道规划设计研究：以东湖示范区绿道规划设计为例［C］．2015 中国城市规划年会论文集．2015：1—18．

［3］栾敏敏，徐伟．公众参与在武汉市环东湖绿道系统规划中的应用研究［J］．城市地理，2016，（2）：197．

［4］黄刚，陈玮婷，陈悦华．基于休闲游憩理念的东湖绿道网络规划探析［J］．湖北农业科学，2017，（7）：1284—1288．

责任编辑：邵永忠

封面设计：源　源

责任校对：吕　飞

图书在版编目（CIP）数据

中国休闲体育发展报告. 2017—2018/李相如，吴万鹏 主编 . —
　北京：人民出版社，2019.7

ISBN 978 – 7 – 01 – 020532 – 8

Ⅰ.①中… Ⅱ.①李… ②吴… Ⅲ.①休闲体育—研究报告—中国—
　2017—2018 Ⅳ.①G812.4

中国版本图书馆 CIP 数据核字（2019）第 048964 号

中国休闲体育发展报告（2017—2018）

ZHONGGUO XIUXIAN TIYU FAZHAN BAOGAO（2017—2018）

李相如　　吴万鹏 主编

冯　宇　　张绰庵　　殷俊海　　冯小龙　　副主编

人民出版社出版发行

（100706　北京市东城区隆福寺街 99 号）

北京中科印刷有限公司印刷　新华书店经销

2019 年 7 月第 1 版　2019 年 7 月北京第 1 次印刷

开本：710 毫米 × 1000 毫米 1/16　印张：22.5

字数：360 千字

ISBN 978 – 7 – 01 – 020532 – 8　定价：78.00 元

邮购地址　100706　北京市东城区隆福寺街 99 号

人民东方图书销售中心　电话（010）65250042　65289539